# 气候投资

## 投资双碳时代
## 应对气候危机

# INVESTING
## IN THE ERA OF
# CLIMATE
### CHANGE

[美] 布鲁斯·厄舍 著
（Bruce Usher）

刘瑶 译

中信出版集团 | 北京

图书在版编目（CIP）数据

气候投资 /（美）布鲁斯·厄舍著；刘瑶译 . -- 北京：中信出版社，2023.10
书名原文：Investing in the Era of Climate Change
ISBN 978-7-5217-5884-9

Ⅰ.①气… Ⅱ.①布…②刘… Ⅲ.①气候变化－影响－投资－研究－世界 Ⅳ.①F830.59

中国国家版本馆 CIP 数据核字（2023）第 148537 号

INVESTING IN THE ERA OF CLIMATE CHANGE by Bruce Usher
Copyright © 2022 by Bruce Usher
Chinese Simplified translation copyright©2023 by CITIC Press Corporation
Published by arrangement with Columbia University Press
through Bardon-Chinese Media Agency
博达著作权代理有限公司
ALL RIGHTS RESERVED
本书仅限中国大陆地区发行销售

气候投资
著者： ［美］布鲁斯·厄舍
译者： 刘瑶
出版发行：中信出版集团股份有限公司
（北京市朝阳区东三环北路 27 号嘉铭中心 邮编 100020）
承印者： 北京通州皇家印刷厂

开本：787mm×1092mm 1/16　　印张：23.5　　字数：241 千字
版次：2023 年 10 月第 1 版　　印次：2023 年 10 月第 1 次印刷
京权图字：01-2023-4249　　书号：ISBN 978-7-5217-5884-9
定价：85.00 元

版权所有·侵权必究
如有印刷、装订问题，本公司负责调换。
服务热线：400-600-8099
投稿邮箱：author@citicpub.com

# 译者前言

2021年7月16日，全国碳排放权交易市场开市，标志着中国正式进入"双碳"市场化时代。2011年以来，北京、天津、上海等地开展碳排放权交易试点，直至2021年全国碳排放权交易市场开市，首批纳入的2100多家发电企业年碳排放量约45亿吨，是全球覆盖温室气体排放规模最大的碳市场。截至2023年7月14日，全国碳市场碳排放配额累计成交量2.4亿吨，累计成交额110.3亿元。但是，我国碳市场的发展仍存在不小的挑战，如交易结构单一，参与主体仅为控排企业，交易产品均为现货，交易活跃度不足且流动性较差等。2022年，中国碳市场成交均价为8.85美元/吨二氧化碳，与欧盟碳市场交易价格相差近10倍。这需要培育更多诸如金融机构、投资机构、碳资产管理公司等其他参与主体，形成多样化的市场需求，推动碳市场的良性发展。

2021年12月，生态环境部等九部委启动了气候投融资试点工作，2022年8月公布了23个地方入选试点名单，截至2022年年底，共征集或储备项目超 1 500 个，涉及资金达 2 万亿元。2022 年年底，中国本外币绿色贷款余额超过 22 万亿元，85% 以上绿色贷款都和气候融资有关。在气候投融资引导下，中国的产业格局也发生了重大变化，新能源及新能源汽车都建立了相当大的竞争优势。全球十大光伏制造企业，前 9 家全是中国企业，一半以上的新能源汽车是在中国生产和销售的。但是应对气候变化，实现"双碳"是一项长期且艰巨的任务，需要全社会持续投入大量的资金，因此推动气候投资是一件迫在眉睫的事情。

目前市面上与"双碳"相关的书，大部分是围绕政策、理论，关于实践案例或碳交易、碳投资的内容不多。因此，当中信出版社编辑邀请我来翻译《气候投资》一书时，我很欣喜。这本书可以帮助我们全面了解全球气候投资的发展历程，企业、金融机构及个人投资者等如何参与这个市场，以及碳市场的发展等，帮助我们梳理未来的投资思路，并获得一些新想法。金融如何更好地助力绿色低碳产业发展？把资金用在关键技术和关键节点上，才是核心所在。

虽然这本书的案例是以美国市场为主的，但是我们也将经历与美国类似的趋势、挑战和机遇，所以非常值得借鉴。另外，书中列举的一些企业也是大家非常熟悉的，比如贝莱德、特斯拉等，通过对其在气候投资中的作用与发展进行详细分析，可以指导中国企业更好地参与这个市场。

这本书一共分为六大部分。

第 1 部分阐述了气候变化时代 ESG 投资的动力，围绕繁荣背后的危机、气候变化时代的投资及其发展动力展开，梳理了气候投资的时代背景。

第2部分介绍了气候问题的解决方案，包括可再生能源、电动汽车、储能、绿氢、碳移除等。帮助读者了解气候投资可投领域的现状和发展趋势。

第3部分介绍了气候投资的策略，主要从风险缓解、撤资、ESG投资、主题影响力投资、影响力优先投资等进行解读。同时，配有相关案例，深入浅出地讲解，帮助读者更好地理解。

第4部分介绍了如何投资实物资产，主要从可再生能源项目、房地产、林业和农业等角度分析，同样配有案例，帮助读者更深入地理解。

第5部分介绍了如何投资金融资产，分别从风险投资、私募股权、公开股票、股权基金、固定收益的角度进行分析，其中罗列了很多国外知名金融机构的投资案例，非常通俗易懂。

第6部分介绍了投资者的困境，分别从投资者困境、最佳实践、投资为何重要以及投资者的未来等角度，来探讨气候投资的未来。

在这本书的翻译过程中，我得到了很多朋友的大力支持，他们从忙碌的日常工作中尽力挤出时间帮助我一遍遍校验，感谢我的母校上海交通大学安泰管理学院的MBA师弟师妹们，感谢韩宁、徐静、王雨甜、朱蓓蓓、钟寅霞、顾云娇、王思琦，特别是好友韩宁虽远在新加坡但仍然关心着这本书的翻译。特别感谢赛飞特集团董事长李迪在这本书翻译过程中经常与我分享关于投融资的实际案例，帮助我更好地去理解和把控这本书的内容。还要感谢上海交通大学学长朱伟军、学妹庆贺的鼎力支持。也特别感谢此刻我就读的清华能源互联网班的项目主任庞庆国老师，他在本书翻译过程中给予了我诸多帮助，尤其在技术上帮助我更好地提升翻译的专业度。

最后，非常期待大家的反馈和意见，不足之处，感谢指正。未来在碳中和的赛道上，我会步履不停，期待与你们有更多的不期而遇。

# 前言

气候变化，是一个有争议的话题。超过一半的美国人认为，全球变暖是由人类活动造成的，但对于应该采取什么措施的共识则非常少。[1] 事实上，科学推算是明确的：人类排放的温室气体在 20 世纪已经使地球变暖 1℃，而目前的碳排放轨迹将导致 21 世纪末全球变暖 4~6℃，这会给人类带来灾难性后果。[2]

为了避免灾难，科学推算同样明确：将温室气体排放量减少到零，最理想的是在 2050 年，不迟于 2070 年。幸运的是，有一种方法可以实现这一点，减少一半以上排放量的商业解决方案已经被提出，解决剩余部分的技术正在开发中。[3] 但是，避免灾难需要以前所未有的速度在全球范围内实施气候问题解决方案，这将需要巨大的投资资金，到 2050 年，估计需要 125 万亿美元来实现全球经济脱碳，并将变暖控制在可适应的 1.5~2℃。[4]

这本书聚焦对投资者的影响，以及投资在应对气候变化方面所起的作用。政府在确保碳排放得到监管和资本得到适当激励方面发挥关键作用,但私营部门的参与对于应对气候挑战所需要实施解决方案的规模和速度至关重要。

气候变化是全球性的,对投资者的影响也是全球性的。虽然这本书是从美国情况来切入,但全球其他国家的投资者必将经历与美国类似的趋势、挑战和机遇。所以,这本书是合适全球投资者的。

2002年,我开始投资气候问题解决方案,当时投资机会很少,因为没有慷慨的政府补贴,气候问题解决方案成本高昂,缺乏竞争力。20年后,情况发生了明显变化,留给我们解决这个问题的时间越来越少,但减排技术和商业模式已经显著改善,为避免灾难性气候变化提供了一条途径。这本书描述了这条路,以及投资者在这条路上发挥的关键作用。我写这本书的希望是,每一位投资者——无论是个人还是机构——都能认识到即将到来的变化,并为他们自己和所有人的利益采取行动。

# 目录

## 第 1 部分　动力

第 1 章 | 繁荣背后的危机 4

第 2 章 | 气候变化时代的投资 14

第 3 章 | 发展动力 22

## 第 2 部分　气候问题解决方案

第 4 章 | 可再生能源 28

第 5 章 | 电动汽车 50

第 6 章 | 储能 62

第 7 章 | 绿氢 70

第 8 章 | 碳移除 78

第 9 章 | 合作共赢 87

## 第 3 部分　投资策略

第 10 章｜风险缓释 96

第 11 章｜撤资 106

第 12 章｜ESG 投资 116

第 13 章｜主题影响力投资 130

第 14 章｜影响力优先投资 139

## 第 4 部分　投资实物资产

第 15 章｜可再生能源项目 154

第 16 章｜房地产 175

第 17 章｜林业与农业 183

## 第 5 部分　投资金融资产

第 18 章｜风险投资 198

第 19 章｜私募股权 208

第 20 章｜公开股票 214

第 21 章｜股票基金 229

第 22 章｜固定收益 239

## 第 6 部分　投资者的困境

第 23 章｜投资者的困境　254

第 24 章｜最佳实践　262

第 25 章｜为什么投资很重要　269

第 26 章｜未来　279

致谢　285

注释　287

# 第1部分
# 动力

**INVESTING**
IN THE ERA OF
**CLIMATE**
CHANGE

动力[1]：从一系列大事件中获得的力量。

《韦氏词典》

图 1.1 瓦特蒸汽机

资料来源：Old Book Illustrations 网站。

# 第 1 章
# 繁荣背后的危机

詹姆斯·瓦特于 1776 年发明了蒸汽机,开创了人类历史的转折点。人类第一次实现了利用化石燃料产生机械能,对机械能的利用突破了原始人力和畜力的极限,大大提高了生产率。瓦特的发明取代了以往制造业中的人力和交通运输业中的动物,推动了工业革命,加速了一直持续至今的技术创新大爆发。工厂、公共事业、铁路和轮船的设计与建造,都使用了瓦特及后人的许多发明技术。这需要聪明才智、坚持不懈和好运的结合,当然还需要大量资金。

工业革命创造了前所未有的投资需求,建造出用以生产世界商品的机器并运往全球市场。资本首先在英国,随后在欧洲和美洲,成为经济增长和繁荣的关键驱动力。银行为工业革命提供了大量所需的资金,成为"英国工业大厦的支柱"。[1]在美国,工业革命需要大量资金用于基础设施建设,尤其是航运和铁路,它们支撑起了横跨这个广袤新国家的贸易。

工业革命之后是农业革命，后者不如前者广为人知，但在人类繁荣的发展中同样重要。耕作方式和农业机械的进步，提高了整个欧洲和美国农民的生产力，降低了人们饥饿和营养不良的风险。1910年，两位德国化学家发明哈伯-博施（Haber-Bosch）法，带来了合成氮肥的发展。哈伯也因此获得了诺贝尔化学奖，体现了其对人类的重要性。[2] 氮肥的使用引发了一场全球农业革命——在美国，每英亩玉米的产量增长500%，也就是说农民能够在同一块土地上种植5倍多的粮食。[3] 全球范围内，合成氮肥在短短几十年内使农业产量翻了一番，这是继产量经历了12 000年的缓慢增长之后，一项非常了不起的突破。[4] 人口增长不再受制于粮食短缺，从大约7亿迅速增加到超过70亿。[5]

工业革命和农业革命带来了生产力和收入的持续增长，这在历史上尚属首次。早在18世纪前，除了小部分统治阶级，所有人的生活水平都在赤贫线上下。从有历史记录开始到公元1200年，欧洲人均实际国内生产总值（GDP）每天略高于3美元，到詹姆斯·瓦特发明蒸汽机时，也仅仅缓慢升至每天6美元。[6] 工业革命和农业革命导致普罗大众收入急剧增加，高收入已不仅仅是富人的专利。到21世纪，欧洲和美国的实际人均GDP比工业时代前已高出近50倍。[7]

人类的繁荣在历史上第一次产生了实质性的飞跃，这主要得益于健康水平的提升、粮食短缺的缓解，以及商品和服务的丰富多样化，这些在之前几乎不敢想象。但是问题也随之而来。

## 气候变化

化石燃料驱动了工业革命的发展——燃烧了大量的煤，向大气中排放二氧化碳，造成地球变暖。瓦特蒸汽机以煤驱动，支撑早期经济增长的其他大部分机械设备和运输工具也是以煤驱动。20世纪以来，石油在汽车、航空和轮船等方面的作用越来越大。农业革命也导致气候变化，如氮肥释放出大量温室气体。为了满足不断增长的人口的需求，农业用地不断扩张，导致大规模森林砍伐，释放林木中储存的碳，而在这些被砍伐的土地上，放牧的牲畜在消化食物过程中也产生了大量的甲烷。

工业革命和农业革命创造了超乎想象的经济增长，极大地提高了世界上大多数人的收入，减少了贫困和饥饿。但与此同时，温室气体以创纪录的数量被排放到大气中，造成了人为（人类行为导致）的气候变化。GDP的增长和大气中二氧化碳浓度的上升趋势的联系不是巧合，而是一种因果关系，见图1.2。

科学家很早就知道经济增长和温室气体排放的关系，数十年来一直向政府提出警告——我们正面临不断上升的灾难性气候变化的危险。最近14 000多名气候学家一致认为，到21世纪末，全球温度平均要上升6℃。[8]某些地区的温度甚至会上升更多，如北极的气温预计将达到平均上升水平的3倍。[9]到2050年，大多数人，将在有生之年看到地球的变暖速度超过其数千万年来的变暖速度。[10]

世界经济总产出，已经通货膨胀调整并以2011年国际美元价格表示。

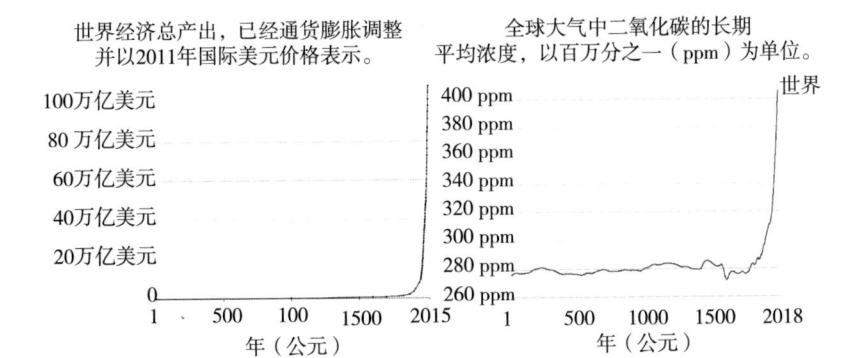

全球大气中二氧化碳的长期平均浓度，以百万分之一（ppm）为单位。

图1.2 （左）过去2000年世界GDP的增长；（右）过去2000年二氧化碳浓度的增加

资料来源：Our World in Data。

## 责无旁贷

如果要避免灾难，人类必须做些什么呢？气候科学家很明确：我们需要将全球温室气体排放量减少到零，需要在2050年时，将气候变暖控制在1.5℃以内，要在不晚于2070年时将温度升高控制在2℃以内。[11]如果这些基于科学设定的净零排放目标未能实现，温度略有升高就会导致蝴蝶效应，地球自然环境可能会发生巨大变化。这些变化将逆转工业革命和农业革命带来的繁荣成果，人类将不得不面对地球海平面的上升、极端天气事件的出现和热浪的惩罚。

美国国家航空航天局（NASA）的詹姆斯·汉森（James Hensen），是第一位警示政府气候变化风险的科学家，他于1988年在美国国会发表讲话。[12]自那以后的几十年里，科学家为政府官员准备了越来越详细和准确的气候变化预测，为政策制定者提供了明确的缓解方案。遗憾的是，政府官员无法有效地应对这些警告，未能阻止全球温室气体排放量的增加。主要失败必须归咎于政府。事实上，气候变化是一个独特的挑战性问题，需要政府来解决。

## 政府的角色

气候变化具有**负外部性**，这是经济学家用于描述一个商品的生产或消费对其他人或事物产生有害副作用的术语。例如，燃烧煤发电向大气排放二氧化碳而导致地球变暖，但是发电公司和使用电力的消费者都不必为自己的行为承担责任。就气候变化而言，因为温室气体排放与地球变暖之间存在时间滞后，这种负外部性将由子孙后代承受。

负外部性通常通过政府干预来解决，形式包括制定限制或禁止污染活动的法规，或者通过征税迫使污染者为造成的损害买单。一个典型的例子是含铅汽油问题，过去含铅汽油在美国很常见。在汽油中添加铅会增强汽车发动机性能，使司机驾驶体验更佳。然而人们都知道铅有毒，它对健康的影响要多年以后才能显现。1926年的一份公共卫生报告表明，铅中毒"将成为下一代的问题"。[13]事实确实如此。到20世纪70年代，汽车尾气造成的铅中毒正在危害数百万美国儿童的健康，包括造成儿童成长和发育迟缓。在卫生部门的压力下，美国政府颁布了法规减少并最终消除了含铅汽油，从而解决了负外部性问题。[14]

但含铅汽油比气候变化更容易解决，因为这种负外部性是局部的，排放铅的汽车与受到伤害的儿童都在同一社区之中，因此，美国政府法规可以解决这一问题。气候变化则不同：二氧化碳和其他温室气体排放进入地球大气层，扩散至整个地球，这会放大温室效应的影响。排放至地球上任何角落的温室气体，都会影响地球上的每一个人。因此，解决气候变化等负外部性问题，需要了解共享资源经济学。

## 公地悲剧

两个世纪前，英国经济学家威廉·福斯特·劳埃德（William Forster Lloyd）注意到，当允许农民的奶牛在公共（或共同拥有）的土地上吃草时，农民就有动力饲养放牧尽可能多的动物。他推测，如果每个农民都本着自己的最大利益去放牧，那么公共土地就会因过度使用而遭到破坏，继而每个农民都会遭受损失。劳埃德的结论是，个人做出的理性经济决策最终会耗尽或破坏公共资源，从而损害集体利益。即使每个人都知道这种情况会发生，但利用公共空间仍然符合他们的最大利益。这个概念被称为"公地悲剧"，这一结论也适用于气候变化。农民就像是地球上每一个排放温室气体的企业和个人，而公地则是地球的大气层。这是一个非常大的公地，但不是无限大。

政府通过产权来解决公地悲剧问题。在放牧的例子中，政府可以简单地限制允许每个农民在公地上放牛的数量，或者通过对每头牛进行征税，税额等同于每头牛在公地上造成的损失，并用这部分税收收入来修复所造成的损害。在上述任一情况下，农民的个人动机将与社会的需求相一致，公地也会因此而得到保护。就气候变化而言，政府只需对温室气体排放进行监管或征税，就能改变造成污染的企业和个人的行为。但是监管或税收必须适用于每一个使用公地的人。随着气候变化，每个使用公地的人实际上就是地球上的每一个人。这就意味着，各国政府必须共同努力达成一项有效的国际协议——说得委婉点，办成这件事是很困难的。

## 通过国际协议解决气候变化问题的尝试

1992年，172个国家的代表在里约热内卢举行会议，针对第一个应对气候变化的国际条约进行谈判。由此达成的《联合国气候变化框架公约》（United Nations Framework Convention on Climate Change），为随后的谈判建立了框架。从1995年开始，各国政府的谈判代表每年举行一次会议，以达成温室气体排放的国际监管条款。1997年在日本举行的会议产生了第一个具有约束力的协议《京都议定书》（Kyoto Protocol），该协议限制了发达国家的排放量。遗憾的是，同意设定排放上限的国家随后反悔，该协议于2012年到期，对气候变化几乎没有造成任何影响。经过几次失败的尝试，谈判代表在2015年声势浩大地达成了一项新协议——《巴黎协定》（Paris Agreement）。

195个国家签署了应对气候变化的《巴黎协定》。占全球排放量90%以上的国家同意提交碳减排目标，概述每个国家减少排放的承诺。《巴黎协定》最终将地球上几乎所有国家纳入一个协调一致的计划之中，以应对气候变化这一公地悲剧，因此（这一协定）受到称赞。当时的奥巴马总统宣称，"历史很可能将其视为我们星球的一个转折点"。[15]

但《巴黎协定》既没有限制排放，也没有惩罚未能实现目标的国家。该协定对各国必须减排多少没有具体要求，各国设定的减排目标也没有法律约束力。自《巴黎协定》签署以来，全球温室气体排放量持续增加，从2014年协议签署前的53亿吨二氧化碳当量（Gt $CO_2$e）[16]到2019年超过59亿吨二氧化碳当量，[17] 2020年排放量首次下降，但这只是由于全球新冠肺炎疫情限制了旅行和经济活动。联合国指出，"这种经济中断暂时减缓了人类活动对地球气候的历史性负荷，但远远没有消除它"。[18]

## 投资者反应

投资者寻求国际协议来指引方向，旨在寻找合适的地点和方式来分配资本以缓解和适应气候变化。这是有道理的，因为气候变化的根本挑战，即公地悲剧，历来都是通过政府监管引导投资资本来解决的。但是，就气候变化而言，因为缺乏明确且有约束性的条例，企业和投资者几乎不可能做出长期的资本承诺。政客的更迭进一步加剧了不稳定性，如美国总统曾两次加入国际气候协议，随后单方面退出。

第1章　繁荣背后的危机

30多年来，各国政府一直试图通过谈判达成的国际协议来应对气候变化，包括1997年和2015年签署的两份具有里程碑意义的协议。但是它们都没有奏效。解决气候变化的公地悲剧被各国达成全球共识的需求所阻碍，因为在这个政治动荡的世界中，全球共识几乎无法达成。缺乏稳定的气候政策让大多数商界领袖和投资者采取了最谨慎的行动方案，即静观其变。幸运的是，现在这种情况正在变化。

## 转折

2021年，商界领袖转变了策略，加紧宣布应对气候变化的计划。包括许多世界大型公司在内的3 000多家公司均对温室气体净零排放做出承诺，其承诺根据基于科学设定的目标，快速并持续地减少排放。投资者对此也给予了热烈支持。

在2021年的气候变化大会上，金融界成员宣布成立"格拉斯哥净零金融联盟"（Glasgow Financial Alliance for Net Zero，简写为GFANZ）。该联盟由管理着超过130万亿美元资产的共450家金融公司组成，致力于将温室气体排放量降至零。[19] 显然，该减排承诺是建立在2015年《巴黎协定》的基础上，并展示了即使在没有约束性政策的情况下，国际协议也可以为商业活动提供一个可依托的框架。《华尔街日报》将会议主旨总结为"商业改变游戏规则：格拉斯哥联合国气候大会（COP26）"[20]，商界领袖与投资者终于与政府在减少排放和应对气候变化上站到了一起。

商界开始与政府同步合作，并在某些情况下领先于政府，这一新动向使许多观察家感到惊讶并且产生怀疑。事实上，商界的这个转变自有其道理。正如工业革命刺激了行业资本的形成，一些全球趋势也正在推动资本快速、持续地流入为客户提供的解决方案。气候投资，已然拉开序幕。

# 第 2 章
# 气候变化时代的投资

气候科学家一直呼吁，需要投资来减少温室气体排放，但投资者一直不愿意投入资本，因为气候变化缓解需要集体行动。幸运的是，近来的趋势正在促使金融领导者采取行动。了解这些趋势及其对投资者的影响，是在气候变化时代进行投资的第一步。

## 趋势 1：物理风险

投资者投入资本的前提，是稳定的气候和可预测的未来。现在，金融收益正面临着由地球快速变暖导致不确定结果的风险。气候变化的物理影响，已经在全球各地出现。在美国，仅在 2021 年，就遭遇了加利福尼亚州的灾难性野火，得克萨斯州的多次飓风，佛罗里达州频繁的洪水和俄勒冈州极端高温，摧毁了房屋、企业甚至整个社区。投资者意识到，气候变化的物理影响正在使金融资产面临巨大风险。

对投资者来说，第一个风险是影响的非线性。资产价值最初不受影响，但随着气候变化，其价值会到达一个关键点，资产价值可能会迅速崩溃。例如，建筑物设计能承受一定水位的洪水，在此水位之内造成的损害很小，但一旦超越此水位损害就是巨大的。类似地，作物产量在温度略微变化时会略微下降，直到达到一个阈值后就会完全歉收。

第二个风险是时间。气候变化带来的物理风险主要会在未来几十年发生，如海平面上升、风暴、干旱和严重热浪。但这并不意味着今天的资产价值不受影响。投资是根据资产寿命预测现金流并运用贴现率来评估的。可能影响未来现金流的物理性气候变化会增加贴现率，这是不确定性的度量标准。在气候变化时代，投资者必须越来越多地考虑物理变化带来的风险，并相应地调整未来现金流的贴现率。

气候变化的物理风险是影响资产价值和投资收益的最明显趋势，这部分内容将在本书第 10 章更详细地描述。其他趋势更难预测，但对投资者来说其重要性等同甚至更高。

## 趋势 2：技术创新

低碳技术的快速创新，是第二个趋势。从投资者的角度来看，技术创新是最重要的。例如，人们正在使用先进技术来削减可再生的太阳能和风能能源成本，以至于使得很多竞争对手破产。2020年，美国可再生能源生产的电力第一次超过煤炭，5家美国煤炭公司在一年之内申请破产。[1]而且即使是最大的公司也遭遇挫折。埃克森美孚公司是道琼斯工业指数最长寿的成员之一，因市值下降而被替换。[2]在近300年后，美国的化石燃料工业逐渐被更便宜、更洁净的技术取代。

在汽车行业，最新的电动汽车以更快加速、更好操控和更低运营成本的优势，超越汽油动力汽车。特斯拉是第一家现代电动汽车公司，将创新的电池技术和软件应用于汽车中。令许多投资者惊讶的是，特斯拉超越了通用汽车、大众汽车和丰田汽车，成为全球市值最高的汽车公司。[3]一家公司的技术创新颠覆了整个行业，使得一些传统汽车公司都争相追赶。

或许最令人惊讶的技术创新是在食品和农业领域，肉类替代品的消费正在威胁一个人类文明诞生以来就存在的行业。投资者看到这项创新可能会撼动整个行业的潜力。人造植物肉公司别样肉客（Beyond Meat）是一家领先的植物性肉类替代品生产商，是2000年以来美国所有上市公司中最成功的公司之一，在开始交易之前就已经增值超过一倍。[4]

企业一直面临来自竞争对手的技术创新风险。现在电力、交通和食品领域的创新者正在快速增长，因为它们向消费者提供了优质产品的同时应对着气候变化问题。投资者通过增加投资来支持这一趋势，就像早期投资者为詹姆斯·瓦特和工业革命发明家提供资本一样。随着灵活的企业挑战传统行业，资产价值发生了颠覆性改变。本书第2部分将更详细地探讨这些技术。

## 趋势3：演变的社会规范

全球致力于应对气候变化的青年运动，通过社交媒体和年轻人身体力行来应对气候变化，从而深刻改变了人们对采取气候变化行动的态度。数百万人的青年运动代表着第三个影响资本流动的趋势——演变的社会规范。

许多美国人长期以来一直对气候变化持怀疑态度。2012年，支持政府行动的比例达到最低点，当时只有25%的人认为，全球变暖应该是国会的首要解决事务。然而，由于Z世代和千禧一代对于气候变化的关切，这种情况已经有所改变。到2020年，52%的受访美国人表示，应对气候变化应该是国会的首要任务，[5]而且美国青年对气候行动的支持比老一代更强烈。[6]

年轻人通常充满理想主义，但这一代人的理想主义以前所未有的方式影响着企业和投资者。在劳动力市场紧张的情况下，雇主发现，可持续发展对潜在员工非常重要，在竞争激烈的行业中这一点对消费者也同样重要。年轻人更喜欢为应对气候变化的公司工作和从这些公司购买产品。

起关键作用的年轻人群体正在通过投资，以不同的方式创造变革。在美国，随着婴儿潮一代逐渐离世，预计年轻人将取得历史上最大的财富转移，估计约30万亿美元。据研究表明，86%的年轻人对可持续投资感兴趣，这表明整整一代投资者的社会规范发生了迅速而剧烈的变化。[7]

演变的社会规范也正在改变企业的行为，在美国，越来越多的公司承诺减少温室气体排放。亚马逊已承诺实现净零碳排放，[8]就像苹果、福特和星巴克等数十家领先公司一样。[9]微软甚至承诺清除自创立以来的所有碳排放。[10]企业之所以采取行动，是因为它提升了企业的竞争地位。这将在本书第3部分展开阐述。

演变的社会规范，正在改变个人和企业在气候变化问题上的行为，同时敦促政府做出回应。

## 趋势4：政府行动

在美国，对气候变化物理影响的更深入了解以及社会规范的演变，最终影响选民向政府施压以采取行动。虽然国际气候变化协议未能遏制温室气体排放量的上升，但许多国家和地方政府已经实施了各种旨在遏制这种情况的举措。超过100个国家已经自愿设定或正在考虑净零碳排放目标，[11]其中包括美国。[12]

在美国，许多州和地方政府在推动激进的条例和激励措施方面，领先于联邦政府。例如，纽约州承诺在21世纪中叶消除所有温室气体排放，对可再生能源的激励措施吸引开发商建造美国最大的海上风电项目。加利福尼亚州的计划是在2045年前实现100%清洁能源。还有14个州通过立法或行政行动，朝着完全清洁电力方向发展。30个州制定了可再生能源投资标准（Renewable Portfolio Standard，简写为RPS），包括得克萨斯州、艾奥瓦州、蒙大拿州和许多其他共和党立法机构所在州，州政府倡议负责可再生能源发电增长的一半。[13]

政治家已经认识到，即使是适度的政策也会有很大的作用，例如鼓励企业采取行动，向投资者证明通常可以以较低成本降低碳排放。更好的是，承诺提供气候问题解决方案的企业和投资者，为政府官员加速政策支持提供了帮助。通过这种方式，政治家和商界领袖认识到，即使在缺乏约束性国际协议的情况下，照样可以通过协作实施减少温室气体排放的政策。

自1992年里约热内卢缔结第一项国际协议以来，政府应对气候变化采取的行动一直非常不均衡和不稳定。尽管路途崎岖，但整体趋势很明显，国家、州、地方各级政府应对气候变化的政策越来越雄心勃勃。政府为减少温室气体排放的公司和项目提供越来越多的金融和监管激励，对不采取行动的公司的惩罚也日益严厉。

## 趋势交汇影响投资者

气候变化是一个全球性的公地悲剧，在一个更完美的世界，通过约束性国际协议来消除温室气体排放可以解决这一问题。但迄今为止这一措施还没有产生，而且可能永远都不会那么快应对气候挑战。不过目前多种趋势正在推动资本从化石燃料和其他污染行业，转向实施气候问题解决方案的公司和项目。

这些趋势正在加速，为避免灾难性气候变化提供了最好的也许也是唯一的机会。为了自身经济利益，也为了为气候问题解决方案融资所带来的更大利益，投资者有责任了解这些趋势的影响。就像气候变化一样，这些趋势虽然发展缓慢、被理解的程度不足，但投资者的发展动力越来越明显。正如海明威所说的，财富将"逐渐地，然后突然地"获取和失去。[14]

在不久的将来——比大多数人预期的要早，
资本将有重大的重新配置。

图3.1 拉里·芬克（Larry Fink），贝莱德集团创始人、董事长兼首席执行官

资料来源：克里斯托弗·特里普勒（Kristoffer Tripplaar）拍摄，阿拉米图片社（Alamy Stock Photo）提供。

第 3 章

# 发展动力

　　科学家、学者和政策制定者，已经研究气候变化逾 30 年。但是直到最近，在金融界也只有少数投资者研究这个问题，考虑气候变化因素进行资本配置的投资者就更少了。管理世界大部分财富的传统机构投资者，一直没有意识到气候变化给投资风险和收益带来的影响。然而，现在这种情况正在迅速改变。

　　2020 年，全球最大投资管理公司贝莱德的创始人兼首席执行官拉里·芬克（见图 3.1）发表的一篇文章写道，忽视气候变化风险的公司"将进行大量资本重新配置"。芬克表示，"气候变化已经成为影响公司长期前景的决定性因素。我相信我们正处在金融体系重塑的边缘"。[1] 这份声明不仅仅是出于某种社会责任的考虑，它还认识到了影响全球投资者的系统性气候趋势——物理环境的变化、低碳技术的创新、演变的社会规范以及政府政策的拓展。

　　贝莱德不是金融行业唯一认识到气候变化对投资者的影响的公

司。高盛计划投资7 500亿美元用于应对这一问题，并宣布"采取行动不仅是迫切的需要，而且有强大的商业和投资理由"。[2]在公共基金投资者中，加州公共雇员退休基金（CalPERS）的首席执行官玛西·弗罗斯特（Marcie Frost）宣布："我们正在将对气候问题解决方案的投资整合到我们3 880亿美元的投资组合中。"[3]对冲基金经理人也认识到这一点。2019年世界上最赚钱的大型对冲基金之一TCI（300亿美元资产）的创始人兼首席执行官克里斯·霍恩（Chris Hohn），在这个问题上的立场非常明确："投资者不需要等待那些不愿或无法监管排放的监管机构。投资者拥有权力，并且必须使用这一权力。"[4]

系统性趋势正在对投资方向产生颠覆性影响，资本正在从污染行业和受气候变化威胁的行业转向具有气候问题解决方案的公司和项目，而且投资规模是巨大的。预计到2050年，全球低碳解决方案投资总额将达125万亿美元，其中70%的资本来自私营部门。[5]由此可见，成功的投资者正在调整其策略。

投资决策对人类减缓和适应气候变化的能力具有重大意义。投资资金的流动将改变温室气体排放的轨迹，减缓气候变化并深刻影响未来。本书将解释具体技术、投资产品和金融市场中的动力。第2部分将描述气候问题解决方案，描述当前和不久的将来在商业运营中的技术和商业模式。第3部分将解释在气候变化时代投资者使用的策略。第4部分和第5部分将分别研究上述趋势对投资者的机会和挑战，首先是实物资产，然后是金融资产。第6部分将总结投资者时机、最佳实践和投资为何重要的问题。

# 第 2 部分
# 气候问题解决方案

---

**INVESTING**
IN THE ERA OF
**CLIMATE**
CHANGE

气候变化是不可避免的。即使温室气体排放立即减少到零，大气中现有的温室气体也会在未来几十年里继续使地球变暖。但是灾难性的气候变化，即地球变暖超过 1.5 ~2.0℃是可以避免的，这需要全球温室气体排放量前所未有地大幅减少，在 2050 年前接近零。[1] 在 250 年的排放量稳步增加后，在不到 30 年的时间内转变和减少到零，可能看起来不太可能，但事实上这在技术和经济上都是可行的。

气候问题解决方案已经存在，可以以适度的成本大幅减少温室气体排放。高盛估计，以现有技术每年花费 1 万亿美元可以减少一半以上的温室气体。[2] 这是一个很大的数字，但只占目前全球 GDP 的 1%。[3] 重要的是，这些气候问题解决方案是商业化的，这意味着企业可以大规模实施这些方案。

在气候变化时代进行投资，需要在考虑投资策略之前了解气候问题解决方案。本书的这一部分只考虑现有的、可扩展的和商业的气候问题解决方案。这并不意味着其他解决气候问题的方法应该被忽略或者非商业解决方案是不可行的，而是重点必须放在利用现有商业投资资本，在最短时间内减少最大量的温室气体排放的气候问题解决方案上。第 2 部分所描述的气候问题解决方案正是如此。

我会把我的钱投在太阳和太阳能上。
这是多么强大的能源啊！
我希望我们不必等到石油和煤都用完了
才去解决这个问题。

图 4.1　托马斯·爱迪生
资料来源：阿拉米图片社。

## 第 4 章
# 可再生能源

**太阳能发电**

一个多世纪以来，从太阳获取能量一直是科学家和工程师的目标。[1]托马斯·爱迪生是伟大的发明家，他被利用太阳能的机会所吸引，因为阳光在 90 分钟内向地球提供的能量相当于地球上每个人一年消耗的能量。[2]1921 年，爱因斯坦因发现光电效应获得诺贝尔物理学奖，而该效应构成了现代太阳能板的理论基础。[3]人类的挑战在于，如何将太阳能的潜力转化为实用的商业产品。一个世纪过去了，爱迪生的远见和爱因斯坦的智慧被证明是完全正确的，太阳能即将主导全球电力行业。

**太阳能的早期应用**

太阳能的第一次实际应用是 1958 年美国发射的先锋 1 号卫星。先锋 1 号卫星上的太阳能电池板连续运行了 7 年，大大超过了在卫星上仅能持续 20 天的传统电池，这是一个好兆头。[4]美国国家航空航天局继续在卫星和航天器上使用太阳能电池板。虽然太阳能电池板在太空任务中得到了广泛应用，但对地球上的大多数应用来说，它都被认为过于昂贵。

从太空应用到北极电网外的地方，从钻井平台到偏远岛屿，太阳能缓慢但稳定地传播。20 世纪 70 年代末的能源危机，激励企业以更低的成本开发性能更好的太阳能产品。但太阳能行业的增长缓慢，到 20 世纪末，全球光伏系统的装机总量仅达到 1 吉瓦（GW），只相当于一个燃煤或天然气发电厂的发电量。太阳能发电被限制在少数利基应用领域，原因很简单——成本。

## 电力的经济性

电力是一种商品，这意味着燃煤发电厂产生的电力与太阳能电池板产生的电力是相同的。主要区别在于发电所用原料成本不同，所以最便宜的发电形式成为首选。

比较不同发电来源的成本是一个挑战。燃煤发电厂的建造成本相对较低，但需要大量的煤炭来发电。太阳能发电厂的建造成本高于燃煤发电厂，但运行成本较低，因为来自太阳的燃料是免费的。如何比较不同电源的成本呢？

我们可以使用平准化度电成本（LCOE），这是一个比较不同发电来源的电力成本的标准指标。电厂的平准化度电成本等于建设和运营电厂的成本现值与采购燃料的成本现值总和，除以电厂生命周期内预测发电量的现值。

平准化度电成本是根据发电厂的预期寿命计算的，通常为20~40年，以每兆瓦时（MWh）发电量的美元表示［或以每千瓦时（kWh）发电量的美元表示，即每兆瓦时的美元除以1 000］。平准化度电成本允许使用相同的指标对不同的发电来源进行成本比较。

## 太阳能的经济性

利用太阳能发电所需的原材料丰富且可以低成本获取。然而，制造过程却复杂且昂贵。光伏系统由太阳能电池板或模块组成，每个模块包含许多太阳能电池。太阳能利用半导体材料将光转化为电能。在大多数太阳能电池中，半导体材料是硅，这是地球上最丰富的材料之一，也是用于制造计算机芯片的材料。当光被硅半导体吸收时，光子中的能量就会移动电子，电子就会像电流一样沿着电线导体流过太阳能电池。并非所有到达太阳能电池的光能都转化为电能。能量转换装置的有用输出与输入之间的比率被称为转换效率。大多数商用光伏电池板的转换效率约为20%。[5]

制造太阳能光伏电池板的成本，是以每瓦美元来计算的。在太阳能产业发展早期，当光伏电池板主要被美国国家航空航天局用于航天器时，每瓦的成本超过100美元。到2000年，这一数字下降到5美元，成本大幅下降。[6]即便如此，除了在小众应用领域，太阳能发电的平准化度电成本还不足使其与其他发电来源竞争。但每当光伏电池板的价格下降,小众应用领域的需求量就会增加,电池板的产量就会扩大。

随着光伏电池板产量的增加,成本便会进一步下降,这形成了一个良性循环。到2020年,太阳能光伏电池板的制造成本已降至每瓦0.25美元以下,在短短20年内降低了95%的成本。[7]面板价格的下降导致使用太阳能光伏电池板发电的平准化度电成本显著下降,使其可以与包括化石燃料在内的其他发电来源竞争。[8]学习曲线是这种转变的关键。

## 适用于太阳能的学习曲线

随着产量的增加而降低成本的过程被称为学习曲线,这是一个对太阳能发展具有重要意义的经济学概念。学习曲线背后的理论是,通过增加经验,可以持续提高效率,即性能或成本的改进。摩尔定律是学习曲线最著名的应用。英特尔的联合创始人戈登·摩尔(Gordon Moore)预测,计算机芯片的容量将每两年翻一番,这意味着40%的学习曲线,这一预测在过去的50年里基本成立。[9]

重要的是,可再生能源发展的学习曲线不像摩尔定律那样有时间限制,它只是一种证明技术进步相对于产量的速度的方法,而不会定义这些改进需要多长时间。应用于太阳能发电的学习曲线衡量的是,太阳能行业随着产量的增加降低电池板成本的能力。

学习曲线计算的是累计产量每增加一倍,价格下降的百分比。太阳能电池板制造商 SunPower 公司的创始人理查德·斯旺森(Richard Swanson)观察到,累计产量每增加一倍,生产太阳能光伏电池板的成本就会下降约 20%。[10] 这一发现被称为"斯旺森定律"(Swanson's Law)(见图 4.2)。[11]

学术研究已经证实,斯旺森定律是相当准确的,因为在多项研究中,太阳能光伏系统的学习曲线显示出 23.8% 的平均值。[12] 这些研究发现,学习曲线对太阳能光伏系统很有效,原因包括规模经济、转换效率的提高和制造工艺的进步。斯旺森定律对理解太阳能发电的平准化度电成本有重要意义。随着太阳能行业的发展,太阳能电池板的价格下降,而且由于太阳能电

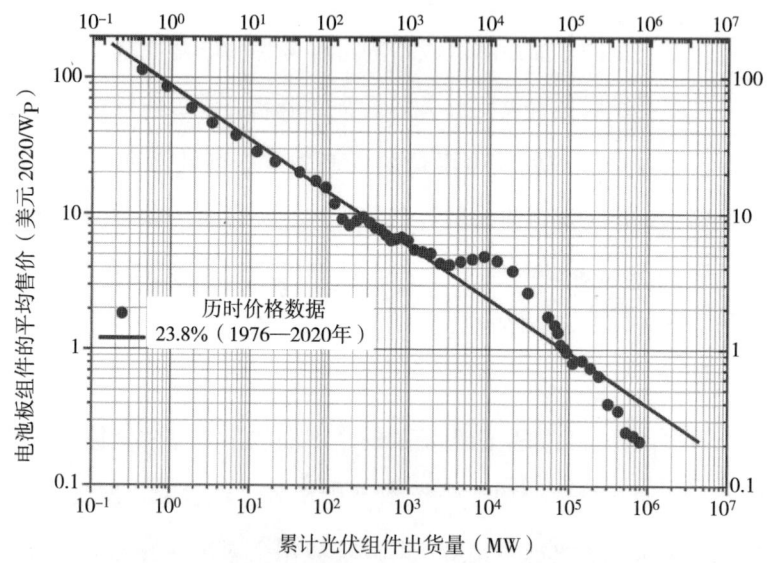

图 4.2 太阳能光伏电池板的学习曲线——斯旺森定律

注:MW = 兆瓦,$W_P$ = 瓦特峰值,光伏电池板可以产生的最大电力容量。

池板占太阳能项目资本成本的大约一半，整体平准化度电成本也随之下降。

### 分布式能源

太阳能电池板是一种分布式发电系统，因为光伏电池板几乎可以以任何规模——从单个电池板到数百万个连接的电池板——放置在任何位置，这意味着太阳能电池板可以用来为任何东西供电，从手持计算器到一所房子、整栋建筑，甚至是一座城市。太阳能可以在离网状态下使用，在非常偏远或连接电网成本过高的地方提供电力。这与传统的集中式发电形成了鲜明对比。传统集中式发电是由大型发电厂发电，然后通过电网传输给终端用户。分布式发电在设计上比集中式发电有更大的灵活性，具有显著的竞争优势。

太阳能的应用越多，对电池板的需求就越大，产量就会随之增加，基于学习曲线，成本也会进一步降低。随着电池板成本的下降，太阳能发电的平准化度电成本也会下降，从而进一步增加需求，形成一个良性循环，使太阳能成为地球上大多数地方大多数应用中成本最低的电力来源。

### 有竞争力的太阳能

国际投资银行拉扎德（Lazard）公司每年在无补贴的基础上发布一份对可再生能源、核能和化石燃料平准化度电成本的分析。拉扎德的分析发现，到 2020 年，太阳能发电的平准化度电成本下降了90%，使其与其他发电来源相比，极具竞争力。[13]更重要的是，太阳能发电的价格会逐年下降。

太阳能技术在不断改进。被用于大型太阳能项目的跟踪器，使太阳能电池板可以跟踪太阳在天空中的轨迹，增加高达30%的电力输出。[14]双面面板从下方捕获反射的阳光，额外增加9%的发电量。[15]太阳能技术的进步进一步降低太阳能发电的平准化度电成本，增加了需求，继续维持良性循环。在过去10年里，太阳能市场每年的复合年增长率达到42%。[16]能源咨询公司伍德麦肯兹（Wood Mackenzie）预测，太阳能将成为"美国、加拿大、中国和其他14个国家最便宜的新能源"。[17]

### 增长面临的挑战

太阳能的快速发展面临着两个潜在的挑战：土地和间歇性。太阳能电池板为200个家庭供电，需要大约0.02平方千米的土地来产生1兆瓦的电力。为美国的每个家庭供电，就需要近25 900平方千米的土地。[18]这听起来很大，但面积还不到莫哈维沙漠的1/4。作为一种分布式发电形式，太阳能电池板可以放置在许多物体的表面上。例如，只要在每个屋顶都安装上太阳能电池板，就可以满足美国近40%的电力需求。[19]事实证明，土地并不是一个无法克服的问题，尽管它经常被认为是一个问题。间歇性，才是一个更大的问题。

太阳能电池板在夜间不能发电，阴天时也几乎不能发电，因此太阳能是一种间歇性的电力来源。间歇性是太阳能的缺点，因为现代经济依赖于随时可用的电力。解决间歇性的办法是在阳光充足时储存多余的电力，但能源储存成本很高。直到现在，我们正在利用电池储能消除广泛使用太阳能的最后障碍，这将在第6章详细介绍。

### 太阳能的未来

全球能源公司英国石油公司（BP）预测，到2050年，太阳能发电的平均电力成本将进一步下降65%。[20]随着太阳能发电成本的下降，企业的需求将继续增长。以"削减成本"著称的亚马逊承诺，到2025年，其所有业务都将100%使用可再生能源，押注于太阳能成本的下降，从而节省资金，降低温室气体排放。[21]随着规模的扩大，太阳能项目将直接与大型煤炭和天然气发电厂竞争，取代化石燃料。政府政策也将进一步鼓励使用太阳能。例如，在2020年，加州成为美国第一个要求新住宅安装太阳能电池板的州。[22]

对投资者而言，太阳能发电的增长将对资本产生前所未有的需求，预计到2050年将产生4.2万亿美元的新投资机会。[23]本书第4部分和第5部分将解释如何抓住这些投资机会。可再生能源的投资机会一半在太阳能领域，另一半在风能领域。

## 风能发电

早期的美国人建造风车来抽水灌溉，并为他们的家庭供电。[24]

但是，随着现代电网的出现，风车的使用逐渐减少，现代电网以低成本源源不断地供电。今天，农民再次安装风车，这一次是为整个国家发电。

风力发电机组通过捕获风的能量来发电。其捕获的总能量取决于风速和涡轮叶片扫过的面积。风速尤其重要，因为风的能量与风速的立方成正比。例如，时速 32 千米的风的能量是时速 16 千米的 8 倍。重要的是，高度越高，风速越高，这意味着较高位置的风力发电机组比较低位置的机组释放的能量更多。

正如风的能量与风速的立方成正比，叶片扫过的面积与风力发电机组风轮叶片长度的平方成正比，因为叶片扫过的面积等于 $\pi r^2$，其中 r 为叶片的长度。例如，12 米长的叶片所能扫过的面积是 6 米长的叶片的 4 倍。因此，增加风力发电机组的高度，使叶片长度增加 1 倍，将使叶片扫过的面积增加 3 倍。更高的风力发电机组将使这些叶片能够承受更高的风速。更长的叶片和更高的风力发电机组，将使捕获的能量急剧增加。

因此，现代风力发电机组的发展历程是一个越来越大结构的发展史。20 世纪 80 年代开发的风力发电机组风轮直径（即叶片扫过区域的直径）为 15 米，一台这样的风力发电机组产生 50 千瓦的电力，足够大约 10 个家庭使用。到 2020 年，材料和技术的创新使风轮直径提高到 220 米，一台这样的风力发电机组可产生 14 000 千瓦（或 14 兆瓦）的电力，可以为 2 800 个家庭供电（见图 4.3）。技术创新和发展制造了更大风力发电机组，使发电量增加了 280 倍。[25]

图4.3 风力发电机组直径与功率的关系

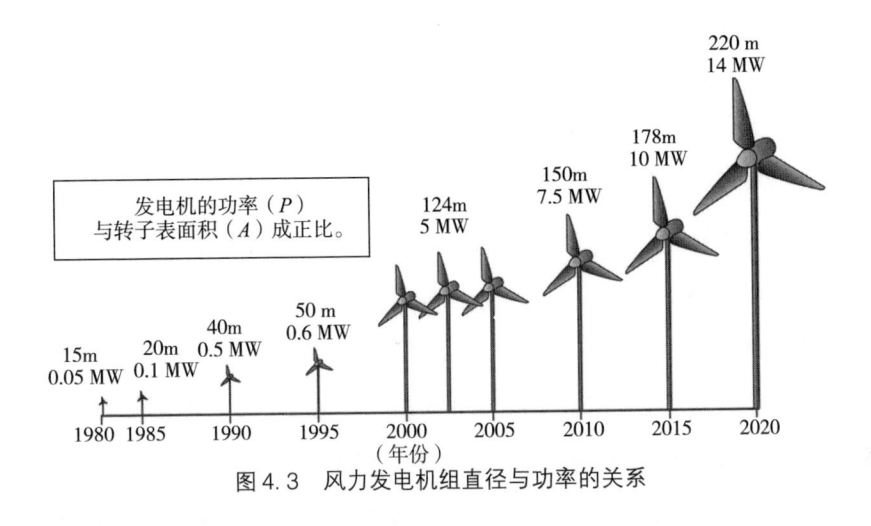

## 风能的经济性

20世纪80年代和90年代，风力发电机组很小，风电场的经济效益很差。风力发电机组的高资金成本意味着高昂的风电场建造成本，且低电力输出又意味着其发电成本高昂。与煤炭、核能和天然气发电相比，早期风电场的平准化度电成本相对较高，与传统能源相比，缺乏竞争力。

各国政府通过补贴奖励风电开发商建造风力发电场，欧洲尤其如此，创造了制造企业对风力发电机组的需求。政府的激励措施弥补了风能经济效益的不足，允许制造商和项目开发商建设风能项目，从而促进行业技术的发展，这就形成了一个引爆点。随着专业技术的提高，成本降低，更多风能项目得以被开发。

### 降低风电平准化度电成本

随着风力发电技术的不断发展，风力发电机组越来越大，功效越来越高。但在发电领域，只有成本降低，规模增长才更有意义。现代风能产业一直致力于降低风力发电的平准化度电成本，以提高与其他发电来源的竞争力。这一思路也确实奏效。自20世纪80年代以来，风力发电的平准化度电成本下降了90%以上，这使得风力发电与煤炭、核能和天然气发电相比更具有竞争力。[26]

风力发电机组制造商和风电场开发商不断改进生产技术，应用新技术，并发挥规模经济优势。通过每一次技术变革，风能企业都在学习如何降低成本，提高产能，从而降低风电的平准化度电成本。风力发电机组的装机容量每4～5年翻一番。随着产能的增加，成本也在下降，行业发展令人瞩目。到2020年，风力发电占美国发电量的8%，而10年前其几乎为零。[27]

### 风能面临的挑战

众所周知，风力发电机组只有在风力足以转动风轮叶片时才会发电。大多数风力发电机组所需最低风速约为11千米/小时。[28]在风速过低时，风力发电机组不会发电，中等风速也对发电效果影响微乎其微。容量因数是用风力发电机组实际发电量除以其最大发电量。整体来看，美国风电场的平均容量因数仅为35%。[29]

与太阳能一样，风能是间歇性的，即有风的时候才有风能。在夜间和冬季，太阳能发电量较低，风能却更强，所以风能发电是太阳能发电的有利补充。[30]这意味着风能可以降低维持电网运行所需电能储量水平。[31]风能的间歇性及其解决方案,将在第6章进行更深入探讨。

风力发电主要需要考虑如何选址及如何将风电输送到电网。风电在寻求更低电力成本和更清洁能源的消费者中很受欢迎,在农民和其他收取地租的土地所有者中也很受欢迎。但他们的邻居持不同态度,因此"邻避主义"(Not-in-my-backyard-ism,简写为NIMBYism)是风电发展的长期挑战。长期以来,加州一直是美国可再生能源的领导者,但随着当地反对意见的不断增加,近年来其风能发展增速已显著放缓。[32]

风电的反对者指出,与风力发电机组的碰撞每年导致多达50万只鸟类死亡。[33]但是,这与撞楼和被家猫咬死的鸟类死亡数量相比,就不值一提了。美国鸟类保护协会估计,猫每年会咬死24亿只鸟,在美国还有10亿只鸟死于撞击建筑物。[34]奥杜邦协会(Audubon Society)也表示支持风力发电,指出气候变化对鸟类的威胁远远大于风力发电机组。[35]

风力发电场选址的另一个挑战是,需将风力发电机组产生的电力传输到电网,供家庭和企业使用。风电场的最佳位置是风力最大的地方,其中许多地方都远离人类居住地。在美国,风力最大的州是内布拉斯加州、堪萨斯州和达科他州,这些州及其附近地区都非人类聚集地。[36]因此,风电场通常需要铺设昂贵的输电线路,来将电力从发电地输送到用电地。

尽管挑战重重,风力发电仍在迅速发展,风力发电机组也越来越随处可见，但风力发电的未来可能是我们视线之外的海上风电。

海上风电

风电场也可以建在空间无限大的海上。海上风电的容量因数为 40%~50%，陆上为 35%，可见海上风电比陆上风电更稳定、更强大。[37] 如果海上风力发电机组远在 50 千米之外，从岸上就不可见了，因此海上风电面临的公众阻力较小，可以使用目前最高的风力发电机组。作为海上风电市场规模效益的一个实例，通用电气的新型海上风力发电机组旋转一圈，就能产生一个家庭两天的用电量。[38]

欧洲在北海开发了第一个海上风电项目。美国于 2016 年在罗得岛州海岸开发了第一个海上风电项目。[39] 美国东北部多个州目前正在积极推进海上风电项目计划。纽约州设定目标，到 2035 年开发海上风电装机容量达到 9 000 兆瓦。第一个项目被命名为"帝国风能"（Empire Wind），是一个 816 兆瓦的海上风电场，距离长岛 32 千米，靠近纽约市。[40] 到 2024 年完工时，这个项目将为纽约超过 100 万户家庭供电。

然而，在恶劣的海洋环境下，海上风电场的建设和维护成本高昂。尽管风速和发电量更高，但海上风电的平准化度电成本是陆上风电成本的 2 倍多。[41] 即使是纽约市附近的超大型帝国风能项目，其成本也是陆上风电场的 2 倍。[42] 降低海上风电成本和平准化度电成本，对于海上风电发挥其潜力至关重要。除了更高的成本，海上风电的增长还面临着有形挑战：深水。

美国的大部分海岸线水下部分比较陡峭，深度小于 60 米的区域比较有限，这是固定海上风力发电机组的最大深度。[43] 为了解决这一挑战，风能行业最新的创新是，开发了可以固定在 915 米深水中的浮动式风力发电机组。[44]

## 浮动式风电场

远海风电的优势在于，远海风力更强、更稳定，这提高了风力发电机组的容量因数，也相应提高了发电量和可靠性。世界上第一个浮动式风电场的容量因数达到了 55%，甚至高于近海风电的 40%~50%。[45] 浮动式风电场潜力无限，但其面临着所有新能源发电都面临的挑战——高成本。

浮动式风力发电机组的成本，几乎是海上固定风力发电机组的 2 倍，是陆上风力发电机组的 4 倍。[46] 即使具有更高的容量因数，与其他形式的发电来源相比，浮动式风电场的平准化度电成本也不具竞争力。但这种情况可能很快会有所改善。讽刺的是，海上风电成本的降低得益于化石燃料行业专业知识的应用。石油公司正在利用成熟的浮动式海上油气钻井平台技术，进入海上风能领域。

## 风能的未来

风能，因可以通过风力发电机组发电，已经成为一种极具竞争力的能源。技术的不断进步，加上政府有针对性的激励措施，形成了一个成本降低、需求增长和平准化度电成本稳步下降的良性循

第 4 章　可再生能源

环。到 2050 年，全球风力发电的发展预计需要 5.9 万亿美元融资。[47]在美国，到 2029 年，仅海上风电的发展就需要 850 亿美元的资本投入。[48]风电领域的投资机会将在第 4 部分和第 5 部分详述。

## 核能

核能是个有争议的领域。支持者认为核能提供了一种可能无限的零碳能源，而反对者则指出其存在安全风险和产生有毒废物。在关于核能的激烈辩论中，有一个关键问题很少被提及——成本高昂。

在 25 年多的时间里，美国只有两个新的核反应堆且都在田纳西州的同一场地。[49]在佐治亚州，沃格特勒（Vogtle）核电站的扩建是美国目前唯一正在开发的核电项目，但该项目推迟了数年，而且预算超出数十亿美元。[50]拉扎德公司估计，核电的平准化度电成本为每兆瓦时 163 美元，是太阳能和风能平准化度电成本的 4 倍多，是天然气的 3 倍多。[51]鉴于其高成本，美国能源信息署（EIA）预计，2019 年至 2050 年核能发电能力将出现净下降。[52]芝加哥大学教授罗伯特·罗斯纳（Robert Rosner）更直接地指出："新的核电项目无法与可再生能源项目竞争。"[53]但是设计新型的小型核电站，可能会改变这种状况。

### 新一代核能？

几家初创公司正在开发新技术，以降低核电站的建造和运营成本。其中许多创新都是为小型模块化反应堆（SMR）设计的，即 300 兆瓦以内的小型核反应堆，而传统反应堆功率则超过 1 吉瓦。为了降低成本，提高安全性，这些公司不再使用水和大型冷却塔，而是使用熔盐在低压下冷却反应堆。根据比尔·盖茨的说法，"新一代（核能）可以解决成本问题，这曾是一个非常非常大的难题。同时，安全性也实现了革新"。[54]

从理论上讲，新一代核电站可以像风能和太阳能一样，成为一种没有温室气体排放的有竞争力的发电来源，具有 24 小时稳定供电的显著优势。但成本，仍然是一个挑战。

一家领先的小型模块化反应堆开发商在 2020 年预测，当 2029 年第一家核电站投产时，其平准化度电成本将达到每兆瓦时 65 美元。[55]相比之下，美国能源信息署预测，到 2025 年，太阳能光伏系统的平准化度电成本为每兆瓦时 33 美元，陆上风能为 34.56 美元。[56]当新一代核反应堆变得可行时，风能和太阳能的成本也将大大降低，甚至降低到先进的核反应堆永远达不到的水平。英属哥伦比亚大学教授 M. V. 拉玛纳（M. V. Ramana）用一个简单的形象化比喻总结了核能面临的挑战："（核能）的基本概念从商业角度来看是有缺陷的。就像跑步机赛跑，其中一台跑步机跑得更快。"[57]

## 核能的未来

尽管面临诸多挑战，对先进核电的投资仍在大幅增加。美国私人投资者已经向 50 多家初创企业投入了超过 10 亿美元的风险投资，[58]能源部已承诺提供100多亿美元的贷款。[59]比尔·盖茨致力于发展先进核能，并成为一家领先的核能技术公司泰拉能源（TerraPower）公司的创始人和董事长。[60]

先进的核能发电仍然得胜无望，但与风能和太阳能发电相比，它有一个显著的优势，即一年365天、一天24小时都能稳定发电。风能和太阳能是间歇性能源，只有在有风或有阳光的时候才可用。因此，核能的未来可能与能源生产成本的关系不大，而与能源储存的成本有关，有关储能的内容详见第6章。

## 能源转型

2020年，可再生太阳能和风能发电仅占美国电力的11%，[61]但对太阳能和风能的投资占所有新发电来源的78%。[62]考虑到在许多州太阳能和风能是最便宜的能源，这就不足为奇了。例如，新墨西哥州的一个太阳能项目以每兆瓦时15美元的价格出售电力，创历史新低。[63]与煤炭或天然气设施的运营成本相比，基于燃料成本的原因，这些设施的运营成本为每兆瓦时23~48美元，其含义很明显：化石燃料根本无法与成本不断下降的可再生能源进行竞争。[64]哥伦比亚大学商学院教授杰夫·希尔（Geoff Heal）研究发现，在美国电网中用可再生能源完全取代化石燃料的经济成本接近于零。[65]价格低廉的太阳能和风能，正在引发全球能源转型。

图4.4中的能源转型预测并不是环保人士的一厢情愿，该图直观反映了太阳能和风能技术日益增长的竞争地位，其对化石燃

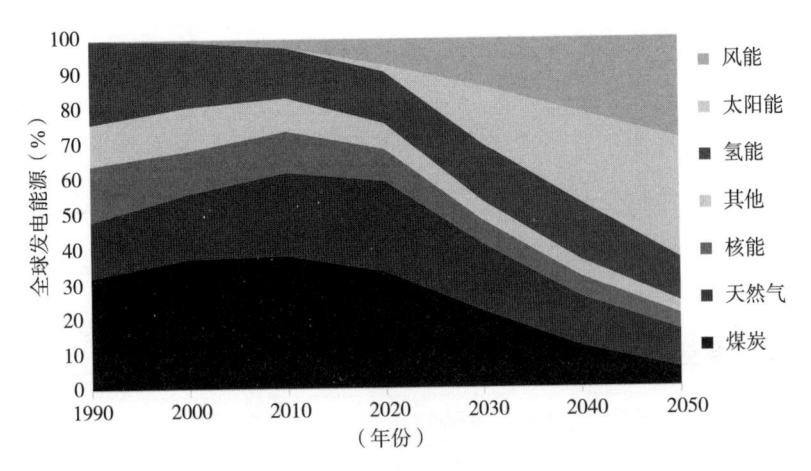

图 4.4　全球发电能源占比

注：以上是作者基于 BNEF、美国能源信息署和 DNV 的数据预测。

料行业投资者的影响是显而易见的。长期以来，主要关注化石燃料行业的国际能源机构（International Energy Agency）执行董事法提赫·比罗尔（Fatih Birol）总结了这种情况："令人痛苦的事实是，真正的能源转型正在到来，而且速度很快。"[66]

煤炭时代的终结

2020 年，英国有好几个月没有使用煤炭发电，这是自 1790 年工业革命开始以来最长的一段时间没有使用煤炭发电。[67]英国正朝着 2025 年完全放弃使用煤炭的方向前进。

在美国，煤炭在发电中的份额在 2020 年降至 20% 以下。考虑到仅在 10 年前，煤炭发电量还占美国电力的 50% 以上，这一下降幅度相当可观。[68]煤炭使用量为什么迅速下降？因为公共事业公司不再购买煤炭，保险公司不再为煤炭企业提供保险，投资者也不再对煤炭企业进行投资。

由于天然气、风能和太阳能发电的经济效益更好,所以对煤炭的需求有所下降。世界三大再保险公司——瑞士再保险公司、慕尼黑再保险公司和伦敦劳埃德保险公司——均对煤炭行业的保险进行了限制,煤炭行业难以运营。[69]而投资者看到煤炭行业失去竞争力,资金成本也越来越高。2019年,即使得到特朗普政府的支持,仍有包括最大的私营煤炭公司默里能源(Murray Energy)在内的8家美国煤矿公司申请破产。[70]

天然气:过渡型燃料?

天然气有时被称为煤炭与可再生太阳能和风能之间的"过渡型燃料"。从气候变化的角度来看,天然气的污染确实明显低于煤炭,排放的二氧化碳只有煤炭的一半。[71]从经济角度来看,天然气是一种低成本的发电来源,虽然其63美元/兆瓦时的平准化度电成本,高于太阳能或风能,但具有提供"可调度"电力的额外好处,即随时随地可得。[72]2020年,天然气发电量占美国总发电量的40%。[73]但据预测,天然气消耗量将明显降低,即通往可再生能源的"桥梁"可能很短。

在2020年7月的一周内,3家美国公共事业公司宣布关闭燃煤电厂并以风能和太阳能发电厂代之,而并未将天然气作为过渡型燃料。[74]理由很简单:将风能和太阳能搭配使用,能源储存正变得足够便宜,不仅可与煤炭进行竞争,与天然气相比也有竞争力。其中一家公共事业公司图森电力(Tucson Electric Power)的公告也体现了这一能源转型："即使未来计划淘汰1 073兆瓦的煤炭产能和225兆瓦的天然气产能，图森电力的优先投资组合也不会包括任何新的化石燃料能源。"[75]

### 其他可再生能源

美国历史上，用河流即水力发电是煤炭发电的补充。水电是一种低成本、可靠的可再生能源，在2020年提供美国7%的发电量。[76]许多小型水电设施还有进一步翻新和优化的潜力，但因为优良选址已经被占用，而且环保人士发现了大坝建设的负面影响，水力发电在美国的地位正在下降。美国能源信息署预测，到2050年，水力发电量将下降到美国总发电量的5%。[77]

潮汐、波浪、生物质能、生物燃料和地热产生的能量有助于发电，而且这些能源都是可再生的。可是，这些技术要么成本高、增长机会有限，要么市场相对较小。例如，地热发电与化石燃料相比具有成本竞争力，但每年仅增长3%。[78]这些可再生能源虽有用，但受限于现有技术，难以引领全球能源转型。

太阳能和风能是唯一既能在成本上与化石燃料竞争，又能在全球大规模推广的可再生能源。

### 向可再生能源转型的赢家和输家

咨询公司麦肯锡预测，到2035年，全球50%以上的电力将来自可再生能源，这将是自工业革命以来最重大的能源转型。[79]这是避免灾难性气候变化的胜利。能源转型对投资者来说也是一个机会，因为全球太阳能和风能的增长已经需要每年 3 000 亿美元的资本投资，预计到 2035 年将增长到每年 1 万亿美元以上。[80]

对化石燃料行业而言，资本对可再生能源的青睐推高了新投资的资金成本。投资银行估计，新油气项目投资的最低利率为 10%~20%，而风能和太阳能项目的最低利率仅为 3%~5%。这促使几家大型石油公司转变业务模式，一些公司将一半的资本支出用于低碳能源解决方案。[81]化石燃料公司知其宿命，开始从一个不断萎缩的行业向可再生能源等增长型行业转型。

鉴于太阳能和风能不能全天候提供电力，向可再生能源的过渡仍然面临着能源间歇性的挑战。解决这一挑战需要另一种气候问题解决方案，即能源储存。但是，要想了解能源储存的解决方案，首先需要转向一种完全不同的气候解决方案——电动汽车。

这是《消费者报告》测试过的性能最好的汽车。

图 5.1 特斯拉纯电动汽车 Model S
资料来源：维基共享资源。

第 5 章

# 电动汽车

亨利·福特和其他早期的汽车制造商都认为,"没有什么创新和有价值的东西不能被电驱动,电将成为一种通用能源"。[1] 1900 年的美国道路上有 1/3 的汽车是电动汽车。纽约拥有一支电动出租车车队,曼哈顿的电动出租车领到了第一张超速罚单。[2] 甚至连传奇跑车品牌保时捷也开发出了一款电动汽车。[3] 电动汽车的流行是显而易见的,因为与内燃机汽车相比,它更安静、更环保、更容易操作。电动汽车不需要手动摆把来启动,也不会排放有毒废气。托马斯·爱迪生和亨利·福特坚信电动汽车的诸多优势,并在 1914 年合作设计出一款低成本电动汽车。

爱迪生和福特很清楚,电动汽车和内燃机汽车相比有诸多技术优势。其中最大的优势是,电动汽车能量转换效率要比内燃机汽车高很多。内燃机燃烧汽油来产生热量,在这个燃烧过程中将热能转换成机械能推动汽车行驶。这个过程的效率低下,只有

17%~21%的汽油能量被转化为机械能。电动汽车却很高效。由于直接将电能转化为机械能，电动汽车将59%~62%的电能转化为车轮动力。[4]由于发动机的效率更高，电动汽车需要的能量只有内燃机汽车的1/3。

但电池是电动车的致命弱点。所有的汽车都需要一种介质来储存能发动它们的能量。电动汽车能量储存介质是电池，而内燃机汽车的能量储存介质是汽油。在汽车时代的早期，电池体积大，储电量又少，所以能量密度低。相比之下，汽油的能量密度就很高。同样体积的汽油可以储存的能量是铅酸电池的100倍，而铅酸电池是爱迪生时代最常见的电池类型。在20世纪初，内燃机汽车与电动汽车相比有着明显的优势，因为汽油是一种比当时最好的电池都更好的能量储存介质，弥补了内燃机能量转化效率低的缺陷。

爱迪生和福特意识到了电动汽车的储能问题，并通过发明一种能量密度更大的电池来解决这个问题。1914年1月，《纽约时报》引用亨利·福特的话："到目前为止的问题是发明一种轻量蓄电池，可以不充电就能跑很远的路。爱迪生先生已经研究这种电池有一段时间了。"[5]

事与愿违。即使爱迪生是那个时代最伟大的发明者之一，也没能发明出更好的电池，与福特合作的结束也终结了电动汽车发展的机会。[6]电动汽车过了近100年才逐渐具备商业化的可行性。

## 汽车行业的创新

20世纪70年代的"石油危机"促使汽车制造商反思,继而发展电动汽车作为汽油车的替代品。工程师们再次面临爱迪生和福特曾经的困境,并着手设计一种轻量但高能量密度的电池,以储存足够的电量驱动现代汽车。他们再次失败了。

1990年,美国加州颁布了一项政策鼓励使用零排放汽车,这一政策激励了汽车制造商设计和生产电动汽车。加州汽车市场的吸引力促使主流汽车制造商再次投入研发资金,发明一款受欢迎的电动汽车。通用汽车公司在1996年推出了第一款量产的纯电动汽车EV1,其铅酸电池重达533千克,每次充电可行驶约97千米。[7]但这款车的生产成本昂贵,有限的驾驶里程对消费者没有吸引力。仅仅几年后,通用汽车公司就取消了电动汽车项目,并销毁了其生产的产品,声称该车不具有商业化的可行性。令通用汽车公司苦恼的是,其在电动汽车领域的不幸遭遇促使了纪录片《谁杀死了电动汽车?》(*Who Killed the Electric Car?*)的诞生,这部纪录片影射了汽车公司和石油公司密谋阻止电动汽车的发展。

尽管通用汽车公司强烈否认这不是一个阴谋,但其销毁每一辆电动汽车的决定,绝对是商业史上最糟糕的公关案例之一。更重要的是,尽管投入了大量的研发精力,通用汽车公司、克莱斯勒、福特、丰田、本田和其他先进的汽车公司均未能设计出能像汽油车跑一样远或一样快的电动汽车。消费者对推出的电动汽车毫无兴趣，该时期设计的每一款电动汽车最终都退出了市场。

2003年，一家新的汽车公司——特斯拉成立了，它以交流感应电动机的发明者尼古拉·特斯拉（Nikola Tesla）的名字命名。特斯拉首席执行官埃隆·马斯克宣布特斯拉的"秘密宏图"：

打造一辆跑车。

用挣到的钱去造一辆实惠的车。

再用挣到的钱去造一辆更实惠的车。[8]

马斯克的声明虽然是开玩笑的，但特斯拉的商业计划是认真的，在几个方面都非常创新。第一，特斯拉最初的产品定位是针对豪华高端汽车市场的跑车。在此之前，车企大多聚焦在中低端市场来销售电动汽车。第二，特斯拉专注于将汽车性能作为主要的卖点，而不是环境效益。第三，也是最重要的一点，特斯拉意识到解决爱迪生电池难题的方案不是发明一种新的汽车电池，而是借鉴一个完全不同领域，如电子消费和移动手机市场的经验，在这个市场中电池已经取得了非凡的进展。特斯拉的工程师们没有开发一种新的特殊用途汽车电池，而是设计了一个能容纳7 000块锂离子电池的电池组，这些电池与消费类电子产品中使用的电池一模一样。电池组能发挥锂离子电池的最佳性能，相对小巧、轻便、能量密度高且成本合理。公司的工程师们集中精力研发了控制电池组的软件并设计了一种连接电池和电动机的专有动力系统，而不是将时间和金钱用来发明一种新电池。

特斯拉推出的第一款电动跑车——Roadster，价格昂贵、有吸引力、速度快。与内燃机相比，电动机产生了更大的扭矩——马达驱动车轮的旋转力，能产生更大的加速度。Roadster 惊人地实现了在 3.9 秒内从 0 到 96.6 千米/小时加速。2008 年，《汽车趋势》(*Motor Trend*) 杂志对该车进行了测评，并得出结论"对任何一辆隆隆作响的法拉利或保时捷而言，如果在红绿灯前把车停在一辆安静的 105 英里/加仑[9] 的 Roadster 旁边，都会感到自愧不如。"[10]

## 克服挑战

Roadster 证明了电动汽车完全可以与传统高端跑车媲美。特斯拉已经成功地实现了其总体计划的第一阶段。第二阶段，也就是制造一辆具有竞争力的高端豪华电动汽车，这需要更大的雄心和更多的创新。特斯拉的下一款车，以 Model S 命名（见图 5.1），是一款旨在能与宝马 5 系和类似车系竞争的豪华轿车。要想取得成功，特斯拉必须同时克服三个挑战：里程焦虑、性能和成本。

里程焦虑，是指司机担心电动汽车的电量在到达目的地或充电桩之前耗尽。在特斯拉之前，商用电动汽车的续航里程从未超过 97 千米，而燃油汽车加满一箱油通常能行使超过 483 千米，且可以选择任何加油站在 5 分钟内加满。理论上，电动汽车可以使用普通的电源插座进行充电，但实际上使用一个 110 伏的家用电源插座充电需要几个小时甚至更长的时间。特斯拉用两种方式解决了里程焦虑问题。特斯拉将 Model S 的电池组大大增大，将续航里程扩大到 338~483 千米，并开始在美国各地安装超级增压器和高压充电站。高压充电站可以让特斯拉车主在大约 30 分钟内充满能续航约 241 千米的电量。

鉴于电池相对低的能量密度，毫无疑问扩容后的 Model S 电池组很重。新增的重量影响了车辆的性能。为了解决这个问题，特斯拉将电池组固定在底盘上，位于座椅下方，通过降低汽车重心从而提高了其操控性能。特斯拉还增大了引擎动力，效果很亮眼。Model S 从 0 加速到 96.6 千米/小时用时不到 4 秒，且操控感更好，这已超过其竞品车型。《汽车趋势》杂志将其评为 2013 年"年度最佳汽车"。

成本仍然是特斯拉面临的最大挑战。Model S 的电池组的成本估计为 1.5 万美元，占汽车总制造成本的 25%。[11] 政府补贴冲抵了其中一些额外成本，特别是购买纯电动和插电式混合动力汽车的联邦税收抵免高达 7 500 美元。[12] 尽管 Model S 的初始成本高于同系车辆，但使用成本更低了。瑞士信贷（Credit Suisse）① 投资银行的分析师评估认为，Model S 的车主平均每月花费在燃料上的成本是 34 美元，相比之下，同等燃油的中型豪华轿车每月花费高达 175 美元，同时由于电动机的简单构造显著降低了维修成本。[13]

---

① 2023 年 6 月，瑞士银行完成对瑞士信贷的收购，瑞士信贷现已改名为瑞士瑞信银行。——编者注

## 电池之外的创新

马斯克认为特斯拉的纯电动汽车为汽车产业的深度创新制造了机会。电动汽车比内燃机汽车要简单得多，因为它们的配件标准件更少。电动汽车的设计简单，需要的维修和服务更少，这对消费者来说是一个重要的价值。摩根大通的分析师认为"电动汽车有 20 个配件标准件，而内燃机汽车有 2 000 个，这大大降低了服务成本，延长了汽车的寿命"。他们得出结论：电动汽车的使用成本可能比内燃机汽车低 90%。[14]

这种设计上的优势促使特斯拉做出更大的创新性决策，通过公司官网直接向消费者销售汽车，而不像其他汽车公司那样通过特许经销商。马斯克认为电动车和特许经销商之间存在根本的利益冲突，因为传统的经销商在更换零部件和维修服务上获得的收入显著高于新车销售佣金。[15]然而，类似 Model S 这样的电动车不太可能像内燃机汽车那样需要如此多的维修，这可能会颠覆特许经销商的商业模式。特斯拉的直销模式旨在将消费者在汽车使用年限内的服务成本降至最低，从而进一步提升电动汽车与内燃机汽车在成本方面的竞争力。

## "车轮的感觉决定交易"

数十年来，汽车销售人员一直用标题中的这句话描述试驾新车对司机的影响。但很少有人知道这句话可能更适用于电动汽车的销售。Model S 迅速成功，驾驶者们对其性能和操控性赞不绝口。2012 年一经推出，迅速成为全球最畅销的纯电动汽车。2015 年，《汽车和司机》（Car and Driver）杂志称其为"世纪汽车"。

特斯拉总体计划的最后一个阶段——再用挣到的钱去造一辆更实惠的车，随着 2016 年 Model 3 的发布得以实现。Model 3 是一款中型纯电动汽车，续航里程为 423 千米，旨在能与宝马 3 系和类似车系竞争。一周内，特斯拉收到了 32.5 万份预购订单，每笔订单预付 1 000 美元，意味着销售额超过 140 亿美元。[16]时至 2021 年，特斯拉 Model 3 已经成为全球历史上最畅销的电动汽车。[17]

## 竞争

特斯拉电动汽车的惊人成功促使现有的汽车企业设计并推出了自己的电动汽车。但领先的汽车企业最初对特斯拉的反应不温不火，投入的研发预算和专业人才都很少。与特斯拉不同的是，这些领先的汽车企业没有重视电池的生产，但其实电池才是电动汽车中最重要的技术，而且它们是将现有的内燃机汽车平台改装成电动汽车平台，而不是投资开发一种电动汽车的专用产品。[18]更糟糕的是，它们现有的汽车经销商体系对销售几乎不需要维修的电动汽车不太热情，因为经销商 49% 的毛利润来自车辆维修服务。[19]领先汽车企业的电动汽车销售业绩也从另一方面证明特斯拉这些决策的有效性，2021年全美20家销售电动汽车的企业中，特斯拉的市场份额达到了惊人的72%。[20]

## 电动汽车进入首发位

电动汽车取代汽油驱动的内燃机汽车面临三个重大挑战：充电站点、充电时间和成本。美国的内燃机汽车司机有11.5万个加油站点选择。[21]相比之下，2021年的电动汽车司机只有4.3万个充电站点可以选择，而且充电站并非与所有型号的电动汽车都兼容。[22]充电时间也明显长于给油箱加油的时间，最快30分钟，最慢得几个小时。[23]然后是电动汽车的售价比内燃机汽车更贵。不过，这些挑战正在被快速解决。

锂离子电池组是电动汽车中最昂贵的组件，其价格已从2010年的逾1 100美元/千瓦时下降到2020年的137美元/千瓦时，预计未来将进一步下降。[24]彭博新能源财经（Bloomberg New Energy Finance）预测，电动汽车和内燃机汽车将于2024年实现成本平价，"不会有价格差异，电动汽车的价格不会高得让人震惊"。[25]届时，电动汽车的使用和维修服务成本显著下降，将成为吸引新车购买者的一个有力卖点。与此同时，尽管大多数电动汽车车主在家里或工作场所充电，充电站点的数量也在迅速增长，而且随着电池技术的发展，充电时间也会下降。[26]

## 比赛开始

汽车企业必须提前 5 年制订计划,这是新车型的开发周期。纯电动汽车是它们眼中的未来。虽然如今电动汽车依然面临诸多挑战,但所有趋势都表明:电动汽车正迅速成为一种比内燃机汽车更便宜、更快、更好的产品。汽车企业还意识到,当自动驾驶技术变得普及时,电动汽车将成为自动驾驶汽车的选择,因为在车队管理方面电动汽车更高效。[27] 面对这些趋势,现有的汽车企业正在迅速放弃汽油动力汽车转而开发新的电动汽车车型,通常都是基于电动专用平台了。

2021 年,美国最大的汽车公司通用汽车宣布,到 2035 年它将只生产和销售电动汽车,在 5 年内花费 270 亿美元推出 30 款电动汽车。[28] 通用汽车宣布消息后不久,全球最大汽车企业大众汽车的首席执行官,关于电动汽车是这么描述的:"让我从一个显而易见的事实开始:电动车赢了。"[29] 瑞银集团的分析师预测,到 2040 年电动汽车将全面占领新车市场。[30]

汽油动力向电动汽车的转变将影响一些主体行业的经济:汽车公司、零部件供应商、汽车经销商、石油公司和电力公司。本书的第 5 部分将探讨其对投资者的影响。

电动汽车是一个重要的气候问题解决方案,因为交通运输业的二氧化碳排放量占美国二氧化碳总排放量的 28%。[31] 电动汽车需要的能源是内燃机车的 1/3,而且可以由零排放的太阳能和风能提供动力。电动汽车在应对气候变化方面还有一个不太为人所知的优点：快速增长的电动汽车促使锂离子电池成本下降，也为可再生太阳能和风能的间歇性难题提供了一种能源存储的解决方案。

全世界过载的电网正处在超级电池爆发式发展的风口浪尖上。

——彭博

图6.1 电力传输线

资料来源：维基共享资源。

# 第 6 章
# 储能

可再生能源太阳能和风能的优势是价格低廉、资源丰富，而且可以零排放发电。但它们有一个明显的缺点：间歇性。风力发电机组在没有风的日子无法发电，太阳能电池板在夜间或阴天无法发电。鉴于太阳能和风能发电固有的间歇性，越来越需要储能来平衡电力的需求和供应。要了解储能，首先需要了解电力是如何在电网上运行的。

## 电力负荷水平

全天不同时段的电力消耗量各不相同，记录一天 24 小时电力需求的曲线图可以用来展示电力负荷水平。[1] 夜间人们都在睡觉，大多数企业也不营业，电力需求通常最低。电力负荷水平在白天会上升，特别在需要空调的炎热地区更明显。傍晚时，上班族回到家打开空调、电灯、电器和其他电力设备,电力负荷达到峰值,被称为峰值负荷。

消费者和企业都希望电力持续可用,管理电力负荷也因此成为现代电网的一项基本任务。电力需求的波动,要求电网运营商提供足够的电力来满足峰值负荷,且不会在需求下降时过度供电。当电力来自太阳能和风能等间歇性能源时,管理电网变得更加困难。

太阳能和风能的间歇性带来的挑战在加利福尼亚州已展露无遗,可再生能源发电已影响了整个州的电力负荷水平。图6.2显示的是美国加利福尼亚州的电力负荷曲线。[2] 图中实线即电力总负荷水平所示,电力需求在凌晨5:00左右达到低点,然后缓慢上升并在下午7:00左右达到峰值。问题是如图中太阳能发电量曲

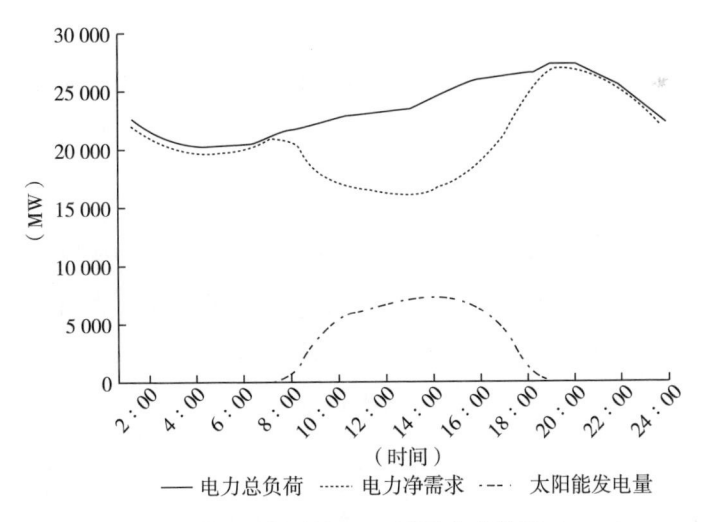

图6.2 加利福尼亚州电力负荷曲线

资料来源:维基共享资源。

线所示，太阳能发电在 14：00 左右达到峰值。这使得电力净需求曲线，即总需求与太阳能发电量之差，出现了弯曲。这种弯曲的电力净需求曲线形似鸭子，公共事业行业中将其称为"鸭子曲线"。

电网运营商必须确保每天 24 小时电力供应精确满足需求曲线。随着太阳能发电量和风能发电量的不断上升，运营难度变得越来越大。加州随着可再生能源逐年增长，电力净需求曲线波动更加剧烈。加州是美国可再生能源的领导者，其他州也正迅速赶上，并在平衡电力负荷水平方面遇到了同样的挑战。

平衡电力负荷水平的解决方案，包括需求侧响应、调峰电厂和储能。

### 需求侧响应

公共事业公司鼓励用户在用电高峰减少电力需求，这种策略被称为需求侧响应。公共事业公司的做法是向用户提供经济激励。例如，如果用户安装在特别炎热的夏季自动提高空调温度的传感器，公共事业公司可以减免其水电费。需求侧响应可以帮助公共事业公司平衡电力负荷水平，但无法大规模解决太阳能和风能间歇性发电的问题。

### 调峰电厂

美国大约有 1 000 家调峰电厂，根据需要使用天然气供电。[3] 调峰电厂具有"可调度"的优势，这意味着其可以快速开启和关闭。但是，电厂成本很高。拉扎德公司计算得出，天然气调峰电厂平准化度电成本平均为175美元/兆瓦时，是可再生能源发电的5倍。[4]昂贵的调峰电厂解决了平衡电力负荷水平的难题，但成本高企。

储能

全球96%以上的电网级别储能是采用抽水蓄能的形式，这是一项100多年前开发的技术。[5]抽水蓄能是利用电能将水从海拔较低的水库抽到海拔较高的水库。当需要用电时，过程相反，即将水从海拔较高的水库通过涡轮机释放出来，进行发电。抽水蓄能是一种可靠、可调节的按需发电系统，其蓄能和释能的整体效率较好，在需要时可以将用于抽水的电力的70%～75%转换回电网。[6]

遗憾的是，抽水蓄能不能很好地解决太阳能和风能发电快速增长带来的储能问题。抽水蓄能只有在地质上正好存在两个有显著海拔差的大型水库的地方才可行，而这种情况并不多见。更令人望而却步的是，抽水蓄能的建设成本很高，且鉴于建造抽水蓄能水库涉及大量工程建设，成本预计未来也不会下降。[7]

还有许多包括压缩空气、多种电池技术及飞轮储能技术在内的其他技术，可用于在电网侧储能。在这些技术中，锂离子电池的优势在于效率极高，其蓄能和释能的整体效率高达92%～93%。便利的是，在各行业不同需求的推动下，锂离子电池的制造成本正在迅速下降。

## 汽车市场的创新

特斯拉成为自第二次世界大战以来第一家成功进入大众市场的美国汽车公司，也是第一家提供纯电动汽车的公司。但 Model S 的成功，给埃隆·马斯克和他的团队也带来了难题。笔记本电脑和手机锂离子电池成本不断下降，特斯拉正是利用了这些行业的增长带来的电池成本的降低。然而，特斯拉对用于制造汽车的锂离子电池的需求，超过了笔记本电脑和手机的需求。据估计，2014 年特斯拉 Model S 的锂离子电池需求量占全球锂离子电池总产量的 40%。[8] 为了降低锂离子电池的制造成本，马斯克尝试了另一项创新——超级工厂。

## 超级工厂的诞生

2014 年，特斯拉在内华达州斯帕克斯市破土动工，建造了全球最大的锂离子电池超级工厂。其规模之大，在整体竣工后将成为世界上最大的建筑。[9] 该超级工厂旨在利用规模优势将特斯拉电池组的价格降低 30%。[10] 麻省理工学院教授杰西卡·特兰西克（Jessika Trancik）发现，"锂离子电池技术发展降低成本的速度与太阳能技术相当"，并估计市场规模每翻一番，成本就会下降 20%~31%。[11]

这为特斯拉创造了一个良性循环。较低的电池价格使特斯拉的汽车更具成本竞争力，增加了市场需求，电池产量上升，制造成本下降，从而再次提升了汽车需求。特斯拉孜孜不倦地降低电池成本，并于2021年将成本降至Model S刚推出时成本的一半以下，即142美元/千瓦时。[12]埃隆·马斯克预测，电池成本在未来3年将进一步下降56%。[13]这对特斯拉来说是个好消息，对可再生能源太阳能和风能行业也是一个好消息。

## 削峰填谷

利用锂离子电池成本迅速下降的优势，电池储能系统（BESS）正在取代天然气调峰设备，以平衡电网的负荷水平，这种解决方案被称为"削峰填谷"。因为锂离子电池储存太阳能和风能产生的多余电力，并在晚上和一天中的其他高峰时段将其送回电网，从而消除电力负荷的高峰。电池储能系统不仅比调峰电厂的成本低，而且锂离子电池的响应时间也更快，可以立即升高和降低以平衡电网负荷。

瑞致达（Vistra）是美国一家领先的公共事业公司，其在加利福尼亚州的一个废弃天然气发电站，建造了世界上最大的电池储能系统。该项目功率300兆瓦，放电时长4小时，提供1 200兆瓦时的存储能力，足够225 000户家庭使用。[14]该项目可在将来扩能5倍至1 500兆瓦。[15]瑞致达的做法绝非个例。美国能源部预测，到2030年，电网侧储能将以年复合增长率27%的速度增长。[16]

锂离子电池的非凡重要性于 2019 年得到了认可。当年，诺贝尔委员会将诺贝尔化学奖授予三位科学家，并宣布："这种重量轻、可充电且功能强大的电池，现在被用于从手机到笔记本电脑和电动汽车等各种领域，它还可以储存大量来自太阳能和风能的能量，使无化石燃料社会成为可能。"[17]

越来越便宜的锂离子电池，将解决与日常用电相关的短期能量储存问题。遗憾的是，多天低风及阳光较弱时，电池无法有效地提供长期能量储存。解决可再生能源间歇性的难题，还需引入两个额外的解决方案。

## 备用能源：汽车到电网

2021 年 2 月，冬季风暴袭击得克萨斯州并导致该州大部分地区发电中断，300 万房屋失去照明。未来，电动汽车可以防止停电。

电动汽车能够在非使用期间将电力送回电网，这一过程被称为汽车到电网（vehicle-to-grid，简写为 V2G）互动或双向充电。通过这种方式，电动汽车可以在电网负荷过高时提供备用能源。福特的 F-150 Lightning 皮卡车是美国第一款提供 V2G 功能的电动汽车。[18] V2G 可以提供重要的备用能源，例如，福特 F-150 的电池能够为普通美国家庭供电长达 10 天。

特斯拉销售一种名为 Powerwall 的家用电池系统，该系统使用与汽车相同的锂离子电池。与 V2G 一样，家用电池系统也可以降低电网的不稳定性。在加利福尼亚州，拥有特斯拉 Powerwall 电池系统的房主，正在参与实验"虚拟电厂"，在用电高峰将电力送回电网，帮助减少停电，并可能为家用电池系统 Powerwall 的所有者创造额外收入。[19]

V2G 和家用电池系统都是备用储能的可行解决方案，可解决恶劣天气或电网分布错位带来的停电问题。但它们无法提供可持续数天或数周的长期储能，而这一挑战需要其他解决方案。

### 能源的长期储存和能源转换

全球能源向太阳能和风能的过渡，将带来对长期储能需求的不断增长，以确保电网稳定。加州大学伯克利分校的一份报告估计，美国电网使用 90% 的可再生能源时需要 4 小时的 150 吉瓦额定储存能力（即 600 吉瓦时）[20]，比当前储存能力多了 100 多倍。[21] 使用电池储能系统可满足部分需求，但并不能很好地解决长期储存的问题。

风险投资人正在为工程师提供资金，以研发多种包括新电池设计、电容、飞轮、压缩空气和重力系统在内的可多天储能的产品。这些技术很有希望研发成功，但也面临着相当大的技术和商业障碍。可喜的是，有一种完全不同的气候问题解决方案可以提供长期、可扩展的能源存储：绿氢。

# 第 7 章

# 绿氢

可再生能源太阳能和风能,是世界上增长最快的新型发电能源,其成本的逐步下降将进一步加速从化石燃料到可再生能源的转型。与此同时,电池通过提供短期储能以平衡电网的负荷水平,其成本的下降也正在解决太阳能和风能存在的间歇性难题。但工业流程电气化比较困难的航空业、远洋海运业、重型卡车运输业、化肥行业以及钢厂等,这些经济领域并不适合电气化。电网的长期储能,仍然依赖化石燃料供电的调峰电厂。氢,特别是"绿氢",是一种有吸引力的、不排放温室气体的、取之不尽、用之不竭的替代能源。

氢长期以来一直被用作能源。20 世纪初,氢气飞艇首次飞越大西洋,到如今氢气已广泛应用于炼油、化肥等一系列工业生产。氢是最轻的元素,每单位质量提供的能量却是石油或天然气的两倍,所以是一种理想燃料。但是,氢高度易燃并且需要专用设施来分拨，也是一种具有挑战性的燃料。氢很轻，单位体积的能量密度非常低，需要高压系统将氢气液化以便运输。然而，氢气作为燃料，最大挑战是成本。

氢是宇宙中最丰富的元素，但在自然界会很容易与其他元素形成化合物，如氢与氧的化合物是水，氢与碳形成化石燃料中的碳氢化合物。要使用氢气作为燃料，必须首先将其从化合物中提取出来。蒸汽甲烷重整是最常见的氢气生产方法，在生产过程中将天然气用作甲烷来源。这种方法生产的氢气通常被称为"灰氢"。遗憾的是，利用蒸汽甲烷重整生产氢气的过程中，因使用天然气会排放二氧化碳，所以并未缓解气候变化。

我们还可以通过碳捕获和碳储存的技术来生产氢，这种气候问题缓解技术将在下一章进行介绍。以这种方式生产氢气可以避免排放温室气体，所生产的氢气被称为"蓝氢"。然而，由于捕获和储存二氧化碳的成本较高，蓝氢的成本比灰氢高很多。从气候变化的角度来看，蓝氢比灰氢更好，但从投资者的角度来看，如果没有大量的政府补贴或其他激励措施，蓝氢是不经济的。幸运的是，有另一种氢气生产工艺，兼具低成本和低排放的潜力。

## 绿氢

我们可以通过将水分解成氧原子和氢原子来制氢，而电解器使用的技术就是使用电流来离解水分子。运行电解器需要大量能源，如果通过燃烧化石燃料发电，不仅成本高昂，而且会造成污染。幸运的是，可再生能源太阳能和风能的快速增长为利用零排放电力制氢提供了可能，且成本低廉。如图7.1所示，"绿氢"的生产原理相对简单。

当前，电解器制造成本高昂且需要消耗大量电力才能运行，导致绿氢的生产成本比灰氢和蓝氢更高。但这种情况正在迅速改变。

随着电解器需求和产量的提高，其制造成本遵循学习曲线，降低幅度为9%~13%。[1]这意味着现有电解器产量每增加一倍，制造成本预计将下降约11%。电解器的需求预计将快速增长，因此，即使是温和的学习曲线也将带来显著的经济效益。除了电解器成本降低，随着太阳能和风能发电成本下降，预计用来制造绿氢的电力价格也将大幅下降。基于电解器实现低成本和可再生电力实现低成本的预期，高盛预测，到2050年，氢气生产设施将增加500倍以上。[2]

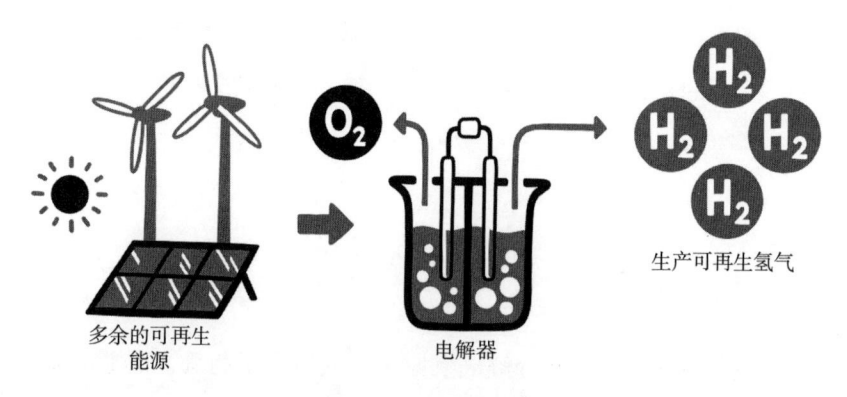

图7.1 绿氢生产流程

## 绿氢应用广泛

哥伦比亚大学胡里奥·弗里德曼（Julio Friedman）博士预计，绿氢应用广泛，并称其为"深度脱碳的瑞士军刀"。[3] 氢可以被广泛应用于各行各业。

在交通运输业中，燃料电池将氢转化为电力，为交通工具提供动力。氢燃料公交车已经投入使用，氢气可为长途卡车和远洋运输提供动力，甚至可作飞机燃料。空中客车公司宣布，计划开发一款商业上可行的氢气飞机，预计将于2035年投入使用。[4]

在农业中，氢是氨的原料，绿氢可用于生产低成本、无排放的化肥。[5] 在工业中，氢可代替煤炭用于钢铁生产，并吸引了30亿美元的投资。瑞典的绿氢工厂可零排放生产钢铁。[6] 绿氢可以在太阳能和风力发电场离线时替代调峰电厂中的天然气发电，提供长期的能源储存解决方案。绿氢潜力巨大，但挑战同样巨大。

## 绿氢规模化的挑战

生产绿氢技术上可行，但面临两个重大障碍：成本和基础设施。生产绿氢的成本为每千克3~8美元，与灰氢和其他燃料来源相比没有竞争力，除非其能将制造成本降至每千克1美元。

各方对绿氢生产成本的预测差异很大。摩根士丹利于 2020 年预测，位于美国中西部风力发电场旁边的绿氢可能在 2022 年会具有竞争力。[7] 而彭博新能源财经预测，绿氢的价格要到 2050 年才能下降至 1 美元/千克。[8] 毫无疑问，随着电解器以及太阳能和风能的成本降低，生产绿氢的成本将显著下降。但低成本氢气也将面临第二个挑战：如何将其从生产地运输到使用地。

氢气需要低温加压才能运输和储存，操作起来具有挑战性。纯氢会导致钢管和阀门变脆，现有的天然气和石油管道也无法重新利用。建设新的氢基础设施会面临逻辑困境——公司应该在绿氢的成本变得具有竞争力之前投资氢运输基础设施，还是应该等待——等待的话，成本可能永远不会下降。克服绿氢面临的基础设施难题，企业和投资者需要创新的解决方案。美国空气化工产品公司相信自己已经找到了前进的道路。

## 商业创新

全球工业气体领导者空气产品（Air Products）公司，与沙特一家可再生能源公司成立了一家价值 50 亿美元的合资企业，以建设世界上最大的绿氢项目。该项目位于沙特阿拉伯西北部的沙漠，[9] 是白天太阳能发电、夜间风能发电的理想地点。另外，此地还有一个港口。

空气产品公司正在采用创新策略，来解决如何将氢气从沙特阿拉伯运输到可用市场所面临的基础设施方面的挑战。该设施不是通过压缩氢气并管道运输,而是首先将氢气转化为密度更大、海运成本更低的氨。氨通过海运到港被卸载并用卡车运至加氢站,然后在加氢站将氨分解产生氢气,这避免了在生产地和目的地之间建造昂贵的管道。[10]加氢站将为使用燃料电池的公共汽车和私家汽车提供氢气。空气产品公司预计,这一设施将生产足够的绿氢来运行20 000辆氢燃料公交车。[11]空气产品公司副总裁西蒙·摩尔(Simon Moore)谈到公司的计划时说道:"不开玩笑,这是可行的。"[12]

## 绿氢的未来

到2050年,氢可满足世界能源需求的24%。[13]为此,我们需要大量额外的可再生能源为电解器提供动力,并需要建造新的海运、管道和加油的基础设施,所有这些都需要资本投入。麦肯锡公司预测,到2030年,全球对绿氢的投资将达到每年3 000亿美元。[14]投资银行Evercore估计,从2030年到2050年,氢能投资将达到2万亿美元。[15]

绿氢有可能缩小从化石燃料过渡到可再生能源太阳能和风能,以及从内燃机过渡到电动汽车后剩余的碳缺口。长途卡车、航运、空运、重工业和农业等,都可以使用绿氢来减少温室气体排放。最重要的是,氢可以提供长期储能,使间歇性可再生能源在电网达到100%占有率。

本书第 2 部分中描述的包括绿氢在内的气候问题解决方案，可以在 2050 年前将全球温室气体排放量减少 75%。[16] 这是继 250 年排放量增长之后的一个非凡逆转。但仅仅将排放量降至零还不够，科学家预测，要避免灾难性的气候变化，还需要另一种气候问题解决方案：碳移除。

我们肯定会全力以赴。这对我们来说意义重大。

图8.1 维姬·霍鲁布（Vicki Hollub），西方石油（Occidental Petroleum）公司总裁兼首席执行官

资料来源：路透社，阿拉米图片社。

第 8 章

# 碳移除

避免灾难性气候变化，需要将温室气体排放量减少到零。这一点几乎不可能实现，因为即使快速过渡到低碳技术，仍然会产生排放。要解决这些剩余的排放，唯一的气候问题解决方案便是使用"碳移除"手段，通过"负排放"实现温室气体从大气中消除，[1]如图 8.2 所示。

以下三种碳移除解决方案颇具前景：碳捕获与封存（carbon capture and storage，简写为 CCS）技术，可防止二氧化碳进入大气；碳封存（carbon sequestration）技术，使用生物质吸收储存二氧化碳；直接空气捕获（direct air capture，简写为 DAC）技术，采用先进的工程手段去除大气中已有的二氧化碳。这些解决方案各有特点，优势与挑战并存。

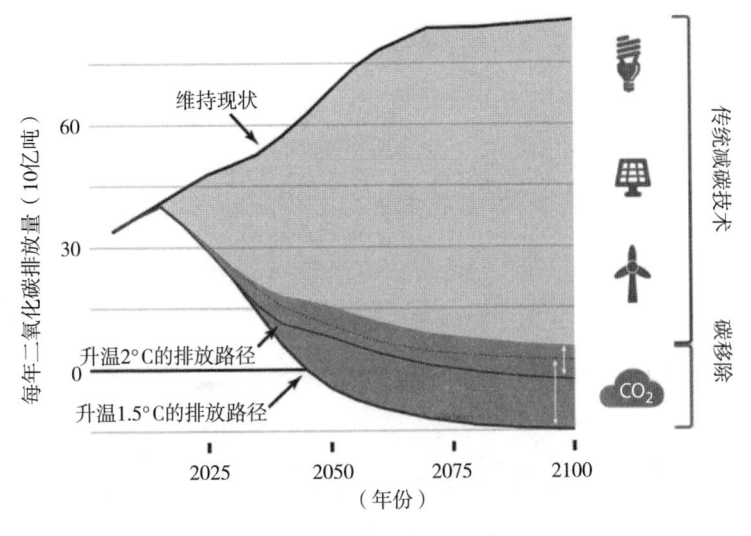

图8.2 碳移除的重要性

资料来源：MCC Common Economics Blog。

## 碳捕获与封存

二氧化碳在产生时即被捕获，并储存在地下，该过程被称为碳捕获与封存。目前的碳捕获技术捕获的二氧化碳主要来自化石燃料发电厂及其他一些工业源头，捕获的二氧化碳随后通过管道输送到合适的封存点。封存二氧化碳有不同方法，最常见的是将其注入很深的地层，例如以前的油气层。全球目前存在的碳捕获与封存设施已达50多项，其中10项位于美国。[2]

碳捕获与封存技术的问题在于，其捕获、运输和封存二氧化碳的成本很高，每吨为60~150美元。[3]使用碳捕获与封存技术的化石燃料发电厂，其发电成本比不使用该技术的发电厂预计要高出45%~70%。[4]要解决碳捕获与封存技术成本高昂的问题，便要为已捕获的二氧化碳找到应用场景，将其利用起来。

人们将二氧化碳注入产量递减的油井中，以增加石油产出，该工艺被称为提高石油采收率技术（enhanced oil recovery，简写为EOR）。提高石油采收率技术不仅封存了二氧化碳，而且增加了石油产量。在应对气候变化、实现碳中和的行动上，该技术的能力得到了充分释放。而面对捕获二氧化碳的高昂成本，该技术也成为一种颇有吸引力的商业解决方案，90%的碳捕获与封存项目引入了提高石油采收率技术，并依靠该技术创收。[5]理论上，二氧化碳还可以用于生产塑料、化学品、水泥，甚至可作为燃料，不过这些应用仍处于实验阶段。

美国政府用抵税政策鼓励投资者对碳捕获与封存项目的投资。美国《国内税收法典》第45条规定，捕获和再利用的二氧化碳（如通过提高石油采收率技术），每吨抵税35美元，地质储存每吨抵税50美元。[6]受碳捕获预期需求增长的鼓舞，专注气候领域的风险投资者积极对碳捕获与封存项目进行投资，基础设施基金也对这样的项目产生了兴趣。贝莱德全球能源与电力基础设施基金和瓦莱罗能源公司（Valero Energy），正在开发一个工业级碳捕获与封存系统，有长达1 931千米的新二氧化碳输送管道和封存点，计划于2024年开始运营。[7]

作为应对气候变化的解决方案之一，碳捕获与封存技术引人注目，但成本高昂。另一种解决方案——碳封存技术，相比之下则成本低廉、技术成熟度高。

## 碳封存

碳通过光合作用被封存，整个过程是树木和其他植物通过光合作用吸收二氧化碳同时将光能转化为化学能。通过光合作用捕获的碳储存在树木中，植物凋亡时木材腐烂，碳重新进入大气循环。植树造林是一种行之有效的气候问题解决方案，实施起来快速且成本低，是一种临时性的碳捕获方式。

另一种途径是，植物作为燃料在热力发电机中燃烧发电，排放的二氧化碳通过前文所述的碳捕获与封存技术来进行捕获和封存，这也被称为生物能源碳捕获与封存（bioenergy carbon capture and storage，简写为BECCS）。有了该技术，可以实现永久碳封存。

森林作为气候问题解决方案的优势在于，简单、低成本和规模化。碳可以通过大规模种植树木进行封存，成本低至每吨5美元，[8]大大低于其他形式的碳封存技术（对比碳捕获与封存的成本高达每吨60~150美元）。植树还提供了许多附加效益，包括改善水质和减少土壤侵蚀。

避免森林砍伐，是最简单的气候问题解决方案。森林砍伐是气候变化的一个重要因素——主要发生在热带国家，森林正在大片消失。亚马孙河流域，森林砍伐每年影响超过10 360平方千米，相当于每15秒砍掉的树木有一个足球场面积那么大。[9]森林砍伐和退化导致森林覆盖面积减少，其带来的温室气体排放量约占全球排放总量的1/8。[10]

第8章　碳移除

理论上，保护森林和植树造林是一种高效且廉价的气候问题解决方案。而在实践中，利用林业进行碳封存异常艰难。

## 实践面临的挑战

森林砍伐的主要原因是经济因素——伐木为了获取木材，开垦土地用于农业耕作，因此阻止森林砍伐会影响农民的生计，特别是在许多发展中国家，务农是主要的工作方式。更糟糕的是，大面积保护森林会导致耕地短缺、农产品价格上涨，威胁到较贫困地区的粮食安全。

再造林计划实施起来也面临诸多挑战。树木可能被烧毁或"夭折"，该风险叫作"非永久性风险"，而简单地保护一片森林可能导致其他区域的砍伐，该风险被称为"渗漏风险"。另外，在偏远地区，保护大片森林不受伐木者和农户破坏也面临挑战。但通过森林进行碳封存的最大挑战是其额外性，即判定森林是否真的存在被砍伐的风险。

## 碳封存的投资机会

联合国得出结论，通过森林进行碳封存是一个重要的气候问题解决方案："森林是全球应对灾难性气候变化重要的前沿阵地，其地位举足轻重——这要归功于其无与伦比的吸碳和存碳能力。停止砍伐以及修复受损森林，足以解决高达30%的气候问题。"[11]

实施碳封存项目，面临巨大挑战，然而一旦有了风险投资机会，保护森林的经济效益和可扩展性就让它变得有吸引力了。专注于气候问题解决方案的风险投资公司突破能源基金（Breakthrough Energy Ventures Fund）目前已资助了一家碳封存监测公司，因为植树"在当今已成熟且成规模的碳移除技术中，已成为最具吸引力的选择之一了"。[12]

第 17 章将更详细地探讨碳封存投资机遇及挑战。

## 直接空气捕获

直接空气捕获技术，使用科技手段直接从大气中去除二氧化碳。它的一个显著优势是，项目的选址可以是地球上的任何位置，因为任何地方的二氧化碳减少都有助于缓解全球的气候问题。它甚至可以消除大气中前几代人排放的碳。

直接空气捕获技术的工作原理是，先吸入大气中的空气，再将气体通过化学溶液来提取二氧化碳。捕获的二氧化碳压缩封存在较深的地层或用于工业，与碳捕获与封存技术一样。直接空气捕获技术的可行性已得到证实，目前的关键问题是大规模使用这些系统的成本。[13]

直接空气捕获技术是一种成本高昂的气候问题解决方案，原因很简单，除了涉及化学溶液和二氧化碳的封存成本，处理气体时，使大量空气流经化合溶液所需的能量也是巨大的。麦肯锡估计，直接空气捕获技术封存每吨二氧化碳的成本超过 500 美元，大约是植树成本的 100 倍。[14]加拿大企业碳工程公司（Carbon Engineering）是一家直接空气捕获技术领域领先的创业公司，该公司宣称其技术可将成本降至每吨 100~250 美元。[15] 尽管如此，这仍是一个非常昂贵的负排放解决方案，但因其灵活度高，对一些公司非常有吸引力，尤其是那些减排手段可选项很少的公司。例如，石油公司对此就非常感兴趣。

西方石油公司和碳工程公司成立了一家合资企业，建设世界上第一座大型直接空气捕获技术工厂，旨在每年捕获 100 万吨二氧化碳。[16] 该工厂初建时预计将于 2023 年投入运营。哈佛大学教授兼碳工程公司创始人大卫·凯斯（David Keith）发表了一篇论文，预测其成本将低至每吨 94 美元。如果将此成本转嫁给消费者，每加仑汽油价格将提高 84 美分，届时就可以使用碳中性燃料了。[17]

直接空气捕获技术作为一种负排放气候问题解决方案，其潜力鼓舞人心，面临的挑战也很多。西方石油公司总裁兼首席执行官维姬·霍鲁布对该技术进行了总结："它具有可行性，我们目前需要做的只是将其规模化。"实现直接空气捕获技术规模化，意味着需要快速降低新兴技术的成本，这样的生意对投资者来说充满风险。不过，由于其随时随地都能创造负排放，这样的技术带来的机会已经吸引了众多风险投资者关注，该部分内容将在第 18 章展开阐述。

**碳移除的未来**

碳移除技术的批评者认为，该技术鼓励继续使用化石燃料，并拖延了可再生能源等零排放技术的实施。然而，现实情况更为实际——碳移除将成为气候问题解决方案的一部分，仅仅是因为没有其他可行方案来实现净零排放并避免灾难性气候变化发生。

科学家估计，到 2050 年，全球每年必须清除 30 亿~70 亿吨二氧化碳，用以抵消使用其他技术无法减少的温室气体排放量。为了将全球气温上升幅度控制在 1.5℃ 以内，开发和大规模部署碳移除技术至关重要。[18]

鉴于负排放的必要性，埃隆·马斯克将为最佳碳移除技术提供 1 亿美元的奖金。[19] 管理该奖金的 XPrize 基金会已确定，"任何碳负排放解决方案都有资格——基于自然的、直接空气捕获、海洋、矿化或任何其他永久封存二氧化碳的方法"。[20]

风险投资者识别到这一机会，已开始为碳移除技术提供资金，尽管该技术仍面临着许多挑战和风险。更多风险规避型投资者，正不断为避免森林砍伐和植树造林的项目提供资金。在美国，越来越多的公司开始计划使用碳移除技术，作为其净零排放承诺的一部分。本书第 4 部分探讨了林业与农业项目的投资，第 5 部分解释了净零承诺、公司为实现这些承诺所采用的策略以及对股东的影响。

减少和消除二氧化碳排放的气候问题解决方案——可再生能源、电动汽车、储能、绿氢和碳移除，为避免灾难性气候变化提供了出路。更值得一提的是，这些气候问题解决方案以协同增效的方式联系在一起，将加速其发展和实施。这部分内容将在第 9 章详细介绍。

石器时代并没有因为缺少石头而结束，
而石油时代将在世界石油远没有耗尽之前就结束。

图 9.1　谢赫·亚马尼（Sheikh Yamani），沙特阿拉伯石油部长
资料来源：大卫·利卫森（David Levenson）拍摄，盖蒂图片社（Getty Images）提供。

# 第 9 章

# 合作共赢

在 20 世纪 70 年代能源危机期间，石油输出国组织（OPEC）的建立者之一谢赫·亚马尼曾做出著名的预测：就像昔日石油取代劣质能源一样，未来石油也将被更好的产品所取代。谢赫·亚马尼于 2021 年去世，享年 90 岁。[1]他也活到了见证自己预言的那一天——在他去世的前一年，综合石油巨头英国石油公司宣布，全球石油需求量已达峰，未来 20 年内下降率可能高达 50%。[2]然而亚马尼纵有先见之明，也无论如何没有料到，石油时代的结束只是与众多新的气候问题解决方案里的一个有关，每一种解决方案的发展都有其独特的原因，不过所有方案都互相联系，交织在一起。了解气候问题解决方案之间的联系，就掌握了气候变化时代投资的关键。

## 气候问题解决方案之间的联系

　　太阳能、风能发电与锂离子电池成本都很低，两者配合，可以为人们提供廉价、可靠的民用和商业用电。这些锂离子电池构成了电动汽车的核心，将汽车行业从内燃机时代转变为电动汽车时代。而且这些电动汽车可以为电网提供备用电，降低可再生能源间歇性供电的风险。但这还只是故事的一半。

　　当然，电动汽车势头的增长意味着电力的需求也在不断增长。得克萨斯大学的一项研究发现，如果所有美国人都改用电动汽车，电网发电量将需要增加25%。[3]额外的电力需求可由低成本的太阳能和风能发电提供。太阳能和风能发电越多，电价越低，因为学习曲线降低了可再生能源的发电成本，电价降低又会刺激电动汽车的需求，而电动汽车的充电成本更低。

　　电力也是生产绿氢的主要能源，为无法电气化的部门创造燃料。低成本的可再生能源是生产绿氢的关键，这就要求可再生能源快速发展，以满足电解器的动力需求。彭博估计，到2050年，绿氢市场的增长可能会使对太阳能和风能发电的需求增加30倍，从而进一步降低可再生能源的成本。[4]

　　最后，在无法通过其他技术实现碳减排的情况下，低成本电力将出手为碳捕获技术提供动力，实现负排放效果。碳捕获与封存项目和直接空气捕获项目需要大量电力输入，才能从大气中去除二氧化碳。研究估计，到2100年，为避免灾难性气候变化而启动的直接空气捕获项目，其用电需求将占全球发电量的25%。[5]而电力需求的增加又将推进更多太阳能和风能发电项目的建设，从而进一步降低成本。

以上5种气候问题解决方案相互关联。更重要的是，它们的联系会产生一个良性循环，任何一种解决方案的发展都会推高需求、降低成本，从而促成其他解决方案的进步。图9.2显示了这些气候问题解决方案之间的联系。

值得注意的是，除了所讨论的这些方案，还有数百种其他气候问题解决方案，其中许多是可以实质性减少温室气体排放的。非营利组织Project Drawdown揭示了减少食物浪费，加强回收利用，以及增加公交便利度将正面影响气候变化。[6]这些措施当然很重要，但本书只聚焦于那些具有商业投资价值，且有潜力大幅减少温室气体排放的领域。

## 对气候变化的影响

一个多世纪前，托马斯·爱迪生预言，"电力将非常便宜，到那时只有富人才会点蜡烛"。[7]当时没有人知道他的预言是多么重要。多亏了爱迪生以及后人的发明，人类得以从化石燃料向可再生能源转型，为现代经济注入大量电力，这将是避免灾难性气候变化最好的，可能也是唯一的机会。

```
┌─────────────────────────────────────┐
│   解决方案协同的超级效果：            │
│   气候问题解决方案之间相互关联        │
└─────────────────────────────────────┘

              ┌──────────────┐
              │  太阳能和风能  │
              └──────┬───────┘
                     ↓
          ┌─────────────────────┐
          │   低成本间歇性电能力   │
          └─────────────────────┘
            ↓      ↓      ↓      ↓
┌──────┐ ┌──────┐ ┌──────┐ ┌──────────┐
│ 储能 │ │电动  │ │ 绿氢 │ │  碳移除   │
│      │ │汽车  │ │      │ │          │
│      │ │脱碳  │ │脱碳  │ │脱碳      │
│      │ │10%~  │ │10%~  │ │15%~25%   │
│      │ │15%   │ │20%   │ │(其他交通、│
│      │ │(小汽 │ │(交通、│ │工业、化石 │
│      │ │车、轻│ │工业、 │ │燃料)     │
│      │ │型汽车)│ │化肥) │ │          │
└──┬───┘ └──┬───┘ └──┬───┘ └──────────┘
   │暂时    │备用    │长期
   │储能    │储能    │储能
   ↓        ↓        ↓
  ┌─────────────────────────────┐
  │        可调度电力            │
  │      脱碳35%~40%            │
  │    (家用、建筑、工业)         │
  └─────────────────────────────┘
```

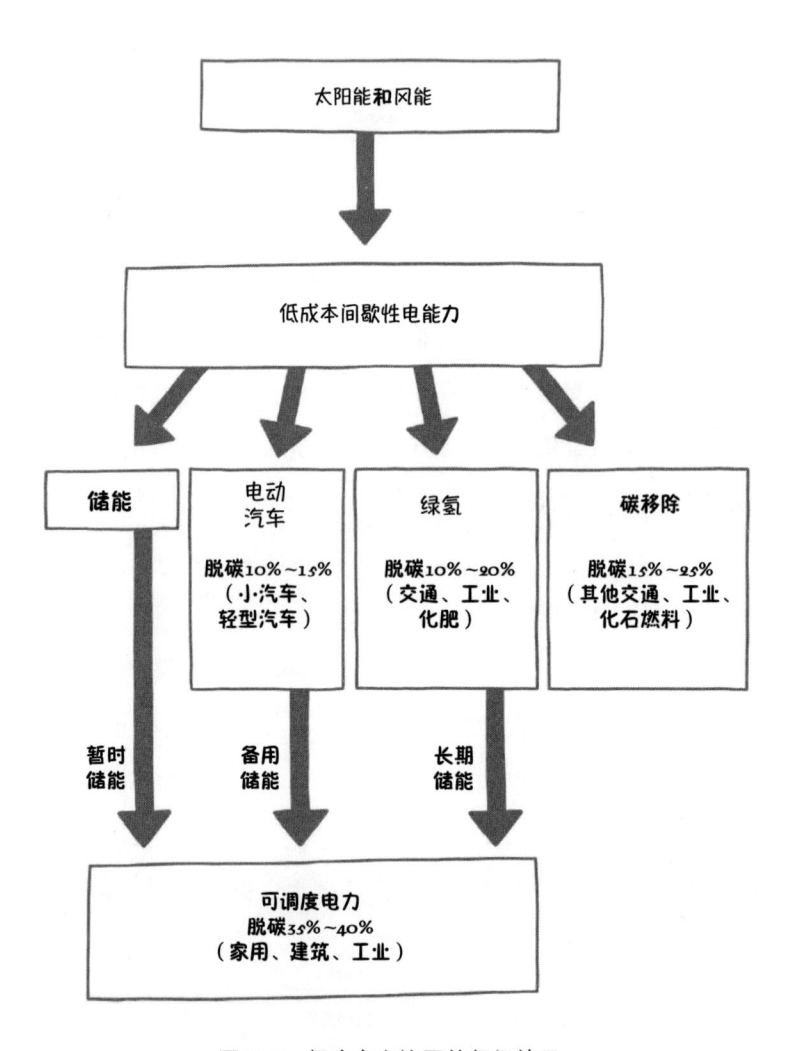

图 9.2　解决方案协同的超级效果

太阳能和风能发电的温室气体排放为零。国际能源署（International Energy Agency，简写为 IEA）预计，到 2050 年，将化石燃料发电转换为可再生能源发电并提高能源效率后，可将全球二氧化碳排放量减少 38%。[8]电动汽车的使用可减少全球 22% 的二氧化碳排放量，[9]工业界利用可再生能源、节能技术和绿氢，可将温室气体排放进一步减少 20%。[10]

绿氢可以使那些成本高昂或无法实现电气化的经济部门脱碳。氢气可用于工业制造和化学品、钢铁生产中的高温加热工艺。由于电池重量大且行驶距离长，重型卡车、轮船和飞机这些交通工具无法轻易实现电气化，但氢气可以作为燃料替代卡车的柴油和飞机的喷气燃料。

全球温室气体排放量最后剩下的 10% 是农业导致的。[11]化肥产生的温室气体，其消除方法可以是和绿氢反应产生氨；土地使用产生的温室气体，可以通过停止砍伐森林来减少。

总之，电气化和绿氢可以将全球温室气体排放量减少约 75%。但要避免灾难性的气候变化，做到这两点还不够。剩余的 25% 则需要碳移除手段帮忙解决，才能实现 2050 年温室气体净排放量为零的目标。

## 对投资者的影响

实现温室气体净零排放目标需要上述所有战略的共同支撑，以规避灾难性的气候变化，而实施所有这些气候问题解决方案需要巨额资金的支持。高盛估计,每年的相关投资额将高达 4.8 万亿美元,一直持续到 2050 年。[12] 按部门划分,最大的资金需求来自可再生太阳能和风能发电项目,不过这些气候问题解决方案中的其他每一个也都是资本密集型的。

  本书的其余部分解释了投资者在气候变化时代使用的投资策略,以及在气候问题解决方案的前沿领域,投资实物资产和金融资产的机会和风险。

# 第 3 部分
# 投资策略

INVESTING IN THE ERA OF CLIMATE CHANGE

自工业革命以来,最重大的投资转变已经开始。投资从导致气候变化或面临气候变化风险的资产,转向能减少温室气体排放的资产。第 3 部分阐释了在气候变化时代重新配置资本的投资策略。

图 10.1　卡特里娜飓风引发美国新奥尔良市的洪灾
注：这是保险行业历史上最严重的保险损失事件。该照片由美国联邦应急管理局（FEMA）的鲍勃·麦克米兰（Bob McMilan）拍摄。
资料来源：维基共享资源。

第 10 章

# 风险缓释

气候变化对许多投资来说是一个重大风险,从风暴侵袭带来的突然损失到海平面上升引起的长期损害。考虑通货膨胀因素后,因极端天气事件而引起的年度损失增加了 2 倍,从 20 世纪 80 年代的 500 亿美元增加到近年来的 1 500 亿美元。[1]财产保险行业已开始关注与气候相关的风险,但大多数投资者仍然认为气候变化十分遥远,不会影响当下的投资价值。不过,现在情况逐渐有所不同。

## 地平线上的悲剧

2015 年,英国央行时任行长马克·卡尼(Mark Carney)在伦敦劳埃德公司(Lloyds of London)对一屋子保险业高管发表演讲。正如大多数人想象的,这次演讲相当枯燥。但有些内容极具启发性，标志着金融业和投资者对气候风险看法的一个转折点。

卡尼指出，气候风险并不是金融业关注的焦点，因为这些风险的周期非常长，超出了大多数人的关注范围。具体来说，这些风险周期比商业周期（几个季度到几年）长，比政治周期（直到下一次选举的几年）长，甚至比央行等监管机构的职权周期还要长（货币政策2年，整个信贷周期可能是10年）。卡尼认为，这种不关注气候风险的行为是"地平线上的悲剧"。[2]

这一"地平线上的悲剧"在经济学领域被称为"公地悲剧"。正如本书第1部分所述，公地悲剧是这样一种情况：当每个人都出于自身利益而行动时，共享资源就会被耗尽。每个人都知道问题所在，却没有人主动去解决这个问题。卡尼将气候变化描述为一场"地平线上的悲剧"，因为"我们这一代人不去主动解决这个问题，而将沉重的担子转交给子孙后代"。[3]

卡尼提醒投资者关注两个关键性风险，即物理风险和转型风险，敦促投资者当下就要应对气候变化，进而避免悲剧的发生。他说："虽然仍有时间采取行动，但机会窗口期很短，而且还在缩短。"[4]

## 物理风险

气候变化将对地球造成物理变化，最显著的变化是温度和海平面高度的上升。到2050年，全球平均气温预计将再上升1°C，但平均水平变化具有迷惑性。[5]卡尼认为，未来很微小的物理变化也会给当下的资产价值带来巨大的风险。评估这种风险首先要了解平均水平微小的变化如何引发极端事件更频繁的发生。

### 什么是尾部风险

美国每年温度超过37.8℃，时间长达1个月甚至更长时间的城市数量是29座。[6]科学家预测，到21世纪中叶，这种情况的城市数量将超过250座，数百万美国人将暴露在潜在的致命高温中。当环境温度高于人体正常温度37℃时会限制人们的户外活动，并带来严重的健康风险。生产力下降，医疗成本上升。气温升高一两度这么微小的变化，怎么会导致如此重大的影响呢？

温度平均值微小的变化会显著增加高温天气的天数，因为温度遵循正态概率分布。当平均值发生变化时，高温天气发生的概率就会提高。图10.2说明了温度平均值微小的变化，是如何大大增加高温天气的可能性的。

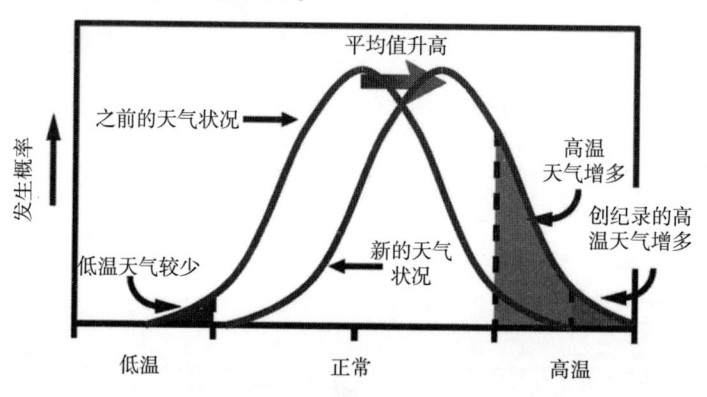

图10.2　温度的正态分布

资料来源："Climate Change 2007：Working Group I：The Physical Science Basis，" IPCC，https：//archive.ipcc.ch/publications_and_data/ar4/wg1/en/box-ts-5-figure-1.html。

随着温度的正态分布向右偏移，右侧"尾部"的面积急剧增大。如果高温天气指的是超过32.2℃的一天，那么温度平均值只要变化1度，就会显著增加高温天气发生的概率，创纪录的高温天气发生的可能性就更大。例如，美国华盛顿地区目前每年超过37.8℃的天数是7天。科学家预测，到2050年，华盛顿地区这样的高温天气将达41天之多。[7]

并非只有温度变化存在尾部风险，海平面上升和洪水的发生同样存在。据预测，到2050年，海平面将上升15.24~45.72厘米，这个变化幅度不大。[8]但一些城市的洪水发生概率将急剧增加，因为当平均海平面上升时，尾部就会扩张，洪水发生概率就大得多。例如，自1960年以来，海平面只上升了15.24厘米，但在同一时期，美国北卡罗来纳州的威尔明顿市发生洪水的天数却呈指数级增长，从每年1天增加到每年43天。[9]

## 资产价格的尾部风险

马克·卡尼警告投资者，"从今天的尾部风险中，可以看到未来可能发生的灾难"。[10]换句话说，虽然气候变化带来的物理风险几乎都在未来几十年后才显现，但对因尾部风险事件而引起的风险，在当下资产价格已有体现。例如，在美国佛罗里达州，预计到2050年，潮汐洪水将从每年几天增加到200天。到目前为止，遭受洪水侵袭的房产其房产价值已损失11%，共计损失50亿美元。[11]这仅仅是即将发生的事情的一个暗示。

麦肯锡公司警告称，这将形成一个恶性循环：保险公司拒绝为有风险的房屋提供保险，银行停止提供30年期抵押贷款，被洪水淹没的房产及附近房产的价值下降，从而导致地方税基侵蚀。麦肯锡得出的结论是，对持有风险资产的房主和投资者，其情况可能更糟糕，"由于洪水猛烈和频繁的侵袭，房产的价格可能会大幅下降，如果没有潜在的买家，甚至会跌至零……一旦买家开始关注预期风险并为其定价时，由重大气候变化或洪水引起的财产损失和相关不便发生之前，房价已经下降了"。[12]

换句话说，尽管气候变化带来的影响是几十年以后的事情，但是处于风险中的资产的价值早在那之前就会下降。

更糟糕的是，资产所有者将难以管理或对冲气候风险。目前，房主可以获得保险来弥补洪水造成的直接损失，但没有针对房价下跌的保险。受气候影响的房地产投资者将与房主一起遭受损失。房地产数据提供商Zillow推测，到2050年，美国可能有价值超过2 000亿美元的房产被洪水长期淹没。[13]

## 转型风险

媒体广泛关注火灾、洪水和致命风暴等物理风险，但是投资者更关注转型风险——由新的政府法规、法律责任和技术变革造成的潜在损失。如果客户发现商业银行和其他面向公众的投资机构在应对气候变化方面滞后，它们将面临声誉风险。但监管的变化才是最大的转型风险，因为监管政策可能会在一夜之间影响投资回报。

随着气候变化的影响日益明朗，各国政府不得不采取措施。由于许多国家政府反应迟缓，当它们最终这样做时，它们的应对也会因拖延而变得生硬和无序。[14]自2020年大选以来，美国的政策举措摇摆不定就是证据。

特朗普政府拒绝解决气候变化问题，并撤销了100多项环境法规，削弱了对温室气体排放的限制，降低了汽车燃油效率的标准。[15]在特朗普担任总统期间，本书第1部分中描述的气候变化趋势明显加速，随着新总统的上台，不可避免的政策回应也随之而来。拜登政府转变了方向，迅速发布政令，要求美国证券交易委员会（SEC）和其他政府机构考虑与气候相关的金融风险，并监督金融系统对气候变化的适应能力。[16]

经历了多年的不确定性之后，大多数商业领袖和投资者对政府明朗化的监管政策表示欢迎，这些政策主要针对气候变化和与气候相关的金融风险。投资者面临的关键挑战是：如何衡量和管理气候风险？

## 衡量气候风险

继2015年马克·卡尼对保险业高管的演讲之后，监管机构和投资者成立了气候相关财务信息披露工作组（Task Force on Climate-Related Financial Disclosures，简写为TCFD），为金融机构创建评估气候风险的方法。由迈克尔·布隆伯格（Michael Bloomberg）担任TCFD主席，为衡量气候物理风险和转型风险提供指导。

TCFD 旨在衡量气候变化给金融稳定造成的风险。企业按照该指导方针评估物理风险（急性和慢性风险）和转型风险（包括监管、技术、市场和声誉风险），使用情景分析来评估对资产负债表和现金流的影响。[17]情景分析法已被金融领域广泛接受，而 TCFD 首次将其应用于评估气候相关风险。

由于解决气候问题的潜在技术手段众多，因此衡量气候风险的难度显著增加。例如，全球经济由化石燃料向可再生能源转型，将降低石油公司的价值。另外，利用碳捕获与封存技术进行碳移除的转型路径可以继续使用化石燃料，能支撑石油公司再运营几十年。从风险衡量的角度来看，投资者需要同时评估这两种可能性，以及其他通往低碳未来的途径。

尽管存在一些问题，但是对 TCFD 支持的人数越来越多。有超过 600 多名管理着总计超过 65 万亿美元资产的投资者加入了"气候行动 100＋"倡议，以鼓励世界上一些大型公司按照 TCFD 的建议报告气候风险。[18]然而，大多数上市公司尚未在其财务报告中发布气候变化对其业务的影响，[19]与此同时，那些已经报告的公司，其气候风险数据通常放在可持续发展报告中，而非其财务报告或年度报告中。这更加凸显了投资者衡量气候风险的关键性问题：缺乏可比数据。

在美国，既没有法律要求公司在其财务报告中提供温室气体排放或其他气候相关数据，也没有官方的报告标准。这就导致漏报、漂绿等情况和无法跨公司进行数据比较。2020 年 TCFD 回顾当年工作时指出："上市公司依然无法给出供分析师和基金经理决策用的有效信息。"[20]鉴于此，国际财务报告准则基金会（IFRS Foundation）当时宣布，计划于2021年年底制定应对气候变化的信息披露标准。[21]同时，美国证券交易委员会也在制定强制性气候风险披露规则，可能会要求公司披露气候物理风险、转型风险，甚至诉讼风险等相关信息。[22]

在监管机构建立并执行报告标准之前，投资者将难以进行准确的评估。尽管如此，许多投资者已经开始评估气候风险，并将其纳入决策，其目的是更好地管理气候风险。

## 气候风险是投资风险

越来越多的投资者同意拉里·芬克的观点，即"气候风险就是投资风险"，并在管理资产时牢记这一点。[23]实际上，这意味着投资者正在使用一系列投资策略来管理气候风险，包括对风险最大的公司进行选择性撤资，将资金部署到可降低风险的公司，以及投资于具有气候问题解决方案的专题项目。[24]机构投资者越来越关注并重视气候风险，但目前还没有一个统一的策略以缓解气候风险。

聚焦管理气候风险的投资策略，是一种默认的防御性投资策略。但防御性投资并不意味着回报率低于市场平均水平。资产管理公司联博控股（AllianceBernstein）与哥伦比亚大学气候学院合作，将气候风险与财务报表相关联，并将其整合到投资分析中。[25]

投资组合经理米歇尔·邓斯坦（Michelle Dunstan）解释了其中的原因："积极应对气候变化的公司，也在最小化其现金流风险——它们通常是更好的公司，拥有更多的可持续现金流，通常会为我们的客户带来更好的财务结果。"[26]

联博控股在培训分析师和投资组合经理时要求他们考虑气候风险，它是这方面的领导者，但不是唯一的公司。在气候变化时代，风险缓释策略正在迅速获得投资者的认可。

## 从风险到机会

XPrize 和奇点大学（Singularity University）的创始人彼得·迪曼蒂斯（Peter Diamandis）喜欢说，"世界上最大的问题也是世界上最大的商机"。[27]气候变化给投资者带来了许多风险，但它也带来赚更多收益的机会——更不用说有助于解决 21 世纪最大问题的机会。接下来，我们将在第 3 部分的其他章节介绍气候变化时代的投资策略，这些策略不仅为了最小化风险，也为了最大化收益。

撤资的逻辑不能更简单了，
即如果破坏气候是错误的，
那么从中得利也是错误的。

图 11.1 比尔·麦吉本（Bill McKibben）
资料来源：维基共享资源。

# 第 11 章
# 撤资

拒绝投资化石燃料公司——撤资——是一种有争议但越来越受欢迎的气候投资策略。对许多人来说，撤资是一种直觉上很有吸引力的策略，因为它使投资者的个人价值观与他们的行为保持一致。从历史上看，撤资纯粹是出于道德原因，但在气候变化时代，投资者可能会发现撤资也能带来更高的投资收益。

## 当运动开始……

第一个著名的撤资策略支持者是一个宗教团体——贵格会（Quakers），它们注意到奴隶制制度和它们的宗教教义不相符。贵格会教徒宣称，相信"上帝之光普照所有男女",[1]而奴隶制违背了其平等的理念。[2]1776年，费城公谊会（Society of Friends）正式决定，将奴隶贸易参与者逐出其社区，成为第一个不但反对奴隶制，而且反对从奴隶贸易中获利的组织。[3]撤资策略使贵格会信徒忠于其伦理价值观和宗教信仰，同时为废除美国奴隶制的斗争提供了道义上的支持。

现代撤资运动始于20世纪70年代，当时反对种族隔离的大学生向大学捐赠基金请愿请求其抛售在南非做生意的公司的股票，当时的南非还处在种族隔离制度之下。[4]汉普郡学院成为第一个承诺从与南非有商业关系公司撤资的大学。[5]截至1988年，美国已有100多所大学和学院撤资，仅加州大学就出售了价值31亿美元的上市公司股票。[6]南非种族隔离政权下的最后一任总统德克勒克（F. W. de Klerk）将这一变化归功于撤资策略，他表示："当撤资运动开始时，我知道种族隔离制度必须结束了。"[7]

## 撤资与气候变化

2008年，环保主义者兼作家比尔·麦吉本创立了350.org，这是一个致力于终结化石燃料使用的非营利组织。作为这项目标的一部分，350.org发起了一项运动，鼓励大学捐赠基金从化石燃料行业的公司撤资，以应对气候变化。[8]至2013年，全美数百所大学积极参与了撤资运动。[9]

这项撤资运动的目标是，通过削弱化石燃料公司的融资能力，以降低化石燃料的使用，复制南非反种族隔离运动的成功。麦吉本用直白的语言解释了撤资的逻辑："如果破坏气候是错误的，那么从中得利也是错误的。"[10]

气候变化是一个独特且令人不安的问题，因为今天排放温室气体的人不太可能受到由他们产生的危害的影响。从经济学角度看，这使得排放造成的影响成为一种负外部性，在气候变化的情况下，外部性尤其具有挑战性，因为气候变化带来的影响，不成比例地落在了没有做的人身上——发展中国家的人及子孙后代。

富裕的发达国家排放了多数的温室气体。美国和欧洲国家的人口只占全球总人口的11%，二氧化碳的排放量却占排放总量的47%，而气候变化带来的最严重的影响，预计将影响到人口更多的发展中国家。[11]或许更令人不安的是，我们取得的成就事实上是从子孙后代那里偷来的，因为气候变化的影响可能在几十年后才会感受到。

2014年，斯坦福大学成为第一个从化石燃料公司撤资的知名大学，宣布捐赠基金将不再直接投资煤矿公司。[12]斯坦福大学校长写道，该大学的审查已经决定"煤炭发电是碳排放密集度最高的发电方式，并且其他形式的能源很容易取代它……剔除对煤矿公司的投资是一个虽小却有着建设性意义的一步"。[13]但是，斯坦福大学没有从煤矿行业以外的化石燃料公司中撤资，因为它担心这么做会降低捐赠基金投资组合的回报。[14]

## 撤资的争议

尽管从化石燃料公司撤资的支持者声称这是道德上的责任，但撤资策略的反对者认为，撤资既昂贵又无效。

作为资产管理基础理论——现代投资组合理论假设，只要资产回报并不完全相关，在潜在的资产上进行多元化投资可以增加风险调整后收益。简而言之，期望最大化风险调整后收益的投资者希望持有多个行业的资产。因此，人为限制可投资领域，例如撤资策略，降低了组合的多元化，将可能降低风险调整后收益。

2015年的一项研究发现，从化石燃料公司撤资的策略导致投资组合的收益每年下降约0.5%。[15]另一项大学捐赠基金的调研认为，撤资导致基金收益率每年下降约0.23%。[16]这两项研究似乎都证实了现代投资组合理论的预测，以及限制潜在投资类别长期来看会降低投资收益的观点。

还有一些反对者认为撤资策略无法削弱化石燃料公司的融资能力（350.org的目标）或无法减少温室气体的排放。因为当一位投资者卖出股票，就有另一位投资者买入，对公司本身没有任何影响。从理论上讲，如果有足够多的投资者拒绝购买化石燃料公司的股票，这些股票的价值就会下降，化石燃料公司可能会发现很难筹集到额外的资本。但许多化石燃料公司都是赢利的，即使是那些需要额外融资的公司，也能找到对气候变化持不同道德观点的投资者。

撤资策略的反对者还认为，投资者与化石燃料公司之间的持续接触可能会产生更好的结果。撤资后，投资者失去了在公司年度股东大会上投票的权利，而且化石燃料公司的管理层更有可能回应现有股东的要求，而不是已卖出其股票的投资者的要求。传奇捐赠基金投资大师大卫·史文森（David Swensen），以持续出色管理耶鲁大学 300 亿美元的捐赠基金而闻名,[17]他这样说道："应对投资组合中气候变化风险最有效的方式是,和公司的管理者直接交流。"[18]

一段时间以来,质疑撤资策略的观点是有效的。最大的捐赠基金中的哈佛大学、加州大学和普林斯顿大学都拒绝撤资,一些规模较小的高校基金也表示拒绝。[19]在少数几家撤资的捐赠基金中,大多数只是部分撤资,在剥离煤矿公司的同时,继续投资规模更大的石油和天然气行业。撤资策略支持者提出的道德观点引发了大学生的热情,但大多数大学捐赠基金的投资经理都置若罔闻。

## 搁浅资产

传统基金经理担心,撤资策略会降低其投资回报。然而,由于只关注回报,这些投资者可能忽视了当气候问题真实发生时资产价值下降的风险,引发该风险因素还包括:政府对温室气体排放监管的不断严格,快速创新的低碳技术,现实环境的变化和不断发展的社会规范。其中一个风险与被称为"搁浅资产"的概念有关。

牛津大学研究了搁浅资产对投资者带来的影响,如果化石燃料公司不能出售其储量资源,风险就会发生。储量是指公司在未来能够通过出售并获利的煤炭、石油和天然气的总量。投资者对储量的传统观念是将其视为化石燃料公司的宝贵资产,储量更大公司的股票估值更高。[20]但这次投资者可能错了。

据估计，化石燃料公司目前持有的总储量中，潜在的二氧化碳排放量略低于3万亿吨。[21]然而，如果所有这些储量都被使用，由此产生的碳排放将导致地球灾难性变暖。研究人员认为，若要达到气候变暖控制在1.5℃以内的目标，那么目前1/3的石油储量、1/2的天然气储量和80%以上的煤炭储量都必须留在地下。[22]正如本书第1部分的讨论，消费模式的变化和政府监管的潜在变化，可能会使许多储量变得不经济，可能导致"不可燃"资产搁浅。分析师估计，截至2020年石油和天然气公司持有的搁浅资产高达9 000亿美元，占其市值的1/3。[23]斯坦福大学的研究人员认为，投资者持有的资产定价不当。[24]

## 重新评估撤资

投资者对从化石燃料公司撤资的兴趣及对相关公司搁浅资产的担忧，使这一投资策略得到更多的关注和更深入的研究。投资者注意到，早期的两份关于撤资成本的研究都是由美国独立石油协会委托和资助的，人们对这些早期报告的客观性提出了质疑。[25]投资者开始重新评估撤资策略。

进一步的研究发现，剥离了化石燃料公司的投资组合其投资收益并没有系统性差异。一份2017年的同行评议研究报告声称，早期的研究"精选了历史子阶段和指数"，而且"从化石燃料公司撤资并未显著损害投资组合的收益"。[26]研究人员发现，化石燃料公司的股票"只能提供相对有限的多元化回报……化石燃料股票或多或少只是市场指数（β 值为 1）的替代品"。换句话说，在现代投资组合理论下，它们产生的收益有限。

在学术界之外，英国著名投资者、基金管理公司 GMO 的创始人杰里米·格兰瑟姆（Jeremy Grantham），在 2018 年发表了一场题为《从化石燃料中撤资的神秘危险》的演讲。格兰瑟姆称，在 1925—2017 年，标准普尔 500 指数中含能源股和不含能源股的年化收益率没有实质性差异，均在负 7 个基点至正 3 个基点范围波动。[27]

## 全面撤资

在经历了一个缓慢的起步之后，越来越多的大学和学院捐赠基金从化石燃料公司撤资。撤资承诺甚至已从狭隘的煤矿公司扩大到范围更广的油气行业。2019 年，整个加州大学系统宣布全面撤资，[28] 其中包括间接投资，并表示"作为长期投资者，我们相信大学及其股东会愿意在充满机会的可再生能源领域投资，而不是在石油和天然气上继续赌博"。布朗大学在 2020 年宣布全面撤资，称"对化石燃料公司的投资带来了太多的长期财务风险"。[29] 2021 年年初，哥伦比亚大学从热煤甚至扩展到石油和天然气公司撤资，并宣布可能会对一些公司破例，但这些公司必须有可靠的计划能够在 2050 年前实现净零排放转型。[30] 2021 年 9 月，经过多年拒绝学生和校友的撤资请愿后，哈佛大学宣布将不再投资化石燃料公司。[31]

大学和学院的捐赠基金在撤资方面发挥了早期引领作用，但它们的投资基金体量（美国所有大学和学院的捐赠基金的资金规模共计6 000亿美元）[32]与美国养老基金管理的23万亿美元规模相比，显得杯水车薪。[33]可以预见的是，养老基金也开始接受撤资策略。由于担心气候变化对投资组合价值带来的长期风险，尤其是政府监管和化石燃料资产的技术进步带来的风险，养老基金正走向撤资策略的前沿。拥有1 890亿美元资产的纽约市养老基金（New York City Pension Funds）于2018年宣布，计划全面撤资。[34]随后纽约州管理2 260亿美元的共同退休基金（Common Retirement Fund）宣布，将在5年内从化石燃料公司撤资，并在2040年之前从其他带来气候问题的公司撤资。[35]总体而言，已经撤资或拒绝投资化石燃料公司的资金高达40万亿美元。[36]

## 一个开端……

早期撤资策略的反对者认为，撤资对削弱化石燃料公司融资能力是无效的。多年来，350.org削弱污染企业融资能力的目标充其量只是一种美好的愿望。但情况正在改变。2020年，英国《金融时报》报道称，煤炭公司的融资渠道正在萎缩。[37]国际能源机构报告称，新煤矿公司融资出现困难。[38]投资银行高盛警告说，煤矿公司经历的融资挑战正在向整个化石燃料行业蔓延。[39]

19世纪，托马斯·克拉克森（Thomas Clarkson）在谈到废奴运动时写道："最伟大的作品必须有一个开端……在我们所从事的任何善行中，不论开始时多么微小，进展多么缓慢，只要想到最终的行动成果，就不必气馁。"[40]撤资运动开始也很慢，花了近10年时间才显示出实质性影响。如今流向化石燃料行业的资金正在减少。就其战略而言，撤资还未能使资金流向专注于提高可持续性发展和应对气候变化的公司。这需要另外一种策略——ESG投资。

我建议你们，商界领袖……和联合国一起发起
一项基于共同价值观和原则的全球契约，
这将为全球市场提供一个人性化的形象。

图 12.1　科菲·安南（Kofi Annan），联合国原秘书长
资料来源：维基共享资源。

## 第 12 章
# ESG 投资

撤资是一种消极的投资策略，是将不需要的投资从投资组合中剔除。ESG 投资是一种更复杂的投资策略，是在投资分析时使用环境、社会和治理因素，使风险最小化，收益最大化。在吸取撤资策略的经验教训的基础上，在气候变化的风险和机遇的推动下，ESG 投资迅速发展，规模涵盖数万亿资产。[1] 这一切都始于联合国原秘书长科菲·安南 2004 年写给 55 家主要投资公司首席执行官的一封信（见图 12.1）。[2]

## 从一封信到 100 万亿美元

安南秘书长曾写信邀请商界领袖、学者和瑞士政府参加在苏黎世举行的会议，以制定将环境、社会和治理因素纳入财务分析和资产管理的指导意见。[3] ESG 一词首次出现在该会议发布的报告

《有心者胜》(*Who Gares Wins*)中。该报告与首次会议倡议摘要一起发布,并得到了高盛、摩根士丹利和其他18家主要金融机构的认可。[4] 联合国在首次会议后推出了负责任投资原则(Principles for Responsible Investment,简写为PRI)。该原则由6条自愿准则组成,开头是"我们将把环境、社会和治理因素纳入投资分析和决策过程"。[5]

到2022年,已有近4 000家资产管理公司签署了负责任投资原则,其管理的总资产达121万亿美元。[6] 全球一半以上的顶级资产管理公司均签署了负责任投资原则。[7] ESG的概念始于科菲·安南希望"为全球市场赋予人性"的愿望,但推动这一投资策略飞速发展的是,大家对环境、社会和治理因素能够为公司和投资者创造价值的认同。

## ESG投资策略

研究分析师和投资组合管理人,在决定是否进行投资时会考虑一系列因素,这一过程被称为基本面分析。其一般至少要关注财务业绩、管理水平、产品和品牌价值、竞争对手、市场规模和增长机会。ESG投资策略则还需额外考虑对投资具有重要影响的其他因素。对环境、社会和治理因素的评估,不能替代投资基本面分析,但它是对基本面分析的补充。

对公司业务至关重要的环境、社会和治理因素,取决于行业、地理位置和公司的具体情况。环境因素包括温室气体排放,根据公司情况，还可能包括其他污染物的排放、水的使用、土地的使用，以及下游使用公司产品时造成的影响。社会因素通常包括公司的雇佣行为以及对客户和利益相关者的影响。治理因素因地理位置而异，主要集中在董事会组成、高管薪酬和监督等方面。

对许多投资者来说，气候变化已成为 ESG 投资分析中最重要的因素。晨星公司可持续发展研究总监发现，"气候问题已成为 ESG 投资的头号主题"，[8] 负责任投资原则也将气候变化列为 ESG 投资者最关注的问题。

## ESG 投资是否符合信托责任

机构投资者代表其客户管理资产，并在法律上有义务为客户的最佳利益行事，这是其信托义务。一些投资者质疑 ESG 投资是否符合信托责任。因为 ESG 投资就其本质而言，考虑的因素不仅有利于投资者，而且有利于整个社会。那么，考虑 ESG 因素是否违反了机构投资者将客户利益放在首位的承诺？

2005 年，英国一家知名律师事务所撰写的《富而德报告》(*Freshfields Report*) 首次探讨了这一问题。该报告认为，"将 ESG 因素纳入投资分析以便更可靠地预测公司的财务业绩，这显然是被允许的，并且可以说是所有司法管辖区都需要的"。但是，许多投资者，特别是美国的投资者，对《富而德报告》不以为然，对 ESG 投资策略并不信服，并对其承诺客户的风险调整后收益最大化的责任表示担忧。这种担忧又过了 10 年才得到解决。

2015年，负责监督相关养老金计划的美国劳工部，就ESG投资和信托责任问题提供了各界期待已久的指导。该部门认为，"当受托人仅根据投资的经济效益，审慎地得出结论，认为该投资合理之时"，机构投资者可以使用ESG投资策略。[9]然而，2020年，特朗普总统领导下的美国劳工部反其道而行，发布了一项规则，限制计划受托人考虑ESG因素。2021年，拜登总统领导下的美国劳工部再次反其道而行，宣布"受托人在做出投资决策时可考虑气候变化和其他ESG因素"。[10]

尽管关于此问题的监管政策一直在变化，但哈佛商学院的艾博思（Robert Eccles）教授对ESG投资和信托责任进行了总结，他写道："最近的法律意见和监管规则明确指出，不考虑这些因素是违反义务的。"[11]ESG因素旨在为社会创造价值，同时为企业和投资者创造价值。

## 为企业创造价值

ESG投资者要求公司提供有关环境、社会和治理绩效的数据，就像公司财务报告一样。然而，公司财务报告已存在近一个世纪，公司长期以来一直遵循标准的会计和报告规则。近年来，ESG标准在逐渐制定，并随着使用范围的扩大而不断完善。

全球报告倡议组织（Global Reporting Initiative，简写为GRI）制定了可持续发展报告的全球标准，且全球80%的大公司都在使用该标准。[12]类似地，可持续发展会计准则委员会（Sustainability

Accounting Standards Board，简写为 SASB）也制定了标准，要求公司识别对投资者最重要的可持续发展问题，就像美国财务会计准则委员会（FASB）对财务会计准则的要求一样。[13]这给公司带来了额外的数据收集和报告工作，但同时能带来回报，因为关注 ESG 因素已被证明能为公司及其股东创造巨大价值。

关注重大环境、社会和治理问题，并对其进行良好管理的公司，表现往往优于同行。哈佛商学院的研究发现，"良好的 ESG 表现与良好的估值、预期增长和较低的资金成本，有很高的相关性"。[14]仔细研究后就不足为奇，因为在重要 ESG 因素方面表现良好的公司都有三个显著的竞争优势：忠诚的员工、客户和投资者。

哥伦比亚商学院的瓦妮莎·布尔巴诺（Vanessa Burbano）教授研究发现，员工愿意在工资低但非常有社会责任感的公司工作。[15]换句话说，如果提供与竞争对手相同的工资，更具社会责任感的公司可以吸引绩效更高的员工。这种行为并不是因为员工更有社会责任感，而是员工认为"公司如何对待社会，也将如何对待员工"。布尔巴诺的研究发现，公司的社会责任感对绩效好的员工影响最大。在劳动力市场紧张的情况下，企业必须争夺最优秀的员工，而良好的 ESG 表现可以为招聘和留住员工提供实质性优势。

反过来，消费者也青睐可持续发展的公司。尼尔森对 29 000 名消费者进行的一项研究发现，50% 的消费者愿意为具有社会责任感的公司的产品支付更高的价格。[16]尼尔森的另一项调查发现，全球81%的消费者强烈认为公司应帮助改善环境。[17]其他研究也得出了类似的结论，发现消费者更愿意购买有益于社会或环境公司的商品。[18]在竞争激烈的市场中，ESG表现良好的公司更有能力吸引客户。

最后，良好的ESG表现有助于公司吸引投资者。哈佛商学院的乔治·塞拉芬（George Serafeim）教授研究了公司的可持续发展报告与其投资者组成之间的关系。塞拉芬的研究发现，这些公司拥有"更多的长期投资者作为基础"，"投资者更专注，短期投资者更少"。[19]投资银行摩根士丹利的研究也发现，对发达国家和新兴市场的公司而言，ESG得分高与资本成本低之间存在关联。[20]ESG表现良好的公司，可以以比竞争对手更低的成本筹集长期投资资金，这是一个显著的竞争优势。

ESG投资为公司创造价值，使其能够在竞争中超越对手，因为员工、客户和投资者更青睐在可持续发展指标上排名靠前的公司。这些公司也更善于管理环境、社会和治理方面的风险，包括气候变化带来的物理风险和转型风险，从而创造进一步的竞争优势。如果可持续发展对公司来说是一个好战略，那么对投资者来说是否也是一个好战略呢？

## 为投资者创造价值

以跑赢指数为目标选择股票的主动投资者，越来越多地使用ESG投资策略来提高其表现或阿尔法值。在一项调查中，63%的市场参与者表示 ESG 因素对其做出投资决策至关重要。[21]更重要的是，哈佛大学的一项研究发现，ESG 投资策略提高了风险调整后收益，"利用 ESG 因素评估这一做法，将年度绩效平均提高了约 0.16%"。[22]虽然 0.16% 看起来可能不多，但对于基金经理来说，这可能是业绩表现为市场中位数与跑赢大盘之间的差别。

其他研究发现，ESG 投资可以降低投资者的下行风险。摩根士丹利分析发现，可持续基金的风险水平比同类传统基金低。[23]可持续基金的下行偏差中位数，比同类传统基金的下行偏差中位数低 20%。

近期表现看，可持续基金在新冠肺炎疫情防控期间仍极具韧性。[24]贝莱德调查发现，在动荡的 2020 年第 1 季度，94% 的可持续指数比其基准指数表现优异。[25]学术研究也证实了贝莱德和其他投资者在新冠肺炎疫情防控期间的经历，即"随着股票市场开始崩溃，ESG 投资与超额回报之间的关联性越来越强"。[26]

鉴于 ESG 投资可潜在提高风险调整后收益，为了抓住机会，ESG 基金如雨后春笋般涌现。晨星估计，特别专注于 ESG 投资策略的基金有 3 300 只，管理的资产达 8 400 亿美元。[27]许多投资者将 ESG 报告和业绩表现的不确定性视为阿尔法的来源，主动基金经理也利用机会迅速出击。[28]

被动投资者选择与指数相匹配的股票投资组合，其参与 ESG 投资策略的方式与主动投资者风格不同。被动投资者使用那些专门设计的指数来选择 ESG 表现优异的公司。近年来，为满足投资者需求，与标准普尔 500 指数等热门指数基金一样，ESG 指数基金也不断涌现。

虽然股票管理人率先采用 ESG 投资策略，但固定收益管理人也在努力将 ESG 投资整合到其投资组合中。[29] 即使如贷款抵押债券（CLO）此类复杂难懂的固定收益产品，也开始考虑 ESG 因素。[30] 研究发现，固定收益 ESG 基金与股票基金不同，其往往更注重管理下行风险，而非追求更高的投资回报，部分原因是 ESG 评级较高的发行人可能享有更窄的信用利差。[31]

甚至私募股权投资者也将 ESG 因素纳入其尽职调查和投资分析过程。各种基金的方法各不相同，黑石和凯雷等基金致力于将 ESG 投资整合到其现有投资组合中，而其他私募股权资产管理公司则推出了专门使用 ESG 投资策略的新基金。[32] 投资者发现，环境、社会和治理问题非常复杂，这表明善于管理 ESG 因素的公司经营良好。换句话说，ESG 表现可能反映了公司管理水平。

## 超越研究，行动起来

致力于应对气候变化的 ESG 投资者，也在采取行动来鼓励上市公司减少温室气体排放并提高财务回报。股东是所有者，拥有所有权带来的合法权利，这一优势可以用来为其谋利。关注气候变化的股权投资者采取两种形式影响股东采取行动：与公司管理层接触和在年度股东大会上投票。

股东参与是指机构投资者与公司会面，讨论可能影响长期财务回报的 ESG 问题。贝莱德报告称，其每年与 3 000 多家公司的管理团队会面，就气候变化和其他ESG问题表达关切，提供反馈并分享见解。³³上市公司通常愿意与机构投资者接触，但有时股东也不得不采取更积极的策略——投票。

投资者的一项合法权利是在年度股东大会上提交提案，要求进行投票。公司可以尝试排除它们认为与相关业务无关的提案，但美国证券交易委员会对排除提案的资格有最终决定权。即使是小投资者也可以参与行动，因为在美国上市公司中，任何持有超过25 000美元股份逾1年的股东都可以提交股东提案。对气候变化相关提案的支持率，从2019年的28%大幅上升到2021年的49%，其中最受欢迎的决议是呼吁公司根据《巴黎协定》减少温室气体排放。³⁴

在年度股东大会上对其提案进行投票的投资者，通常也会寻求其他投资者的代理投票。代理投票是由无法出席会议的投资者指定一名投资者代表进行投票。上市公司可能会陷入代理权争夺战。当公司管理层反对某项提案时，一名股东可能说服其他股东加入其行列，集合大批投票权以通过该提案。艾博思教授和牛津大学的科林·迈耶（Colin Mayer）教授发现，"代理投票就是硬碰硬，但这是行动派对冲基金在多年实践中磨炼出来的技能"。³⁵一家名为Engine No. 1的小型投资公司，证明了在气候变化时代采取强硬态度是非常有用的。

2021年，Engine No. 1领导一个持不同政见的股东团体，向埃克森美孚董事会提名4名支持低碳战略的新董事。Engine No. 1获得了贝莱德、加州教师退休基金（CalSTRS）和纽约州共同退休基金等主要机构投资者的支持。出乎意料的是，Engine No.1 的参与策略取得了成功。尽管遭到管理层的强烈反对，但持有多数股份的股东仍投票同意埃克森美孚董事会增加 3 名新成员。针对埃克森美孚公司采取的行动策略，是首次因气候变化问题以该方式更换董事会董事。[36] 彭博分析师总结道，Engine No.1 的参与策略表明，ESG 问题，尤其是气候变化问题，现已成为主流。[37]

## ESG 的积极反馈回路

资产所有者对可持续投资的需求，敦促许多基金管理者签署负责任投资原则，促使这些基金的分析师将 ESG 因素纳入其决策过程。这反过来又创造了分析师对上市公司 ESG 数据的需求，推动了全球报告倡议组织等标准制定组织的参与。此后，公司了解到，通过管理 ESG 问题，其在员工、客户和投资者中创造了竞争优势，该优势又反过来鼓励公司进一步关注 ESG 问题，形成一个积极的反馈回路。投资者随后发现 ESG 投资策略可以创造阿尔法，即超额收益。

ESG 投资带来的积极投资结果形成了一个重要的反馈回路，推动了投资的进一步增长。更好的风险调整后收益，促使投资者对公司施加压力，要求其收集更好的符合 ESG 标准的数据，以实现下一轮的超额收益。这种反馈回路非常有效，只要签署负责任投资原则，每季度流向资产管理公司的资金就会增加 4.3%。[38] 这也许可以解释为什么有近 4 000 家资产总额达 121 万亿美元的公司签署了负责任投资原则。[39]实际上，现在包括贝莱德、太平洋投资管理公司、先锋领航和道富在内的所有主要资产管理公司都参与其中。高盛总结了这一正反馈回路的结果："ESG 投资曾经是一种副业，如今已成为主流。"[40]

## ESG 投资对气候变化的影响

全球最大的超级富豪资产管理公司瑞银集团报告称，ESG 投资之所以受欢迎，是因为"我们最富有的客户希望知道他们的投资正在同时使世界变得更美好"。[41]这一报告的前提假设是，ESG 投资策略具有积极作用。但现实并非如此确定。

尽管近年来 ESG 投资取得了突飞猛进的发展，但这一策略仍然面临着巨大的挑战。其中最主要的挑战是，公司报告的 ESG 数据缺乏一致性和可比性。ESG 报告是自愿性的，公司经常筛选能让其看起来最好的数据，这种做法有时被称为"漂绿"。哥伦比亚大学商学院的希瓦·拉杰戈帕尔（Shiva Rajgopal）教授分析了企业 ESG 数据，发现"气候变化是一个真正值得关注的问题，企业可以通过做好事来做好自己。然而，确定哪家公司通过做好事而做得好，是一项并不简单的工作"。[42]

美国证券交易委员会对公司报告并由基金经理营销的 ESG 信息越来越感兴趣。2021 年，美国和德国监管机构对德意志银行资产管理公司被指控夸大 ESG 表现展开调查，这在整个 ESG 投资领域引起了不小的反响。[43]欧洲监管机构正在打击基金经理不当营销 ESG 的行为，美国证券交易委员会也成立了特别工作组调查美国市场上可能存在的不当行为。

分析师即使有良好的数据，也很难确定哪些信息对于评估财务业绩和解决特定的 ESG 问题具有重要作用。难点之一便是，如何评估 ESG 投资对气候变化的影响。

ESG 投资有效地提高了人们对气候变化的认识，并使公司对其环境影响的披露日趋完善。全球前 250 家公司中，超过 93% 的公司均报告了其可持续能力指标。[44]不仅如此，ESG 投资者也鼓励公司大幅减少温室气体排放。例如，从 2009 年到 2017 年，标准普尔 500 指数中的公司碳排放总量下降了 11%，[45]而同期收入增长了 36%，[46]表现令人瞩目，这也证明了"能衡量才能管理"这一箴言。然而，排放量的下降也可能是因为标普 500 指数中的公司从制造业向服务业转变。我们难以证明，ESG 投资与温室气体排放量下降之间存在直接联系。

## "史上最大的一次投资机会"

美国前副总统阿尔·戈尔（Al Gore）因其关于气候变化的演讲和电影《难以忽视的真相》（*An Inconvenient Truth*）而闻名，这些演讲和电影都强调了灾难性气候变化的风险。但鲜为人知的是，副总统戈尔也采用 ESG 投资策略，在选择投资产品时专门考虑了气候变化问题，从而创造了卓越的投资回报。

戈尔于 2004 年作为创始人之一，创立了世代投资管理公司。

这是第一家完全采用 ESG 投资策略的大型独立资产管理公司。在公司成立的头 10 年，世代投资管理公司的旗舰基金每年以 5.6% 的收益率跑赢 MSCI 全球指数。[47]在此期间，基金投资者的资金增长了两倍多，世代投资管理公司也跻身世界顶级基金公司之列。截至 2018 年，该公司旗舰基金的年回报率为 17.5%，而 MSCI 全球指数的年回报率仅为 8.6%。[48]戈尔采用 ESG 投资策略的理由直截了当："在不寅吃卯粮的情况下提高生活质量，是史上最大的一次投资机会。"[49]

我们在本书第 1 部分探讨了系统性气候趋势，ESG 投资就是受益于该趋势的策略：低碳技术的快速创新、自然环境的变化、政府监管力度的加大以及社会规范的演变。世代投资管理公司的表现显著优于市场，到 2022 年管理的资产已增长到 390 亿美元，是最早证明这些趋势与投资回报之间联系的基金公司之一。[50]世代投资管理公司和其他早期 ESG 投资者的成功使传统资产管理人相信，将气候趋势纳入投资分析和决策是极具价值的。

对许多投资者而言，ESG 投资策略的吸引力在于，它可以应用于整个投资组合。但 ESG 投资并不专注于解决方案，有些投资者在资本与气候变化的交汇点上寻求更有针对性的方法，他们使用另一种策略，即主题影响力投资。

创立伟大的公司有助于解决我们这个时代的一些核心挑战,这并不像有些人所说的那样矛盾。在我们看来,这些目标是齐头并进的。

图 13.1 南希·普菲德(Nancy Pfund),DBL Partners 创始人
资料来源:维基共享资源。

## 第 13 章

# 主题影响力投资

主题影响力投资是一种用于为解决特定的环境或社会挑战（例如气候变化）的企业提供融资的策略。与 ESG 投资者不同，主题影响力投资者主要为私营企业提供资金。投资哪个主题是投资者基于专业知识和预期能够产生具有吸引力的风险调整后收益而选择的。摩根士丹利的一项调查发现，72% 的主题影响力投资者正在寻求气候问题解决方案的投资机会。[1]

## 行善有利可图

主题影响力投资始于 20 世纪 90 年代后期，由具有开拓精神且专业的投资人主导，他们相信解决世界上一些最具挑战性的环境和社会问题的同时，可以创造有吸引力的经济回报。而这被认为是一个荒唐的想法。当时，大多数投资者认为在实现良好社会效益和取得较好的投资回报之间需要有所取舍，他们认为主题影响力投资策略将导致低于市场平均水平的投资回报。许多学术研究支持这种观点，其中一项研究得出结论："通过做好事来获得好回报是一种幻觉"。[2] 由于传统资产所有者的兴趣不大，早期的主题影响力投资者是反对这种观点的金融创新者。

SJF Ventures（以下简称 SJF）和 DBL Partners（以下简称 DBL）是美国最早的主题影响力投资基金，最初都面临筹集资金的困境。SJF 成立于 1999 年，最初定位是在低收入社区创造就业机会，后来逐渐拓展主题，包括气候问题解决方案、健康和教育。第一只基金的规模仅为 1 700 万美元，最初 SJF 很难找到既能创造良好就业机会又能产生强劲经济回报的投资机会。

DBL 的创立目标与 SJF 类似，聚焦于在弱势社区进行投资，扩大就业机会。DBL 的英文名称为 Double Bottom Lines，可直译为"双底线"：第一个底线代表财务回报，第二个底线代表社会或环境影响。DBL 的第一只基金于 2001 年推出，花费近 3 年时间仅筹集了 7 500 万美元。[3]

然而 10 年后，SJF 和 DBL 已经为它们的基金筹集了数亿美元的资金，这些基金受到了投资者的热爱，以践行主题影响力投资策略。[4] 令人惊讶的是，早期的主题影响力投资者发现，"实现良好社会效益的同时取得较好的投资回报"不仅可行，而且回报颇丰。

## 保持一致

DBL 和 SJF 在它们为第一只基金募集资金时遇到了困难，但它们得到两个非常宝贵的经验：主题影响力投资者应当与其投资的企业家更好地保持一致，而那些创立企业的企业家应当更好地与其员工和客户保持一致。在吸取了这些经验教训后，DBL 和 SJF 证明了主题影响力投资可以产生非常有吸引力的投资回报。

在受欢迎的或"热门"领域，私营企业的投资者寻找价值观相同的企业家并提供大致相同的融资条款。由于资本本身是可以被代替的，投资者必须努力与竞争对手区分开以获得最有前景的交易。对许多企业家来说，投资者的关键差异在于它们对诸如可持续性和气候变化等问题表现出的价值观。

有社会使命愿景的企业家通常更喜欢主题影响力投资者。SJF 投资的一家太阳能公司的联合创始人兼首席执行官布伦特·奥尔德弗（Brent Alderfer）回忆说："我们很幸运地找到了一位投资者与我们一样致力于创建一家以价值为导向的企业。"[5] 主题影响力投资者具有相对于传统风险投资和私募股权投资者的竞争优势，因为具有气候问题解决方案的企业家希望从共同热爱这一领域的投资者那里获得融资和建议。

吸引了最优秀的企业家之后，主题影响力投资者发现以解决气候问题为重点目标的企业具有几个有助于其繁荣发展的优势：

具有明确社会使命的公司，会吸引更优秀的员工和更忠诚的客户。对风险投资阶段的企业来说，这些优势尤为重要，因为雇用有才华的员工和吸引初始客户对其早期的生存至关重要。但是只有当公司的商业模式真正与目标影响力保持一致时，这些竞争优势才会存在。

## 影响力和利润互相促进

DBL 和 SJF 发现，当环境或社会使命与公司利润互相促进时，主题影响力投资可以产生非常有吸引力的经济回报。气候变化是一个非常好的适配因素。例如，太阳能发电公司与其环境或社会使命完全吻合：销售的太阳能电池板越多，对气候变化和公司利润的积极影响就越大。同样地，电动汽车公司销售能减少温室气体排放量的电动汽车，既提高了车辆销售的市场份额和投资者的收益，又降低了交通出行的碳排放量，这是一个互相产生积极结果的过程。DBL 是特斯拉的早期投资者，正是它认识到了其在投资回报和环境回报方面的潜力。

正如 DBL 创始人南希·普菲德（见图 13.1）所言，DBL 等主题影响力投资者已经"证明了第一底线和第二底线目标不是相互排斥而是相互促进的"。[6] DBL 的第一只基金为投资者带来了 24.4% 的年化内部收益率（IRR），而同期基金仅为 7.7%，并在 2015 年管理规模在 2.5 亿美元以下的 25 只顶尖基金中排名第二。[7] 主题影响力投资者证明，他们可以在解决气候问题的同时获得优于传统投资者的收益，而不用在实现良好社会效益和取得较好投资回报之间进行取舍。

## 模仿是最真诚的赞美

早期的主题影响力投资者是像 DBL 和 SJF 这样的小型初创基金。10 多年来，这些基金悄悄地将资金投入旨在应对气候变化和其他社会和环境挑战的企业，证明了致力于在投资者、企业家、员工和客户之间保持一致的投资策略，能够产生具有吸引力的经济回报。不出所料，传统基金也注意到了这一点。

2015 年，拥有 1 050 亿美元管理资产的领先私募股权基金贝恩资本与马萨诸塞州前州长德瓦尔·帕特里克（Deval Patrick），一起推出了双重影响力基金（Double Impact Fund）。[8]贝恩资本宣布，新基金"将通过投资具有重大的、可衡量社会影响的项目，来提供有吸引力的经济回报"。[9]该基金迅速募集了 3.9 亿美元的资金，这是当时该领域前所未有的规模。[10]资产所有者正在意识到主题影响力投资策略的潜力。

贝恩资本进入该行业之后，其他几家传统投资基金紧随其后。拥有超过 1 000 亿美元资产管理规模的私募股权公司德太资本（TPG Capital）发行了崛起基金（Rise Fund），这也是一只主题影响力基金，其募集目标是 20 亿美元。崛起基金不仅达成了最初的募集目标，2020 年时其资产管理规模已达到 50 亿美元。[11]甚至具有传奇色彩的私募股权公司 KKR 也进入了该领域，推出了10亿美元募集目标的全球影响力基金,该基金"寻求投资于财务回报和社会影响一致的投资机会"。[12]传统基金开始效仿早期的主题影响力投资者,追求基金使命、所投企业的商业模式以及应对环境挑战(如气候变化)之间的一致性。世界上最大、最成功的一些投资者已经学会了"既实现良好社会效益又取得较好投资回报"的正确策略。

## 改变认知进而改变世界

主题影响力基金投资了一些最具标志性的创业企业,积极应对气候变化。DBL是电动汽车制造商特斯拉和住宅太阳能公司太阳城的早期投资者,两者在各自行业中都处于领导地位。SJF投资了太阳能技术提供商Nextracker、可再生能源开发商Community Energy等,这些公司每年总计减少了超过280万吨二氧化碳排放量。[13]然而,主题影响力投资者的最大影响其实是改变了人们对于风险的认知。

创业者和初创企业需要大量资本来运营并证明其商业模式的可行性,此后才能赢利并产生现金流以维持进一步增长。然而,传统投资者对风险持谨慎态度,不愿将资本投入自己没有经验的领域。投资者通常希望投资陌生领域时可以获得更高的回报,以弥补"投资陌生领域的高风险"。这为致力于应对气候变化的企业家带来问题——缺乏经验的投资者认为风险很高,因此要求更高的回报率,进而增加了公司的资本成本。高成本的资本使公司与能够以低利率获得融资的其他公司相比缺乏竞争力。

可再生能源行业就是一个例子。投资银行拉扎德 2011 年发布了一份关于可再生能源行业的年度报告，其中强调了风能和太阳能项目资本减少和成本增加的问题。可再生能源项目需要大量投资，因此高成本的资本使其在与煤炭和天然气项目的竞争中处于劣势。但到 2020 年，人们对可再生能源项目的风险认知改变得如此之快，以至于投资者要求比化石燃料项目更低的投资回报率。国际能源信息署的报告称："石油和天然气公司的股本成本已经超过 12%，而投资可再生能源的公司可以获得低于 6% 的资本。"[14]

人们的风险认知转变最大的领域可能是电动汽车。2006 年，DBL 和其他少数投资者对首家全电动汽车公司特斯拉进行了一项看似非常冒险的投资。从大多数指标来看，这一项投资确实是有风险的，因为竞争对手如菲斯克（Fisker）等电动汽车品牌已在破产边缘挣扎。[15] 但到 2020 年，特斯拉已经生产了超过 100 万辆汽车，并开了电动汽车行业发展的先河。[16] 彭博的分析师曾估计，到 2022 年全球将有超过 500 种不同型号的电动汽车，其产生的影响远远超出任何一家公司。[17]

DBL 和 SJF 等主题影响力投资者通过改变人们对可再生能源、电动汽车和其他旨在应对气候变化的行业的风险认知，降低了资本成本并提高了这些企业的竞争力。传统投资者看到可再生能源和电动汽车企业取得商业上的成功，了解到实际投资风险比其认为的低得多，并以越来越有吸引力的条件向以解决气候问题为重点的企业提供资本。主题影响力投资者所做的不仅仅是为一些世界最具标志性的公司提供资金，还改变了传统投资者为整个行业提供资金的方式。

主题影响力投资者正在为越来越多的气候问题解决方案提供资金。但是，有些技术和创新风险非常高，回报也在遥远的未来，即使是最激进的主题影响力投资者也无法承诺投资。这些机会需要一种完全不同的策略，被称为"影响力优先投资"（impact first investing）。

与其他基金相比，我们愿意等待更长的时间获得回报。

图 14.1　比尔·盖茨，微软创始人、突破能源基金创始人
资料来源：维基共享资源。

# 第 14 章
# 影响力优先投资

影响力优先投资者专注于解决社会和环境问题,愿意接受低于市场平均水平的财务回报,以换取更好地解决问题。因此,影响力优先投资策略不一定是最好的投资方式,但可能是更好的解决气候问题的方式。

## 从慈善事业到慈善资本主义

20 世纪 70 年代,慈善家开始讨论一个不同寻常的想法:以投资代替捐赠来解决社会问题。[1] 美国税法修改后允许基金会进行投资,只要该投资用于慈善目的且预期回报低于市场平均水平。

基金会传统上是通过向非营利组织捐款以实现其社会使命,而对非营利组织投资的想法与直觉相悖,这也解释了为什么项目相关投资(Program-Related Investment,简写为 PRI)的接受度较低。但项目相关投资可以通过两种重要方式实现其使命。首先，如果项目相关投资产生了低于市场平均水平的回报，收回的资金可以再投资或捐赠，从而增加其社会影响力并进一步推进基金会的社会使命。其次，成功的投资管理可以向传统投资者发出信号，表明非营利组织是有信誉的，可以吸纳商业资本。一些捐赠者还认为，偿还债务将使接受项目相关投资资金的非营利组织的运营更加严谨，从而提高非营利组织运营的效率和效益。

因为非营利组织从结构上看被禁止发行股本，所以第一批项目相关投资是以贷款形式进行的。符合条件的借款人是具有创收模式（如经济适用房）的非营利组织，该贷款以明显低于市场利率的利率或零利率发放，但仍预期还款。虽然项目相关投资是为美国基金会设计的，但许多初始投资都在海外。

发展中国家的组织对早期的项目相关投资进行了优化，它们向穷人提供小额贷款以减少贫困。孟加拉国的格莱珉银行是最早的贷款机构之一。当格莱珉银行的创始人穆罕默德·尤努斯（Muhammad Yunus）首次提议向生活在农村的贫困妇女发放贷款时，银行家对此嗤之以鼻。尤努斯的结论是，"穷人之所以穷，是因为他们无法获得资金"。[2]

尤努斯证明，银行家错了。格莱珉银行向穷人提供相对低利率的贷款，实现了为孟加拉国 900 万借款人提供服务（其中 97% 是农村妇女）的目标，同时仍能赚取少量利润。[3] 2006 年，尤努斯成为第一个因商业活动而获得诺贝尔和平奖的人，小额信贷也发展为一个拥有 1 万多家公司、为 1.4 亿以前无法获得资金的借款人提供贷款的全球性行业。

小额信贷行业的迅猛发展和成功表明，金融工具可以被用来满足社会需求，这使慈善家对投资和影响力的看法发生了改变。捐赠者从仅提供捐赠款过渡到也提供低息贷款，再过渡到向有社会责任的营利性公司进行股权投资。发放贷款不容易，但股权投资更为复杂。为了满足慈善家日益增长的兴趣，金融机构推出了影响力优先基金。

这种模式是由睿智基金（Acumen Fund）开创的。睿智基金由杰奎琳·诺沃格拉茨（Jacqueline Novogratz）于2001年创立，旨在将慈善的重点放在世界上最贫穷的公民身上，以实现最佳市场可扩展性。睿智基金通过接受高风险和长投资回收期（即所谓的"耐心的资本"）的投资来做到这一点。[4] 在进行此类投资的同时，睿智基金还对其所投资的公司进行严格的监督并给予支持，以帮助它们实现其潜在社会影响力。

2006年，《经济学人》杂志发表了一篇题为"慈善资本主义的诞生"的文章，描述了捐赠者利用传统投资工具——贷款和股权投资，来应对全球社会和环境挑战。[5] 第二年，洛克菲勒基金会领导的捐赠者会议创造了"影响力投资"一词，将其定义为"旨在产生财务回报和社会或环境影响力的投资"。[6] 这便开启了一项将投资回报与慈善资本相结合的应对气候变化的新战略。

## 重新审视低于市场平均水平的回报

美国税法规定，进行项目相关投资的基金只能获得低于市场平均水平的回报。从技术上讲，只要追求市场回报的审慎投资者不参与投资，那么就可以满足低于市场平均水平的回报的要求。在影响力优先投资的早期阶段，基金会以非常低的利率或零利率提供贷款来满足该要求，即提供的贷款利率明显低于银行贷款或其他形式的商业贷款的利率。另外，如果一项投资的风险很高，也可以将其归为低于市场利率水平的投资。对于关注气候变化的慈善组织来说，投资高风险项目成为影响力优先投资的首选形式。

风险，是投资的财务回报与其预期回报不同的概率。概率越低，预期回报就必须越高，才能吸引投资者投入资本。风险有多种表现形式：投资新行业、不稳定的国家或地区、未经证实的技术或商业模式，创新的投资结构，流动性不足。当风险调整后收益低于风险较低的投资回报时，追求市场回报的传统投资者会避免进行风险投资。另外，影响力优先投资者将投资于有风险的资产，事实上，法律也迫使其这样做。值得注意的是，这些投资偶尔会产生高回报。

睿智基金对生产和销售太阳能照明产品的公司 d. light 进行了影响力优先投资。d. light 于 2007 年在美国旧金山成立，旨在推出低成本的太阳能灯，以取代缺乏电网的发展中国家常用的煤油灯。[7] 太阳能灯比传统煤油灯更安全，污染更少，在改善用户生活的同时减少了温室气体排放。作为一家具有社会影响力的营利性公司，d.light 的商业模式尚未得到验证。该公司的初始资金来自捐赠款、创业大赛的奖金和睿智基金的投资[8]。随着公司发展，d.light 从越来越多的投资者那里获得了连续几轮的风险投资资金，共计 1.97 亿美元。[9] 当 d.light 的商业模式得到验证后，睿智基金就开始退出投资，并于 2018 年以 2.4 倍于投资资本的回报将部分股份出售。[10] 睿智基金随后将从 d.light 获得的投资收益再投资于另一只基金，该基金向致力于为服务不足的社区提供清洁能源的公司提供资金。[11]

睿智基金对 d.light 的投资风险很大，成立近一年都没有商业投资者为该公司提供资金。尽管如此，睿智基金的投资收益率超过了同期风险投资基金的平均收益率。[12] 对睿智基金来说，投资 d.light 的成功还产生了超越财务回报的社会影响——为全球 70 多个国家和地区的 1 亿人提供了零排放照明。[13]

## 吸引商业资本

关注气候变化的影响力优先投资者寻求以两种方式创造变革：一是为减少温室气体排放的企业提供资金，二是证明新技术、新商业模式和新行业是可以投资的。第一个目标是投资像 d.light 这样的公司。这一点很重要，因为企业通过减少化石燃料的使用进而减少温室气体的排放可产生立竿见影的效果，企业的规模化发展速度比大多数政府主导或非营利组织的行动要快得多。但第二个目标的影响力更大，即向商业投资者揭示在将风险考虑在内的前提下，这些投资机会是具有吸引力的。影响力优先投资策略的局限性在于，可用于投资的资本相对较少，因为传统投资者不会投资回报很可能低于市场平均水平的项目。事实上，如果它们是受托人，也不能投资该类项目。因此，影响力优先投资策略更多适用于慈善家。在美国，慈善行业拥有平均每年4 500亿美元的资金规模，仅占100万亿美元资金规模的金融市场的一小部分。[14]影响力优先投资者的规模太小，资金不足，无法解决气候变化等重大问题，因此它们的目标是使用相对少量的影响力资本来"挤入"（crowding in）更多商业投资者。

挤入，是一个经济术语，描述的是政府支出增加在某些投资领域激发私人投资的过程，在该领域，如果政府支出不增加，则很难出现私人投资。实现这一目标最常见的方式是设立小型投资基金，填补商业市场的空白，进行传统投资者认为风险过高的投资。如果这些投资基金取得成功，则证明投资者错失了获得有吸引力回报的机会，从而吸引商业资本。

吸引商业资本到一个新的和未经证实的技术、商业模式或行业绝非易事，这个过程通常需要很多年。以 d. light 为例，睿智基金的投资10年后才第一次有机会获得回报并证明投资的盈利能力。为了加快气候问题解决方案的融资，影响力优先投资者采用多种策略来吸引商业资本。这些策略被称为"混合融资"，包括以下几种：

- 提供首次损失资本以降低商业投资者的风险。这种结构是将影响力优先投资者置于资金盘较低位置，如将其作为普通股而不是优先股进行设置。
- 牺牲影响力优先投资者的利益，为商业投资者提供更高的回报。例如，商业投资者拥有股息较高的股权。
- 提供担保以降低商业投资者的风险。对于影响力优先投资者，可以保证其最小回报或最大损失，以鼓励商业投资者参与。

这些策略旨在吸引资金雄厚的商业投资者，目的是证明对 d. light 等公司的投资能够产生有吸引力的风险调整后收益。然而，这种策略在某些情况下可能会适得其反。

## 避免市场扭曲

影响力优先投资者可以积极改变传统投资者对新技术或市场下的气候问题解决方案投资风险的看法。但影响力优先投资者也可能扭曲市场，导致弊大于利。当影响力优先投资者为缺乏可持续商业模式的企业提供资金时，就会发生这种情况。

例如，在撒哈拉以南非洲地区，非营利组织资助太阳能照明公司以低于成本的价格出售太阳能灯，以帮助那些无力购买太阳能灯的贫困居民。在某些情况下，太阳能灯甚至免费赠送。从人道主义角度来看，这种做法值得称赞，但不利于市场的长期发展，因为像 d.light 这样的公司无法与获得补贴的竞争对手竞争。市场扭曲有可能"排挤"商业资本，因为商业资本无法为缺乏可持续商业模式的企业提供资金。

影响力优先投资者发现自己处于一个颇具挑战性的位置。它们必须找到能够促进商业投资者参与的投资机会。然而，影响力优先投资者在风险调整后以低于市场平均水平的回报投入资本，该做法可能会损害行业长期发展前景。因此，要想取得成功，影响力优先投资者需要寻找既有未经证实的商业模式，又有财务回报可持续潜力的机会。这就要求投资者认真专注、耐心等待，并拥有雄厚的资金。

## 气候变化时代的影响力优先投资者

相对而言，很少有投资者首先考虑社会影响，因为它们很难接受低于市场平均水平的风险调整后收益。包括几乎所有的传统投资基金和资金管理人在内的受托人，都有法律责任最大限度地提高客户的风险调整后收益，因此被禁止采用影响力优先投资策略。在个人投资者中，只有少数人有财力能长期承受高风险和低回报。大多数个人投资者缺乏评估投资机会的专业能力，无法以培训和网络的形式为被投资方提供支持，也没有社会关系来募集商业资本。这使得影响力优先投资只能由少数人参与。

鉴于法律和实践方面的挑战，影响力优先投资者通常是超高净值人群，即可投资资产超过 3 000 万美元的人群。[15] 这是一个精英群体，美国估计有7万人，不到总人口的0.03%。超高净值家庭，尤其是其中最富有的家庭，通常通过家族办公室进行投资。家族办公室是由一个或一小群家族建立和控制的实体，用以管理他们的财富。家族办公室无须在美国证券交易委员会注册，并且在如何管理资产方面拥有绝对的权力。[16]超高净值家庭通常更倾向于长期投资，并且可以在其家族办公室聘请具有专业知识的投资专家来评估和支持影响力优先投资。

超高净值家庭经常建立基金会，追求慈善且可节税，也可以通过基金会进行项目相关投资。即使是像睿智基金这样的最早践行影响力优先投资策略的非营利组织，也主要由非常富有的个人及其基金会资助。[17]幸运的是，超高净值投资者的巨大影响力弥补了人数的不足。比尔·盖茨（见图14.1）就是一个典型的例子。

## 更高的技术风险承受能力

突破能源基金是全球最大的专注于应对气候变化的影响力优先投资基金。该基金由比尔·盖茨和私人投资者联盟于2016年成立，将10亿美元用于"有可能向世界提供廉价可靠的清洁能源的科学突破"。[18]除了比尔·盖茨，投资者还包括杰夫·贝佐斯、迈克尔·布隆伯格、瑞·达利欧和其他十几位亿万富翁。

突破能源基金制定了明确的投资战略，并设定了4项具体的投资标准。第一，该基金注重规模效应，只支持有潜力每年减少5亿吨以上温室气体排放量（约占全球排放量的1%）的技术。

第二，寻求投资的企业家必须证明技术在规模上是可行的。第三，该基金旨在填补融资缺口，重点关注传统投资者回避的领域。第四，该基金寻求支持那些最终将吸引其他投资者投资的公司，从而吸引商业资本[19]。

比尔·盖茨深知影响力优先投资的作用。他在自己的博客中写道："与其他基金相比，我们愿意等待更长的时间获得回报。因为我们知道确定哪些技术会成功很难，我们对技术风险有更高的承受能力。"[20]突破能源基金很有耐心，投资期限长达20年，远远长于纯商业基金。这使得该基金能够支持那些有可能产生重大影响但被传统投资者忽视的技术。

突破能源基金支持了在太阳能和储能领域拥有未经证实的技术的公司，该基金可以在这些领域为尖端创新提供资金。该基金的许多投资都集中在很少受到关注但在应对气候变化方面大有可为的领域，如为低碳混凝土、清洁化肥和微电网提供资金。[21]这些投资中的大多数暂时都无法产生财务回报，但考虑到基金遵循影响力优先投资策略，这是可以接受的。只要有一项投资取得成功，它将真正改变全球温室气体排放现状；如果有几项投资取得成功，该基金可以声称其显著减少了气候变化的影响。

## 催化资本

突破能源基金是为应对气候变化而采取影响力优先投资策略的最大资金池。幸运的是，它并不孤单。其他关注气候变化的影响力优先投资者还包括 PRIME Coalition（一个由 150 多个超高净值家庭组成的团体）和其他几个较小的团体。尽管影响力优先投资策略只适用于少数极其富有的投资者，但这一策略具有极其重要的意义。

太阳能、风能和电动汽车等已被证实的技术将减少一半的温室气体排放量，而另一半的温室气体排放量则需要新的技术和解决方案来解决。[22]最终，影响力优先投资者通过启动可以扩大规模以创造有意义的改变的技术和公司，来帮助缓解灾难性的气候变化。

**从策略到产品**

第 3 部分介绍了风险缓释、撤资、ESG 投资、主题影响力投资和影响力优先投资 5 种投资策略，为投资者提供了在气候变化时代进行投资的框架。接下来的第 4 部分和第 5 部分将介绍投资者可用的金融产品，首先是实物资产，其次是金融资产。第 6 部分将所有内容结合起来，将投资者的行动与气候变化的未来之路联系起来。

# 第4部分
# 投资实物资产

---

# INVESTING
### IN THE ERA OF
# CLIMATE
#### CHANGE

开发和建设实物资产需要大量资金投入,而且实物资产占据着大部分气候投资的现金流。实物资产投资需要投资者拥有技术专长以及雄厚的资金,是专业投资者的领地。但所有投资者都应该对投资于提供气候问题解决方案的实物资产的机会和风险有所了解,这也是本书第 5 部分描述的许多金融资产的基础。

我们对太阳能或风能项目有很大的兴趣。
如果明天有人带着一个太阳能项目走进来，
需要 10 亿或 30 亿美元，我们已经准备好了。
这样的项目越多越好。
——沃伦·巴菲特，伯克希尔·哈撒韦公司董事长

图 15.1　海上风电场

资料来源：维基共享资源。

第 15 章

# 可再生能源项目

对那些寻求可靠的风险调整后收益的投资者而言，可再生太阳能和风能项目融资很有吸引力——技术风险低，现金流稳定且长期，行业规模大且增长迅速。

## 太阳能项目投资

太阳能发电项目产生的电力具有可预测性，这一点有些出乎意料，但这就可以对现金流进行精确建模以预测投资回报率。阳光在一天中随着云层的覆盖而变化，全年随着季节的变化而变化，但每年的日照总时数相对恒定。美国政府在全国各个地方都提供了有关日照时间（也被称为太阳日照）的在线地理空间工具和数据集。[1] 了解不同形式的太阳能项目让投资者对投资机会更加明晰。

### 行业概况

美国的太阳能项目有四种类型：住宅、商业、社区和公共事业。所有太阳能项目中使用的太阳能电池板都是相同的，主要区别在于项目的规模。

住宅太阳能项目的太阳能电池板安装在个人住宅中，产生电力以供房主使用。太阳能电池板成本的迅速下降使得住宅太阳能项目对许多美国房主来说具有很高的性价比，即使把太阳能系统的成本考虑进来，总电费还是得到了节省。超过一半的美国房主已经或正在考虑安装太阳能电池板。[2]然而对投资者而言，住宅太阳能项目规模太小，无法单独融资。但是，可以通过太阳能租赁和太阳能贷款，创建投资工具，如第5部分所述。

商业太阳能项目为建筑物或企业供电。与住宅太阳能项目一样，大多数商业太阳能项目都将太阳能电池板安装在建筑物的屋顶，偶尔会安装在建筑物旁边的土地上。和住宅太阳能项目有诸多相似之处，商业太阳能项目产生的电力也供现场使用，楼宇的业主安装商业太阳能项目的原因也是节省电费，商业太阳能项目也通过投资工具进行融资，如第5部分所述。

社区太阳能项目是一种相对较新的太阳能项目形式，产生的电力由多个家庭和企业共享。社区太阳能项目不是在房屋或商业地产（即建筑物）上安装太阳能电池板，而是在租赁土地上安装，产生的电力出售给公共事业，供电网使用。项目产生的经济利润由所有者共享。对许多无法参与太阳能项目的居民和企业，以及群租者或屋顶无法安装太阳能系统的人来说，社区太阳能项目是很有吸引力的。社区太阳能项目越来越受欢迎，但它并没有为社区外的投资者提供参与机会。

寻求实物资产投资机会的投资者主要关注公共事业规模级别的项目。这些项目的规模很大，产生的电力会被送入电网。举个例子，最小的公共事业规模的太阳能项目大约由 4 000 块电池板组成，占地约 2 万平方米，而最大的公共事业规模的项目占地则要高达数百万平方米。例如，得克萨斯州正在建设的萨姆森太阳能（Samson Solar）项目将安装数百万块太阳能电池板，为拥有 30 万户家庭的城市提供充足的电力。[3] 公共事业规模的太阳能项目占美国新建太阳能发电项目的 3/4 以上，创造了数千亿美元的资金需求。[4] 鉴于每个项目的规模和资金需求，沃伦·巴菲特的伯克希尔·哈撒韦公司等机构投资者是主要融资来源。资金量较小的个人投资者主要通过将资金投入拥有项目投资组合的基金来参与公共事业规模的太阳能项目，如第 21 章所述。

**投资公共事业规模的太阳能项目**

公共事业规模的太阳能项目的投资者模拟了 5 个关键项目属性——资本成本、运营成本、发电量、购电协议、政府激励措施——来计算投资回报，如下所示：

- 资本成本主要产生于太阳能电池板和平衡系统，其中包括固定面板的安装架、将直流电转换为交流电的逆变器、电缆和监控设备。一些项目还在安装架上安装了跟踪系统，使太阳能电池板能够跟随阳光的轨迹。公共事业规模的太阳能项目必须将产生的电力接入电网，这就涉及输电线路的建设和互联设备的安装。工程、采购和施工成本包括安装面板和平衡系统的人工成本。太阳能项目还会产生软成本，其中包括采购成本、与场地所有者签订合同的成本、许可成本、管理费用和边际利润。

- 运营成本低。太阳能光伏系统几乎无须维护，因为除了跟踪系统（如果安装的话），没有其他移动部件。主要运营成本是太阳能电池板选址的使用成本。由于土地无法同时再被用于农业或做其他用途，因此土地使用租赁费用可能会很高，从每4 000平方米250美元到2 000美元。[5]其他运营成本通常包括保险费、管理费和财产税。

- 太阳能项目生命周期内的发电量通常可以预测，项目生命周期通常为25～30年，尽管太阳能电池板可以运行很长时间。太阳能电池板的功率由电池板制造商保证，并且以每年大约0.5%的速度衰减。[6]发电量等于太阳能电池板总功率乘以电池板接收的太阳辐射总量。

- 购电协议（PPA）是公共事业公司或大型企业购买电力时，和太阳能项目所有者签署的一项长期固定价格合同。购电协议使投资者可以在项目生命周期内锁定收益，因为太阳能项目收入只是发电量乘以购电协议约定的价格。太阳能项目投资者通常会与信誉良好的购电方签订长期购电协议。购电协议的时效通常为 10~25 年，以满足太阳能项目的长期发电能力。[7]

- 在美国，政府激励措施是项目经济的重要组成部分，它主要采取两种形式：税收激励和可再生能源组合标准，如下所述。

**美国联邦税法中的激励措施**

美国联邦税法提供税收抵免，鼓励人们投资基础设施项目，尤其是能源行业。其中，太阳能项目受益于美国国会授权的投资税收抵免政策（ITC），它激励投资者为太阳能项目提供资金。ITC 对投资者向美国政府支付的所得税提供等额减免。截至 2022 年，ITC 涉及的资金占 2023 年在建工程资金成本的 26%，预计到 2024 年下降至 22%，此后下降至 10%。[8]

太阳能项目也有资格享受联邦加速折旧的税收优惠。通过改进的加速成本回收系统（MACRS），太阳能项目的资金成本可以在 5 年内折旧，而与项目的实际运营寿命无关。太阳能项目的投资者使用改进的加速成本回收系统来减少应税收入并提高税后投资回报率。

太阳能项目在美国可以以优惠条件吸引税务投资人①的资金，

---

① 税务投资人，是美国政府为了鼓励本国税收和就业，在清洁能源投资问题上引入的概念。——编者注

这是一个提供资金以换取税收抵免和项目加速折旧的特殊融资领域。太阳能项目的传统股权投资者通过与税务投资人共同投资而获益，由于扣抵税额权利是不可稀释的，因此可以获得更高的回报。

可再生能源组合标准

美国 30 个州已经颁布了可再生能源组合标准（RPS），要求在一个州运营的公共事业公司从可再生能源获得的电力必须达到最低百分比，违反规定的将受到处罚。[9]例如，新泽西州的可再生能源组合标准要求公共事业公司在该州销售的电力 22.5% 来自可再生能源，特别要求至少 4.1% 来自太阳能。[10]可再生能源组合标准通过创造对可再生能源的额外需求来促进太阳能项目发展。

拥有可再生能源组合标准的州向太阳能项目颁发可再生能源证书（REC），利用可再生能源每产生 1 兆瓦时电力可获得 1 个可再生能源证书。[11]可再生能源证书是跟踪发电来源的一种有效方式，因为可再生能源产生的电力与化石燃料产生的电力难以区分。在一些州，有一类证书名为太阳能可再生能源证书（SREC），以区别其他可再生能源证书。

可再生能源证书通过被出售给想要达到可再生能源组合标准的公共事业公司来创造额外的收入流，从而提高太阳能项目的财务回报。但太阳能项目的投资者需要注意，可再生能源证书/太阳能可再生能源证书的价格因州和年份的不同差异很大。例如，2021 年，新泽西州的太阳能可再生能源证书价格为 230 美元[12]，马萨诸塞州为 322 美元，而 10 年前，新泽西州的太阳能可再生能

第 15 章　可再生能源项目　　159

源证书价格超过 600 美元[13]。

## 投资风险

开发太阳能项目是一项高风险、高回报的业务，需要在选址和土地租赁、购电协议谈判、确保互联协议、引导监管和社区审批流程等方面具备专业知识。项目开发有风险，因为过程中任何一步的失败都会使项目夭折，丧失几乎所有剩余价值。然而项目一旦建成并投入运营，即进入所谓的商业运营日期（COD），项目失败的风险就非常低。太阳能项目开发商通常将达到商业运营日期的项目出售给长期机构投资者，利用所得收益开发新项目。

公共事业规模的太阳能项目的投资风险很低。电池板性能由制造商保证，通常可达 25 年，风险最小。[14] 逆变器的风险略大，因为逆变器通常在 10 年后更换。[15] 如果购电协议中的购电方宣布破产或试图重新进行合同谈判，便存在合同风险，但这种情况非常罕见，购电方通常是信誉良好的大型公共事业公司或企业。可再生能源证书价格存在财务风险，因为大多数项目无法保证获得超过 5 年的可再生能源证书销售合同，但可再生能源证书现金流通常只占项目现金流总量的一小部分。事实上，太阳能项目投资者面临的最大风险来自外部，是利率上升的风险。

太阳能项目有长期且稳定的现金流，与固定收益证券类似。当利率下降时这是有利的，因为当利率下降时，太阳能项目的价值将上升。相反，当利率上升时，项目的价值下降。在这种情况下，太阳能项目面临的风险与大多数债券和其他固定收益证券非常相似。太阳能项目的投资者，应像对任何固定现金流资产的投资一样评估利率风险。

"坚如磐石"的太阳能

寻求长期、低风险回报的投资者越来越多地被太阳能行业所吸引。惠誉评级（Fitch Ratings）对该行业的分析发现，93%的太阳能项目表现达到或超过预期，"表现非常稳定"。[16]鉴于稳定的表现，投资回报不高也就可以理解了。太阳能项目内部收益率在6%~8%，部分项目收益率低于6%，因为养老基金和保险公司将太阳能项目视为稳定资产，太阳能项目的需求激增。[17]一个相关行业也出现了强劲的投资者需求，那就是风能行业。

## 风能项目投资

风能项目提供了与太阳能项目类似的投资机会，但其在技术和政府激励措施这两方面稍微复杂一些。与太阳能项目相同的是，投资风能项目需要对现金流进行仔细建模才能确定投资回报。与太阳能项目不同的是，风能项目几乎都是公共事业规模，它们使用巨大的风力涡轮机为电网发电（见图15.1）。

*评估项目经济性*

建设和运营风电场的经济性主要取决于风力涡轮机及其安装

的资金成本以及电网互联以传输风电的成本。最大的建设成本来自风力涡轮机本身，它由塔架、机舱（在塔顶装有设备）和叶片组成。风力涡轮机安装非常简单，但是由于各部件尺寸巨大，因此将涡轮机从工厂运输到风电场仍然很有挑战性。先进的风力涡轮机比大型喷气式飞机大得多，因此需要专用船舶和卡车来运输涡轮机。

风力涡轮机一旦就位，就会被安装到钢筋水泥机座上，连接到电网，这一步被称为互联。互联成本主要取决于风电场与最近输电线路之间的距离。距离远会大大增加了风能项目的成本：美国风力最大的地方——达科他州、内布拉斯加州、堪萨斯州和西得克萨斯州——远离电力需求最大的人口中心。[18]

风力涡轮机的额定功率输出单位为兆瓦，这是涡轮机在任何给定时间点可以产生的最大功率。风力涡轮机产生的电力是额定功率乘以运行小时数。当然，风力涡轮机需要风速大到能使叶片转动时才发电，这时的风速通常需要大于11.3千米/小时。[19]

预测风电场现金流最重要的计算方法是容量系数，其定义是在涡轮机一直运行的情况下，实际输出功率与额定功率之比。陆上风电场的平均容量系数为35%。[20]它表示风力带动叶片转动，使涡轮机全年平均输出功率为额定功率的35%。例如，一台5兆瓦的风力涡轮机以35%的容量系数运行，每年将产生15 330兆瓦时的电力。[21]需要注意的是，由于海面上的风速通常更高、更稳定，海上风电项目的容量系数也更高。

遗憾的是，预测风能的发电量比预测太阳能的发电量更具挑战性，也更不准确，因为风能的发电量与风速的立方成正比，而太阳能的发电量与太阳辐射量呈线性关系。[22]美国政府提供公共风图，但风能项目开发商需要对当地风速进行极其准确地测量，来预测发电量并确定涡轮机的精确位置，以最大限度减少从一个涡轮机到另一个涡轮机的湍流。（图15.2显示了涡轮机如何影响风的流动。）在大多数情况下，项目开发商在投资之前会在拟议地点安装风速计，以测量至少1年的风速。

风电场的运营成本主要包括涡轮机所在土地的租赁成本、项目运营成本和维护成本。由于风力涡轮机是高度自动化的，运营风电场几乎不需要监管费用或其他费用。然而，维护成本可能很高。风力涡轮机按照设计可以发电20年以上，但它们是机械设备，这意味着部件最终会磨损，必须更换。

图15.2　风力受到涡轮机的影响
资料来源：丹麦Vattenfall Horns Rev项目。

风能项目对农民的影响

风电场通常位于农业用地上，可以为将土地出租给风能项目所有者的农民带来增量收入。每台涡轮机需要 0.2~0.4 平方千米的土地，因为涡轮机之间必须间隔很远，以避免一台涡轮机的湍流影响其他涡轮机的性能。[23]尽管风力涡轮机的体积很大，但其底座很小，即使是体积最大的风力涡轮机，底座也只需要 0.004 平方千米的土地。这意味着农民可以继续使用已出租的土地来放牧牲畜或种植农作物。在美国，农民将土地租给风能项目所有者通常每年可获得 7 000~10 000 美元的报酬，[24]这比在同等面积的土地上耕种收入高得多。[25]农民出租土地获得的收益为其农产品销售价格的波动提供了缓冲，因为土地租赁期限是固定的 20 年或更长时间。此外，风能项目带来的土地升值为州和地方市政当局带来了更多的税收。艾奥瓦州的一位农民说，"这是我们的财务未来"。[26]

购电协议与虚拟购电协议

风能项目允许项目所有者通过签订购电协议以现货批发价或固定价格直接向电网出售并输送电力。与公共事业规模的太阳能项目一样，购电协议为风能项目投资者提供了获得长期收入的确定性。风能项目的购电协议通常约定 15~25 年的固定费率，确保项目生命周期内的收入并显著降低项目风险。[27]但与公共事业公司签订购电协议具有挑战性，因为许多公共事业公司受到严格监管，几乎不需要额外的电力供应。风能（和太阳能）项目的另一种选择是虚拟购电协议（VPPA），这是一种与大型企业买家签订的金融合同，以可变批发价换取长期固定价格。虚拟购电协议允许公司对冲电力成本，并为风能和太阳能项目所有者提供固定费率，使双方都受益。

对投资者而言，有长期虚拟购电协议担保的风能和太阳能项目可以显著降低风险，因为购电方通常具有较高信用。亚马逊已经签订了多个虚拟购电协议以在全国范围内采购风能和太阳能生产的电力，而且它并不是唯一这样做的公司。星巴克、微软、麦当劳和家得宝等公司都在2020年签署了虚拟购电协议。[28]哥伦比亚大学全球能源政策中心的一项研究发现，虚拟购电协议是一种越来越受欢迎的形式，既可以对冲电价，又支持可再生能源发展，它们预计未来几年虚拟购电协议会出现显著增长。[29]

**政府激励**

美国联邦政府通过生产税收抵免（PTC）激励风电项目发展，在前10年的运营中按每千瓦时分配。2020年，生产税收抵免降至每千瓦时0.018美元，整个计划于2021年年底到期，新的立法可能会延长它。[30]

2026年之前在美国水域开工建设的海上风电项目有资格获得30%的投资税收抵免，就像太阳能项目获得的奖励一样。[31]海上风电产业在美国尚处于起步阶段，具有相对较高的平准化度电成本，与其他发电方式相比缺乏竞争力。海上风能项目的投资税收抵免旨在增加正在开发的项目数量，这将降低成本并使海上风能成为可行的长期能源。

与太阳能项目一样，风能项目有资格采用改进的加速成本回收系统，即无论项目的实际运营寿命如何，大部分资本成本都允许在5年内折旧。

美国州政府将风电纳入可再生能源组合标准。然而由于全国风能项目的快速发展，许多州的风能可再生能源证书价格较低。在美国最大的风力发电州——得克萨斯州，风能发电提供了电网23%的电力。[32]和预想的一样，得克萨斯州的风能可再生能源证书价格非常低，交易价格约为每兆瓦时1美元，[33]仅占每兆瓦时22～38美元的批发电价的很低比例。[34]风能可再生能源证书的低价格证明，美国的风能与所有其他发电来源相比是有竞争力的。

### 绿色银行

除了税收和监管激励措施，美国14个州还赞助了绿色银行以促进对可再生能源项目的投资，这些项目目前存在融资缺口，私营部门无法很好地满足这些项目的需求。绿色银行是重点关注基础设施的影响力优先投资者（见第14章）。绿色银行的目标是对新兴行业进行早期投资，向投资者展示项目的低风险性，鼓励后续项目的商业融资。

纽约州于2014年成立了美国最大的绿色银行，承诺投入11亿美元，目标是促进私营部门30亿美元的清洁能源投资。[35]在风能领域，纽约绿色银行正在支持该州开发9吉瓦海上风能的项目，而商业投资者在这方面的经验较少。通过使用创新的风能融资结构来降低风险，纽约绿色银行可以吸引商业资本进入风能这一新的、不断增长的领域。

投资风险

投资风能项目需要了解潜在风险：机械故障、风旱和极端天气。第一批现代风力涡轮机经常发生机械故障，特别是齿轮箱经常发生故障，导致维修成本高昂。随后工程设计的改进促使了无齿轮涡轮机的出现，它比早期的机型更可靠，因而维护成本更低。现代风力涡轮机的可用率达到98%，但每年仍至少发生一次故障。[36]

极端天气，包括暴风雨和闪电，可能会损坏风力涡轮机。风电场在一定程度上随着风速的增加而产生更多的电力。超出切断速度（通常为88千米/小时）后，涡轮机会通过叶片顺桨自动关闭。[37]但风能投资者面临的最大风险不是风力太大，而是风力太小。

准确预测风速，从而预测项目生命周期内的发电量和收入，对于预测投资回报至关重要，但是要做到这一点很难。风能项目工程师计算出一个被称为P50的数字，预计每年的发电量将超过50%。P50是使用项目开发前至少1年内收集的现场风力测量数据确定的。理论上讲，P50可以准确预测风力和发电量。但事实上，惠誉评级发现，由于风力变化或涡轮机选址不当，"只有24%的风能项目观测值与原始P50水平的差距在5%以内"。鉴于该风险，投资者通常会对低于预测风速的项目的现金流进行敏感性分析。

### "投资者已经学会爱上风"

《华尔街日报》在 2020 年的一篇文章中用了这个标题，总结了风能项目为投资者带来的好处：长期稳定的收益和高回报。[38]在北美的低风险运营项目中，6%~8% 的投资收益率很常见，股权投资者通过增加杠杆来提高回报。[39]由于风速变化较大，直接投资风能项目的风险略高于太阳能项目，但由于风能项目通常比太阳能项目大得多，这为大型机构投资者提供了一个机会，可以将资金投入相对安全的资产，从而产生有吸引力的风险调整后收益。

风能和太阳能项目的间歇性——这些可再生资源只有在有风或有阳光的时候才能发电——带来另一个相关的实物资产投资机会：储能项目。

### 储能项目

可再生太阳能和风能项目的快速增长无疑推动了对储能项目的需求。在美国，抽水蓄能项目历来是储能的首选技术，但现在的新项目大多数开始使用电池。电池储能系统具有配置灵活、充放电快速、输出功率高、免维护等优点。随着成本下降，电池储能系统的吸引力越来越大。

该行业刚刚起步，2021 年美国的投资总额仅为 60 亿美元，但随着可再生能源项目的间歇性问题日益严峻，储能项目的投资需求肯定扩大。[40]对投资者而言，与风能或太阳能项目相比，储能项目的投资要复杂得多，风险也更大，所以相应地回报也更高。

**储能项目如何创造价值**

与太阳能和风能项目通过发电创造价值不同，储能项目可以通过多种方式创造价值来变现。最常见的应用包括：

- 短时储能：当低风速和阴天带来的间歇性影响可再生能源发电时，低于 6 小时的储能项目通过向电网供电来创造价值。
- 调峰能力：美国电网在电力需求高时依靠 1 000 多家调峰电厂发电，尤其是在空调使用高峰的炎热夏季。[41]美国的大多数调峰电厂使用天然气发电，成本很高，这是因为它们通常每年只使用几天。[42]具有成本竞争力的储能项目可以取代调峰电厂，对于使用次数不多的设施，公共事业公司不必再为其投资和进行维护。
- 长时储能：超过 6 小时的储能项目为长时间需要电力的事件服务，如在风暴和低风速持续多日或云层持续覆盖的月份为电网供电。
- 能量转移：储能项目可在深夜发电量过剩时购买、储存电力，并在白天需求高时出售。能量转移可以优化利用风能和太阳能项目，同时在高需求和低需求时期对批发电价的差异进行套利。
- 输配电升级延期：使用储能项目可推迟或避免昂贵的电网

升级。当需求增加时，需要电网以最大容量运行的社区通常会面临昂贵的升级。这时，储能项目可以在靠近客户需求的电网节点提供额外电力，以此来推迟或消除这种需求。

政府激励

电池储能系统只有在与可再生能源项目配套的情况下才有资格获得联邦投资税收抵免，目前已提议立法将联邦投资税收抵免的享受资格扩展到独立项目。与太阳能项目一样，到2023年联邦投资税收抵免涉及的资金占在建项目资本成本的26%，预计到2024年下降到22%，此后下降到10%。储能项目也有资格在7年或5年的基础上使用改进的加速成本回收系统，具体取决于项目中与可再生能源配套的比例。

美国各州政府为储能项目提供一系列激励措施，从财产税激励措施到储能目标。与可再生能源组合标准类似，储能目标要求在该州运营的公共事业公司必须达到最低开发容量。2013年，加利福尼亚州制定了美国第一个储能目标，要求该州的3家投资者所有的公共事业公司到2020年开发1 325兆瓦，大约相当于5个调峰电厂。加州公共事业公司提前1年实现目标，该州的储能项目领先全美。[43]

解决方案结合的超级效果

储能项目的开发商发现，当储能项目与太阳能和风能项目相结合时，可以获得更好的财务回报。可再生能源发电通过能量转移和调峰能力为储能项目创造价值，而储能项目通过提供短时储能为风能和太阳能项目创造价值。美国最大的可再生能源资产所有者新纪元能源公司正在俄克拉何马州开发一个"三重混合"项目，其中包括250兆瓦的风能、250兆瓦的太阳能和200兆瓦的4小时电池储能。[44]新纪元能源公司宣布："低成本可再生能源项目与储能项目的结合有望颠覆美国的电力产业，为未来10年提供显著的增长机会"。[45]

对投资者来说，投资储能项目尤其是与风能和太阳能项目相结合的项目，似乎是板上钉钉的事情。但在分析投资机会时，需要考虑储能项目特有的重大风险。

### 储能项目的风险与回报

如上所述，储能项目有多种创造价值的方式，可以产生多种收入来源。然而储能项目没有标准的收入模式，缺乏可再生风能和太阳能项目的长期购电协议合同，使投资者面临项目后期价格和收入下降的风险。

储能项目的投资者也面临技术风险。与风能和太阳能项目不同，电池储能系统仍处于早期开发阶段，目前有几种不同的电池技术问题的解决方案，包括锂离子电池、全钒氧化还原液流电池以及锌空气电池等。总体来说，锂离子电池提供了更好的短时储能方案，而全钒氧化还原液流电池在长时储能方面更胜一筹，为储能项目选择最佳电池技术仍充满挑战。

投资者也面临电池性能的风险。电池制造商提供的质保通常只有 2 年，尽管可以购买长达 10 年的延保，但仍比太阳能和风能公司的储能产品使用期限短得多。[46]电池的损耗也相对较快，因为电池的循环次数会影响电池的寿命。拉扎德公司估计电池每年有 2%～3% 的衰减，而太阳能电池板为 0.5%，因此储能项目的投资者在为财务回报建模时必须考虑更换电池这个因素。[47]

即使考虑到大型电池储能系统只需要数千平方米的土地，选址仍异常困难。由于存在火灾风险，纽约市 2020 年之前禁用电池储能系统，许多社区在批准储能项目方面进度很慢，减少了投资机会也降低了回报。[48]

电池储能系统很难获得贷款或者贷款利率通常很高，因为项目可能由于技术风险和有限担保问题而被评估为"无法融资"。[49]项目的低财务杠杆会降低股权回报。不过风险越大回报越大，储能市场也不例外。拉扎德公司审查了多个应用领域的储能项目，估算其股本回报率为 8.1%～33.7%。[50]随着行业的成熟，回报率也会随之下降。

## 展望未来

储能成本的迅速下降，加之陆续上线的太阳能和风能项目获得的惊人增长，确保了储能市场未来几年的巨大规模。储能公司 Salient 的首席执行官莱恩·布朗（Ryan Brown）总结道："最好的机会绝对还在后头。我们知道的是，该行业在几乎各个方面都还处于起步阶段。虽然采用清洁能源这件事很有意义且已在加速发展中，但要实现一个清洁能源世界还需数万亿美元的装机容量。21世纪20年代将是储能领域爆发的10年。"[51]

彭博社估计，未来20年全球储能市场将增长122倍，需要6 620亿美元的资本投入。[52]对投资者而言，随着太阳能和风能项目的开展，储能项目有望成为越来越有吸引力的实物资产。

## 可再生能源和储能项目投资

风能和太阳能项目在新冠肺炎疫情防控期间的表现表明，可再生能源项目可以提供稳定的投资回报。惠誉评级表示："持续的全球疫情对这类信贷的影响不大，这些信贷在很大程度上不受需求风险的影响，运营上保持稳定。"[53]

美国的风能和太阳能项目每年有500亿美元的市场，该行业有望随着储能项目的增加而继续平稳增长。[54]未来，风能、太阳能和储能结合的混合项目和传统的煤炭和燃气电厂相比将越来越有竞争力，提供高性价比的可调度电力。对实物资产投资者而言，风能、太阳能和储能项目将在未来几十年继续提供富有吸引力的投资机会。

> 如果我们能证明它在这里有效，
> 那么它在任何地方都会有效。
> ——丹娜·罗宾斯·施耐德（Dana Robbins Schneider），
> 帝国大厦高级副总裁

图 16.1　纽约帝国大厦
资料来源：维基共享资源。

第 16 章

# 房地产

标志性的纽约帝国大厦，已建成近一个世纪，如今正活跃在气候变化时代投资的前沿。2010 年，大楼业主耗资 1 300 万美元完成了节能改造，包括翻新窗户、安装 LED 灯并在电梯中增加再生制动系统。10 多年来，该项投资每年可节约 440 万美元的能源成本，仅 3 年就产生了回报。[1]节能改造也使建筑物的温室气体排放量减少了 40%。[2]

帝国房产信托公司（Empire State Realty Trust）的首席执行官——也是帝国大厦所有者——托尼·马金（Tony Malkin）发现，节能改造既降低了运营成本，又从租户那里获得了更高的租金。[3]这些效果给马金留下了深刻的印象，为此他宣布了第二个项目，旨在进一步减少 40% 的温室气体排放量。[4]帝国大厦在美国的建筑中或许是独一无二的，但其节省不少资金的节能改造项目却是一个适合大众的投资机会。

## 回报诱人，但实践困难

在美国，建筑物的温室气体排放量不得超过温室气体排放总量的13%，不巧的是，建筑物又是需要大规模的资金才能进行升级或替换的长期资产。[5]在对纽约市5万栋建筑物进行了分析后发现，要遵照当地减排的相关法律，那么仅商业建筑的节能改造就需要200亿美元的资金。[6]幸运的是，使用成熟的技术提高建筑物能效，风险低且投资回报也相当诱人。美国城市绿化委员会（Urban Green Council）的孟迪恺（John Mandyck）描述了纽约和美国其他大城市减少建筑物温室气体排放量的机会："通往低碳未来的道路就在我们眼前。"[7]

节能项目之所以能带来诱人的投资回报，主要是因为节省电力（也被称为"负瓦特"）的成本低于额外产生1瓦特电力的成本。大型建筑物中，对屋顶、窗户和门进行节能改造后供暖和制冷的电力需求可以减少40%，只要简单地用LED灯替换白炽灯就可以减少80%的照明能耗。[8]先进的楼宇自动化和控制系统可以进一步降低成本。遗憾的是，房主往往发现获得这些省下的成本比升级建筑物本身更困难。

三重净租赁（triple net lease）是商业建筑中常见的一种租赁方式，它将所有公共事业费用转嫁给租户。这就产生了一个问题：节能改造由房主出资，节省下来的资金却由租户享受。提高能效却可能得不到回报，房主也就不愿意升级那些可能出售的房子，因为买家很可能不愿意将这部分低能耗成本计入房屋购买价格。鉴于这些挑战，房主们正在利用一种名为商业地产评估清洁能源（C-PACE）的金融产品来克服效率升级带来的障碍。

## 金融创新

商业地产评估清洁能源是对美国州和地方政府使用了几十年的融资工具进行了创新。为了鼓励建筑物所有者提高能效，政府允许其贷款获得升级改造资金，从当地财产税法案申请，贷款期最多可达20年。商业地产评估清洁能源贷款的利率非常低，这是由于税收评估机制安全且风险极低，提高了节能改造项目的回报。而且非常重要的是，税收评估随着房产的出售而转移，消除了出售带有未偿还贷款建筑物的风险。美国30个州已授权商业地产评估清洁能源融资，包括小型建筑物和大型公司业主（如购物中心业主西蒙地产集团）在内均使用该融资。[9]

对建筑物升级和能源效率投资既可以提高财务回报又可以减少二氧化碳排放，对房地产所有者来说前景诱人。但更大的机遇在气候变化和实物资产相关的风险管理领域。

## 气候风险

气温升高带来了全球海平面上升，并且由于森林干燥，森林火灾频发且火势愈发凶猛，对危险地区的房屋和建筑物带来了威胁。了解气候问题对房地产带来的风险可以提高投资者的回报，尽可能降低损失。

房地产投资者既面临物理风险，也面临转型风险。学术研究发现，受海平面上升影响的房屋售价比同等房产低7%，[10]预计到2050年对房价的影响将有15%~35%。[11]美国房地产信息查询网站Zillow估计，到2050年美国有80万套价值总计4 510亿美元的房屋将面临被洪水淹没的风险。[12]

气温升高导致森林干旱、降水减少，随着气候变化加剧，野火风险也随之增加。哥伦比亚大学的科学家帕克·威廉姆斯（Park Williams）解释了野火带来的挑战："固体燃料引发大火的能力是非线性的，这使得全球变暖的影响急剧加大。"[13]美国《国家气候评估》（National Climate Assessment）预测，到2050年美国西部被烧毁的年土地面积可能会增加2~6倍。[14]

房地产和其他实物资产投资者经常错误地认为，他们的资产面临风险是很遥远的事，正如他们的财产面临的实际风险是几十年后的事一样。但转型风险会对资产价格造成直接威胁。房地产投资者可能会发现，在他们的房产面临气候变化实际风险的几十年前，他们就已蒙受损失。

## 恶性循环

当受气候变化影响，业主无法或只能以高额的利率才能为财产融资、投保时，就会出现转型风险。[15]这可能引发房地产价值下降、税收减少、买家减少和融资减少的恶性循环，从而推动房价进一步下跌。

抵押贷款是一个弱点，因为传统的30年期房主的抵押贷款会使洪水多发地区的贷款机构在这些贷款清偿之前面临抵押品价值下降的风险。对银行活动的研究发现，它们将具有洪水风险的抵押贷款从资产负债表转移到了房利美和房地美。杜兰大学副教授杰西·基南（Jesse Keenan）警告说："传统抵押贷款经受住了许多次金融危机，但它们可能无法挺过气候危机。"[16]

保险是另一个弱点，因为保险公司已停止为易发生火灾的郡县提供保险，以避免受到日益严重的野火威胁。加利福尼亚州经历了数次严重的森林火灾，目前正在经历气候问题带来的转型风险。该州的保险专员总结了这一挑战："如果找不到保险，你就会无法出售自己的房子。如果卖不掉房子，那么就会影响当地的财产税。这真是在制造混乱。"[17]

转型风险是市场对资产变化的预期，预测它们在生命周期内将发生物理风险。在房地产领域，转型风险包括抵押贷款和保险利率急剧上升、洪水泛滥和极端天气事件造成的财产损失，以及为支付当地社区修复和重建而不断攀升的财产税。由于购房者和雇主决定避开风险地区，流动性下降也加重了这一负担。

处于风险中的社区房地产投资者希望政府能够出手相救。

## 基础设施加固

面对洪水、野火的威胁，美国市政当局正制订计划，以应对社区面临的这些风险。迈阿密海滩在洪水频发地区加高道路，纽约市正设计风暴潮隔离墙以应对海平面上升。[18]纽约的这一项目预计耗资1 190亿美元，25年时间建成。[19]在房地产集中的富裕社区，这可能具有经济意义。但对美国大部分地区而言，政府在应对气候变化方面的支出既昂贵又可能无效，充其量只是权宜之计。

基础设施加固具有挑战性，因为气候变化的速度可能快于政府资助建设的速度。意大利威尼斯就是一个很好的例子，这是一座具有巨大经济和文化价值的低洼城市，为了防止海平面上升20厘米，它在2003年很有远见地开始建造防洪坝。不幸的是，自该项目开始以来，预计到2100年海平面将上升36厘米。威尼斯大学的鲁斯科尼（Rusconi）教授将防洪坝描述为"昂贵而无用的项目，而且不能保证能很好地发挥作用"。[20]纽约市屏障项目的批评者还强调，政府的计划可能会在几十年内过时，根本赶不上气候变化的无情步伐。

鉴于基础设施加固的成本极高且回报不确定，世界各国政府会发现投资于气候问题的长期解决方案很有挑战性。对许多房主和商业租户来说，搬家更容易。

## 长期资产面临长期威胁

气候变化给房地产带来的风险既不新鲜也没有争议。抵押贷款巨头房地美的首席经济学家在 2016 年警告说，海平面上升"有可能摧毁数十亿美元的资产"。[21] 对房地产投资者而言，问题并不是气候变化是否会侵蚀资产价值，而在于何时发生。房屋建设股票是长期资产，每年的周转率仅为 1%～3%。[22] 长期投资历来被认为是一种竞争优势，可现在已经不是了。气候变化现在是一个长期威胁，倾向长期投资的房地产投资者可能会发现他们持有的资产会迅速贬值。

在气候变化时代，保护房地产没有简单的解决方案。聪明的房地产投资者正在认识到气候变化带来的短期转型风险和长期物理风险，并将这些风险纳入资产估值。对许多人来说，最好的策略可能只是出售风险资产以换取能抵抗气候变化风险的资产。

虽然一些农民不相信气候变化,但他们相信钱。

——《成功农业》杂志

图 17.1 英国兰德阿比农场上收集的干草捆
资料来源:维基共享资源。

第17章

# 林业与农业

全球每年正在失去16万平方千米的森林覆盖面积，主要是为了支持农业发展而砍伐森林。[1]从巴西的养牛场到印度尼西亚的棕榈种植园，人口迅速膨胀、经济快速发展的热带雨林国家的森林损失最为惨重。[2]原本是通过树木和其他植物捕获和封存二氧化碳，但因为开垦土地释放了以前在树木中封存的碳，从而破坏了森林吸收二氧化碳的能力，这对气候变化产生了影响。在全球范围内，森林砍伐带来了11%的温室气体排放量。[3]

投资林业项目以扭转毁林造成的破坏，是一种可扩展的、廉价的气候问题解决方案。耶鲁大学和哈佛大学的研究人员发现，通过林业减少二氧化碳的成本为每吨1~10美元，远远低于大多数其他气候问题解决方案。[4]到2030年，对林业项目的投资可以每年减少近80亿吨二氧化碳，占全球排放量的20%以上。[5]

林业项目有两种形式：避免森林砍伐和植树造林。这两种项目都是可扩展的，而且成本不高。但林业项目的投资者面临着一个重大障碍：如何因减少排放而获得回报。碳市场可以解决这个问题。

## 碳市场的理论基础

碳市场的理论基础来自加拿大经济学家约翰·戴尔斯（John Dales）于 1968 年首次提出的"排污权交易"概念。戴尔斯认识到，由于减排成本随着新的技术、商业模式和市场条件的变化而不断变化，任何政府都很难准确地制定排污价格，如果不知道减排成本，政府就几乎不可能给排污定价；没有价格，企业也就不愿意为减少污染而投资。

幸运的是，戴尔斯提供了一个解决方案：对总体污染水平设置上限，并分配权利，允许企业在上限内集体污染，但不能超过上限。重要的是，企业将被允许交易它们的排污权，这就创造了一个市场。戴尔斯写道："市场机制的优点是，没有人或机构必须设定价格，它是由买卖双方的竞争来决定的。"[6]

在碳市场中，有上限的参与者决定是自己直接减排还是向其他参与者购买排污权。如果减排成本低于政府对违规行为征收的罚金，有上限的参与者会互相交易，来优化自己的地位。通过这种方式，市场这只无形的手就能从众多选择中找到成本最低的减排技术，并激励企业不断寻找新的、成本更低的解决方案，为整个市场节约成本。

## 从理论到实践

戴尔斯的理论直到 1990 年才得到检验。美国时任总统乔治·布什支持修正《清洁空气法》（Clean Air Act），允许建立一个限额交易市场，以解决燃煤公共事业造成的酸雨排放问题。面临排污上限的公共事业公司可以直接减少污染，或者通过向另一家以较低成本减少排放的公共事业公司购买排污权。这个市场为污染者创造了一种财务激励，使它们尽可能快地、深入地减少排放，因为它们可以出售多余的排污权，从而通过减少排放来获得收入。

酸雨总量控制与排污权交易计划取得了惊人的成功，以极低的商业成本减少了 50% 的排放量。[7] 更重要的是，该计划证明了一个以市场为基础的系统能够将排放量控制在一个理想的水平，以一个国家最低的总成本来减少污染。美国酸雨减排计划的巨大成功鼓励了研究气候变化的经济学家设计一个类似的系统来减少温室气体排放，这个系统后来被称为碳市场。

## 碳市场和项目投资

碳市场是由政府设计的，旨在以最低成本减少温室气体排放，利用市场来设定排放价格，从而指导投资决策。这使得资本能有效分配给诸如林业等气候问题解决方案，这些解决方案相比其他能够以较低成本减少排放。

森林砍伐的发生是因为木材可以出售，清理后的土地可以用于农业，为土地所有者创造收入。碳市场创造了另一种收入来源，可以使树木的存在比砍伐更能发挥价值，从而激励投资以保护森林。减少温室气体进入大气或将其从大气中清除的项目有可能获得碳信用。1个碳信用额度相当于1吨二氧化碳当量。请注意，为避免产生歧义，在本书下文中排放权、配额、信用额度和碳抵消都被称为碳信用。

出售碳信用额度提供了一个聪明的解决方案——通过保护森林来赚取收入。但是，关注旨在产生碳信用的林业项目的投资者需要注意以下几个具体的挑战：

- 额外性：为了获得碳信用额度，项目必须证明具有额外性。额外性意味着该项目要么保护了那些在没有该项目的情况下会被砍伐的树木，要么种植树木的速度比树木自然生长的速度快。在碳信用项目中，额外性是必要的，以确保所产生的碳信用有助于减少温室气体排放，因为这些碳信用将允许污染企业在其他地方排放二氧化碳。投资者必须对项目通过额外性测试有信心，因为如果不能证明其具有额外性，该项目就不能获得任何碳信用额度，从而导致项目收入的全部损失。

- 非永久性：即使是受保护的森林也会被野火、疾病或昆虫所破坏，并将封存的碳释放到大气中，让原本产生积极气候影响的林业项目产生负面影响。而且这种风险可能会随着全球变暖对自然环境的压力而增加。[8]投资者必须考虑到降低森林永久性的事件的概率,并将其纳入项目对二氧化碳封存的预测,从而减少预计发放的碳信用额度。

- 渗漏:在一个地方保护森林的项目可能会导致另一个地方森林砍伐的意外增加,从而消除了该项目对气候变化的积极影响。投资者必须评估项目的渗漏风险,并在确定项目产生的碳信用额度时考虑到这一点。
- 核查:林业项目的碳捕获与封存必须由可靠的审计公司准确核实,项目才能获得碳信用。通常每年进行一次核查。核实森林二氧化碳排放量是有挑战的,因为物理测量和计算树木是不现实的。核查人员会使用复杂的卫星成像技术,结合飞机或无人机的机载激光雷达测量,最终确定森林碳储量。[9]
- 价格:碳信用价格随着市场和一段时间内的供需变化而波动。若林业项目缺乏向买家出售碳信用额度的长期合同,这就给投资者带来风险。林业项目的投资者需要评估碳信用价格的波动性,并考虑是否通过与买方签订协议,出售未来发行的碳信用额度来对冲未来的收入。

最重要的是,投资者必须确定林业项目所产生的碳信用额度是否有资格在合规或自愿碳市场上出售。

## 合规碳市场

由政府建立和管理的碳市场被称为合规碳市场，因为参与者必须保持排放量低于上限，否则就面临政府的罚款。合规碳市场也由政府实体监管。这些政府实体定义了额外性和项目资格。合规碳市场有政府监管的优势，参与者若不遵守规则就要面临惩罚。因此，合规碳市场的碳信用额度的价值往往比缺乏政府监管的自愿碳市场要高得多。2021 年，合规碳市场的碳信用额度的平均价格接近 35 美元，[10]而自愿碳市场的碳信用额度平均不到 5 美元。[11]

加州的限额交易计划是美国最大的合规碳市场，该计划是加州到 2050 年温室气体排放量比 1990 年降低 80% 计划的重要部分。[12]自 2013 年该市场启动以来，加州已经发放了 2.33 亿个碳信用额度，价值 70 亿美元。[13]这些碳信用额度中超过 80% 是由林业项目获得的，这也通过市场证明了林业可提供低成本且可规模化的气候问题解决方案。

然而，建立一个合规碳市场需要政府颁布立法来规范温室气体的排放，遗憾的是，很少有政治家愿意这样做，这使许多投资者只能选择自愿碳市场。

## 自愿碳市场

在政府未采取行动的情况下，开发商创建了自愿碳信用，以低成本抵消温室气体排放。自愿碳信用与合规碳信用唯一的不同之处在于，自愿碳信用的发行者和监管者是一个独立的组织，而不是政府。自愿碳市场可以帮助个人和公司来抵消其温室气体排放，并且因承诺减少温室气体排放的公司日益增长的需求而迅速增长。

例如，达美航空首席执行官埃德·巴斯蒂安（Ed Bastian）2020 年宣布其将完全实现碳中和。[14]然而，航空公司在减少温室气体排放方面几乎没有选择。因为购买更节能的发动机或使用生物燃料的成本高昂，而且对环境的好处有限。巴斯蒂安在他的声明中说："我认为未来我们无法避免使用航空燃料。"碳信用额度提供了一个解决方案。达美航空在 2020 年预算 3 000 万美元，用于购买 1 300 万个主要来自林业项目的自愿碳信用额度，以抵消航空公司燃烧燃料产生的碳排放。[15]

林业项目的投资者可以通过向自愿碳市场出售碳信用额度来获得收入，但自愿碳市场除了面临合规碳市场的风险，还面临价格下降和需求减弱的风险。在美国，2021 年加州合规碳市场发行的碳信用额度以高于 31 美元的价格交易[16]，而自愿碳市场的平均交易价格仅为 6 美元。[17]自愿碳市场面临更大的声誉风险。

与合规碳市场相比，自愿碳市场受到的监管更为宽松，政府没有权力对市场违规参与者处以罚款。这就带来了"漂绿"的风险，或被认为气候问题解决方案的投资效益是虚幻的。彭博对大自然保护协会（The Nature Conservancy）开发的林业项目进行了调查，报告称其出售的自愿碳信用额度来自其不打算采伐的森林，由此推断这些项目不具有额外性，并对出售给摩根大通、贝莱德和迪士尼的碳信用额度提出了质疑。[18]

为了应对这些挑战，英格兰银行前行长马克·卡尼和渣打银行首席执行官比尔·温特（Bill Winters）成立了"扩大自愿碳市场特别工作组"（TSVCM）。这是一个确保碳信用额度有效性的监督机构。预计该工作组将为确定项目的额外性、非永久性风险和渗漏风险建立市场标准，并建立核查和发放碳信用的程序。形成全球统一标准将提高碳信用项目的可信度，降低投资者的风险，从而实现快速增长。麦肯锡预测，自愿碳市场到2050年将增长100倍。[19]

随着自愿碳市场的增长以满足公司抵消排放的需求，林业项目的投资机会将扩大，尤其在海外。

## 热带雨林

大多数森林砍伐发生在发展中国家。热带地区的国家在短短一年内损失了12万平方千米的森林覆盖面积[20]。显而易见，90%的林业碳信用项目的机会在发展中国家。[21]

这促使投资者追求更大的林业项目，其中最雄心勃勃的是2020年在世界经济论坛发起的"全球植万亿棵树领军者倡议"，得到了许多国家和慈善家——包括Salesforce公司首席执行官马克·贝尼奥夫（Mark Benioff）[22]——的支持和帮助。这些项目的影响可能是巨大的。《科学》杂志上的一篇研究论文估计，额外种植1 000万平方千米的森林可以封存大气中25%的二氧化碳。[23]

但这些林业项目的投资者将面临许多挑战。

热带森林位于地球上一些偏远的地区。监测上千万平方千米的茂密丛林是一项挑战，而强制实施保护措施以防止非法砍伐和清除土地则更加困难。在重新造林的土地上，当原生树林被人工林取代时，还存在着"单一栽培"的风险。[24]最后，可种植森林面积是有地理限制的，超过了整个行业的潜在影响。联合国政府间气候变化专门委员会（IPCC）的科学家警告说："随着森林的饱和，植树造林的巨大潜力将随着时间的推移而减少。"[25]

在许多发展中国家投资森林保护项目的最大风险可能来自这些国家的政府。受保护的森林中的土地不能用于农业或大多数其他经济发展来源，从而降低了其价值。发展中国家的政府经常面临来自当地公民的压力，他们会要求将土地用于经济发展，特别是粮食短缺的国家。虽然来自碳信用额度的收入相当可观，但可能还不够。

森林保护项目提供了一个全球性的好处——减少了大气中的二氧化碳。但在一些国家，森林保护项目往往不受欢迎。正如巴西前总统博尔索纳罗（Bolsonaro）说："我们理解亚马孙河对世界的重要性，但亚马孙河是我们的。"[26]对许多国家来说，经济发展优先于气候变化。

对投资者来说，保护现存森林和种植新的森林提供了有吸引力但具有挑战性的投资机会。除了林业，另外两种气候问题解决方案——生物能源碳捕获与封存（BECCS）和再生农业，正在吸引投资者的关注。

## BECCS

　　树木和其他生物质既可以封存二氧化碳，又可以在 BECCS 技术下产生零排放的电力。BECCS 使用生物质作为热力发电机的燃料来源，使用第 8 章中介绍的碳捕获与封存技术可以捕获和封存所产生的二氧化碳。BECCS 之所以具有吸引力，是因为它具有两个对气候产生积极影响的属性：树木等生物质在多年的生长过程中吸收和封存二氧化碳，在燃烧时成为碳中性的电力来源。美国国家科学院（NAS）估计，到 2050 年，使用 BECCS 技术可以在全球范围内封存多达 52 亿吨的二氧化碳。[27] BECCS 的吸引力是显而易见的，但它的风险也是显而易见的。

　　BECCS 需要在面临本章前面所描述的所有挑战下，森林被成功地保护并得以生长，BECCS 也需要碳捕获与封存技术不断提升。但这需要的成本很高且目前仅处于试验阶段。鉴于大规模使用碳捕获与封存技术的不确定性，BECCS 的总成本很难预测，估计每吨二氧化碳的成本为 20~200 美元，大大高于单纯通过植树进行碳封存的成本。[28] 尽管成本很高，一些公共事业公司正在尝试使用 BECCS。英国一家大型公共事业公司 Drax 计划成为一家负碳公司，它正在两个试点项目中使用 BECCS 来封存二氧化碳和发电。[29] 然而，这些场地预计要到 2030 年才能达到规模。对投资者来说，BECCS 提供了一个诱人的机会，可以为封存温室气体和发电的项目提供资金。但是，在碳捕获与封存技术的成本大幅下降和规模化之前，这种投资潜力仍然是理论上的。

## 再生农业

当树木和其他植物死亡时，它们通过光合作用吸收的碳成为土壤的一部分。对土壤的管理决定了碳返回大气的速度。在农业用地上种植覆盖作物和低度耕作，通常被称为再生农业，可以以非常低的成本减少温室气体的排放，并有可能增加作物产量和减少土壤侵蚀。美国国家科学院估计农业土壤可以封存美国温室气体排放量的5%。[30]

碳市场提供了财政激励，因为再生农业项目的投资者可以有资格获得碳信用额度。与林业项目一样，农业项目也面临着证明额外性的挑战，确保农民无论如何都不会改变做法，但与林业项目不同的是，核实农场的合规情况很容易。支持再生农业的技术正在迅速发展，可以获得关于土壤健康、管理和碳封存的更好数据。最重要的是，再生农业可以为农民节省资金，零成本减少温室气体排放。[31]

农民大多比较保守，许多人对气候变化和碳市场持怀疑态度。因此，再生农业碳信用额度市场发展缓慢不足为奇。[32]不过，这可能很快就会改变。农业产业巨头嘉吉公司（Cargill）针对2022年的种植季节推出了一项自愿性计划，该计划将向农民支付费用以在土壤中捕获更多的碳，目标是到2030年实现4万平方千米的再生农业。[33]在不久的将来，碳可能会成为美国农民的另一种作物。

## 林业、农业项目和碳市场

林业和再生农业项目可以肯定会扩大，因为它们提供了廉价的、可规模化的气候问题解决方案，为投资者创造了有吸引力的机会。但这些项目实施起来出奇地困难，因为从碳信用额度中产生收入是复杂和不确定的。尽管存在这些挑战，碳市场仍将在气候变化时代发挥重要作用。麦肯锡预测，到2030年，全球碳信用额度市场价值将高达500亿美元。[34]

## 从实物资产到金融资产

将资本直接投资于实物资产包括可再生能源项目、房地产、林业与农业，这些需要针对特定行业的知识、雄厚的财力，以及谈判复杂金融协议的专业能力。它还需要专门知识和技术来产生和交易碳信用额度。在大多数情况下，只有大型的机构投资者和公司才拥有这些能力。个人投资者和小型的机构投资者将转而使用金融资产来获得敞口。下一部分将介绍在气候变化时代投资金融资产的回报和挑战。

# 第 5 部 分
# 投资金融资产

---

## INVESTING
### IN THE ERA OF
## CLIMATE
#### CHANGE

金融资产范围广泛，从高风险、高回报的风险资本和私募股权到公共股票、基金和固定收益证券。气候变化将影响这些资产类别中的每一个，为企业和投资者带来新的机遇和风险。贝莱德的创始人兼首席执行官拉里·芬克预测，未来将发生巨大变化："我相信，未来1 000家独角兽公司——市值超过10亿美元的公司——不会是搜索引擎，也不会是媒体公司，它们将是开发绿氢、绿色农业、绿色钢铁和绿色水泥的企业。"[1]

拉里·芬克的预测可能是正确的，也可能是不正确的，但每位投资者都将从了解气候变化时代金融资产的机遇和风险中受益。

我们绕过了畜牧业这一农业最大的瓶颈。

图 18.1　伊桑·布朗（Ethan Brown），别样肉客创始人兼首席执行官
资料来源：汤姆·库珀（Tom Cooper）拍摄，盖蒂图片社提供。

第 18 章

# 风险投资

气候变化的宏观趋势——不断变化的公众情绪、新的低碳技术和政府激励措施——为企业家创造了创办公司以缓解气候危机的机会。对企业家和风险投资者而言,启动和资助创新业务的潜力是前所未有的,挑战也是如此。

## "这是一种高尚的赔钱方式"

风险投资者寻找的是那些具有非凡增长潜力的商业领域,以及在正确的时间支持拥有正确产品的初创公司,从而获得巨额投资回报的行业。2006 年,领先的风险投资基金确信它们已经找到了下一个巨大的投资机会,它们称之为"清洁技术"。硅谷传奇风险投资家约翰·杜尔(John Doerr)曾因早期投资亚马逊、谷歌和其他成功的初创企业而名声大噪,他宣称:"绿色技术——走向绿色——

比互联网更重要。这可能是 21 世纪最大的投资机遇。"[1]

杜尔或许是对的，但他的时机大错特错。在他的领导下，从 2006 年到 2011 年，风险投资者们向专注于气候问题解决方案的初创企业投资了 250 亿美元。[2]很快就损失了一半以上。

清洁技术投资的失败案例不胜枚举，美国光伏企业索林卓（Solyndra）可能是最著名的一个。该公司成立的目的是将一项生产圆柱形而非扁平形太阳能电池板的新技术商业化，据称这将提高效率并降低成本。遗憾的是，当索林卓将其技术商业化时，市场已经发生了变化。国外竞争对手降低了价格，原材料价格的下降削弱了索林卓的相对成本地位。[3]最终，索林卓申请了破产保护，风险投资者们损失了大约 10 亿美元。[4]

索林卓的破产并不是唯一一个备受瞩目的风险投资失败案例。美国乐土公司（Better Place）成立的使命是通过一种创新解决方案来结束对石油的需求，即使用电池交换站网络为电动汽车充电，允许司机快速将耗尽的电池更换为充满电的电池。2012 年，乐土公司从顶级风险投资者那里筹集了 8 亿多美元，但不到两年就倒闭了。[5]

出了什么问题？回答这个问题对想要理解气候变化时代初创公司所面临的挑战的投资者至关重要。对清洁技术风险投资的意外失败导致投资者在 2012 年后大批撤离，提供气候问题解决方案的初创公司融资水平较低。[6]正如美国最大的养老基金加州公共雇员退休基金的首席投资官乔·迪尔（Joe Dear）所说："我们的经验是，这是一种高尚的赔钱方式。"[7]

## 死亡之谷

清洁技术初创公司的风险投资者发现了投资成功面临多重挑战:

**1. 实体产品商业化的速度很慢。**为应对气候变化提供创新解决方案的公司大多生产实体产品,如太阳能电池板。实体产品,就其本质而言,要经历较长的开发周期,在商业化之前需要进行大量的测试和改进。这需要时间。这是一种风险,因为竞争对手和市场都在不断改变目标,不断改进自己的产品。例如,索林卓的产品在该公司筹集风险投资资金时很有吸引力,但它开发和改进太阳能技术所花费的时间,使该公司在竞争对手不断推出低价产品时很容易受到冲击。实体产品的销售周期也很长,特别当客户是政府、公共事业或大公司时。这些客户希望在承诺购买之前,看到最好是经过市场检验的产品。遗憾的是,产品经过市场检验需要时间,这降低了企业在竞争格局发生变化时转向的能力。时间对企业家和风险投资者不利,而实体产品需要时间。

**2. 对新进入者来说,大宗商品市场缺乏吸引力。**能源部门是温室气体排放的主要来源,也是最大的投资机会。但能源,特别是电力和燃料,是大宗商品,这意味着消费者主要根据价格来选择供应商。价格竞争为现有的大型企业创造了优势,使得大宗商品市场对新进入者和风险投资者天生缺乏吸引力。一个相关的问题是,低碳技术,如可再生风能和太阳能技术,经常被销售到受监管的市场，而这些市场面临保持低价格的政治压力。受监管的市场对创新和冒险几乎没有激励，因此有利于现有企业，而不利于新进入者。更糟糕的是，在美国，能源需求缺乏弹性。这意味着，当创造出一种价格较低的产品时，需求将保持平稳，从而挤压利润。要在缺乏弹性的大宗商品市场取得成功，就需要低成本生产，而这需要规模。形成规模需要大量资金用于设施建设和产品分销，这又是一个挑战。

**3. 资本密集造成了"死亡之谷"。** 许多清洁技术公司仅在规模上具有竞争力，通常就需要 10 亿美元或更多的资金。但风险投资者很少会对初创公司投资超过 1 亿美元。这种融资缺口被委婉地称为"死亡之谷"，许多初创公司都未能跨越它。布鲁金斯学会（Brookings Institution）的一项研究得出结论，由于资金缺口，"风险投资公司不愿为海上风电场、生物燃料精炼厂和未经证实的太阳能电池技术等高风险、资本密集型企业提供资金"。[8]

**4. 政府政策带来了不确定性。** 创新的气候问题解决方案往往需要政府补贴或监管支持，才能在初期与现有技术竞争。遗憾的是，政府政策在本质上是不稳定的，受制于政客的一时冲动。美国风能项目的生产税收抵免就是一个很好的例子，因为国会的僵局已经让这项抵免在过去 20 年内到期 4 次，给风能行业带来了动荡。这种政治上的不确定性给企业家带来了一个问题，因为风险投资者会接受技术和商业化风险，但会避免为面临政治和监管不确定的公司提供资金，这些不确定性超出了公司的控制范围。

## 转向成功

值得赞扬的是，风险投资者从21世纪初清洁技术投资的失败中吸取了教训，转而支持那些商业模式旨在避免该行业面临挑战的初创公司。风险投资者关注的是轻资产商业模式、销售周期较短、产品具有品牌吸引力的公司。修订后的投资策略奏效了。清洁技术的风险投资回报率从2005—2009年的-1.1%反弹至2014—2017年的23.9%。[9]别样肉客是气候问题解决方案的一个成功案例，其战略带来了巨大的财务成功。

别样肉客由伊桑·布朗（见图18.1）于2009年创立，旨在创造一种能够吸引传统牛肉消费者的肉类替代品。布朗明白，现有的牛肉产品，本质上是低效的，每一磅肉需要几磅谷物。[10]别样肉客的战略是"绕过畜牧业这一农业最大的瓶颈"，生产出更美味、更健康、更高效的产品。[11]

牛肉的生产在气候变化中也起着重要作用。由于牛排放甲烷和为放牧而砍伐森林，仅肉牛养成所排放的温室气体就占全球温室气体排放量的6%。[12]别样肉客的产品可将肉牛养成过程中的温室气体排放量减少90%以上。[13]

布朗的策略包括打造品牌，以及先向餐厅、再向全杂货零售商推出的有针对性的战略，以避免与现有肉类公司展开大规模竞争。[14]重要的是，别样肉客的科学家在筹集风险投资资金后的一年内就将第一个产品推向市场，然后通过连续的产品发布迭代改进公司的产品。

别样肉客的战略允许它用少量的投资资金开发创新产品。该公司在 8 年时间里筹集了 1.22 亿美元的风险投资，凯鹏华盈（Kleiner Perkins）领投第一轮。[15]这是个不错的赌注。2019 年，别样肉客成为当年最成功的首次公开募股（IPO）的公司，上市后飙升 163%，公司估值接近 40 亿美元。[16]

别样肉客和其他早期成功提供气候问题解决方案的公司最重要的经验是，创造出更好的产品，不仅是为了环境，也是为了消费者。英属哥伦比亚大学关于环境效益价值的研究，为早期气候问题解决方案的投资者提供了一个重要警告："绿色商业的核心仍然存在一个令人沮丧的悖论，即对环保产品和服务持积极态度的消费者很少会掏腰包。"[17]

对于伊桑·布朗这样的企业家来说，解决这一矛盾的办法是创造出优于现有产品的产品，提供更好的口味和潜在的健康益处。《华尔街日报》在一篇关于别样肉客的文章中总结了这一点："这不仅对地球有益，也对你自己有好处。"[18]

## 气候变化时代的风险投资

成功的气候问题解决方案风险投资遵循这一策略：确定企业家可以创建差异化产品的细分市场，并且随着规模的扩大迭代和完善产品，然后根据需要投资额外资产。考虑到这一战略，关注气候经济的风险投资者将一半以上的资金投向了专注于交通和运输的初创企业，并将大量资金投向了食品和农产品。[19]风险投资者押注电动汽车可以为地球提供更清洁的产品，为司机提供性能更好的汽车，为消费者提供更健康、更美味的食品。

风险投资者在2021年向早期解决气候问题的公司投资了创纪录的370亿美元，这些公司现在被称为"气候科技公司"，比10年前增长了20多倍。[20]与所有风险投资相比，早期气候问题解决方案公司的投资增长率，是整个风险投资市场的5倍。[21]本书第13章中描述的主题影响力投资公司，如DBL和SJF，已经推出越来越多的风险基金。而领先的传统风投机构，如凯鹏华盈，已重新致力于该行业，为第二只绿色增长基金筹集了3亿美元。[22]但在早期气候问题解决方案方面，一些最积极的投资者则是该行业的新参与者。

## 来自新参与者的风险融资

大型运营公司偶尔会对其所在行业的初创企业进行投资，这种做法被称为企业风险投资。气候变化是对能源、交通、水泥、钢铁和农业等现有企业的生存威胁，而这一威胁正在鼓励更多的公司投资于气候问题解决方案。来自企业的风险投资可以带来战略优势，因为投资者也是许多被投资企业的早期客户和合作伙伴。例如，由14家公共事业公司组成的财团Energy Impact Partners筹集了6.81亿美元的企业风险基金，用于投资专注于下一代技术和商业模式的初创企业。

科技行业的公司也在积极为初创企业提供资金，尽管它们面临的气候变化风险相对较小。微软在 2020 年创建了一只 10 亿美元的基金，专注于碳减排技术。[23] 紧接着，是亚马逊的 20 亿美元气候承诺基金（Climate Pledge Fund）。[24] 这些超大型气候基金旨在帮助其科技公司赞助商实现将排放减少到净零的承诺，这一主题将在本书第 20 章讨论。

慈善家是风险投资领域最令人惊讶，也可能是最重要的新参与者。这些被称为"慈善资本家"的超级富豪及其基金会，了解风险资本使用影响力优先投资策略为气候问题解决方案提供资金的催化潜力。第 14 章描述了比尔·盖茨创建的突破能源基金，这是一个典型例子。与传统的风险投资者不同，慈善资本家可以投资面临巨大不确定性的机会，弥合基础科学和商业产品之间的差距。这些投资者很有耐心，在将实体产品推向市场这个漫长而危险的过程去支持初创公司。它似乎正在发挥作用，突破能源基金和其他慈善资本家为先进电池和其他气候问题解决方案提供了资金。2021 年，突破能源基金宣布再次筹集 10 亿美元的资金，重点用于绿氢和直接空气捕获技术等更严格的气候问题解决方案。[25]

## 风险投资：风险、回报和机会

考虑为初创公司提供风险资本的投资者，需要敏锐地意识到气候问题解决方案商业化面临的诸多挑战。但具有专注战略的风险投资者可以做得很好。凯鹏华盈对别样肉客的初始投资回报率为 760 倍,[26]而 DBL 和 SJF 等主题影响力风险投资基金的回报率在所有风险投资基金中排名前 1/4。[27]

  对投资者来说,风险投资是一个高风险、高回报的行业,其在气候问题解决方案商业化进程中发挥越来越重要的作用。投资处于气候变化时代前沿的初创公司的机会,即使对于最成功的风险投资家,也很有吸引力。在 2017 年放弃传统风险投资之前,克里斯·萨卡(Chris Sacca)因其早期在推特、照片墙、优步和 Stripe 上的巨额赌注在风险投资界广为人知。4 年后,萨卡带着气候科技基金重返该行业。萨卡的名为"低碳资本"(Lowercarbon Capital)的新基金在几天内筹集了 8 亿美元,其宣称"拯救地球是一笔好生意"。[28]

气候变化会造成不可逆的经济根本性转变。

图 19.1 梅根·斯塔尔（Megan Starr），凯雷集团全球影响力负责人
资料来源：路透社，阿拉米图片社。

## 第 19 章
# 私募股权

私募股权投资者已经开始积极投资气候问题解决方案，原因是有限合伙人在寻求 ESG 基金，他们认识到气候变化对投资组合的风险，以及从可再生能源基础设施中获得稳定回报的潜力。这些趋势正影响私募股权投资者将资金从化石燃料行业转移到低碳公司。投资者被最大的私募股权公司之一的布鲁克菲尔德（Brookfield）投资数十亿美元的前景所吸引。布鲁克菲尔德称，这是"我们这个时代最大的商业机会"。[1]

## ESG 和过渡到净零

投资私募股权的资产所有者通常是长期投资者，如公共养老基金和保险公司。这些资产所有者通常采用 ESG 投资策略，这一策略已在第 12 章详细介绍。资产所有者还要求私募股权基金经理承诺在其投资组合中实现净零排放目标，迫使资产管理者评估气候风险和解决方案。

为了满足资产所有者的要求，私募股权基金经理正在采用两种战略：减少当前投资组合中的公司的温室气体排放，并将资金引向提供气候问题解决方案的公司。

## 更低排放，更高回报

投资组合中的公司减少温室气体排放的承诺，可以产生长期的成本节约并提高投资回报。领先的私募股权投资公司黑石集团承诺，主要通过提高能源效率来实现其投资组合中3年内购买的任何资产或公司减少15%的碳排放量。[2]黑石集团希望通过这些做法来满足客户的ESG要求，同时提高投资组合中公司的利润。黑石集团在这一策略方面有着丰富的经验——投资的希尔顿酒店在10年内减少了22%的能源使用，减少了30%的排放，节省了超过10亿美元。[3]

投资提高能源效率的项目，是一个常用的减排并节省成本的策略。另一个可能带来较高投资回报的策略是，直接投资具有零排放商业模式的公司。直到目前，私募股权在为拥有气候问题解决方案的公司提供融资方面，一直扮演着次要角色，因为大多数此类企业要么风险太大，要么规模太小。但几个气候领域的快速增长，特别是可再生能源行业，为私募股权基础设施基金创造了有吸引力的机会。

## 清洁基础设施基金的崛起

　　私募股权公司管理的基础设施基金，在为传统的石油和天然气项目和公司融资方面历史悠久。随着能源领域从化石燃料转向更清洁的能源，投资可再生能源项目提供了一个自然过渡。私募股权投资者越来越多地被可再生能源，如太阳能和风能项目吸引。这类项目使用成熟的技术，能够提供稳定且长期的财务回报。更好的是，可再生能源行业已经达到了一定的规模，在美国每年需要 500 多亿美元的资金，在全球范围需要 3 000 多亿美元的资金，即使是资金最充足的私募股权基金也囊中羞涩。[4]

　　与风险投资者不同，私募股权基础设施基金规避了技术和开发风险，在项目运营阶段进行投资收购。对可再生能源快速增长的预测，促使许多私募股权公司推出清洁能源投资基金。贝莱德曾是大型资产管理公司中较早的领导者，在 2011 年筹集了第一只可再生能源基金，将 55 亿美元用于投资可再生能源项目。[5] 贝莱德可再生能源部门负责人马丁·托雷斯（Martin Torres）肯定地说："这是全球基础设施私人市场投资机会最大的单一领域。"[6] 布鲁克菲尔德也不甘示弱，成立了一只 75 亿美元规模的基金，专注于投资可再生能源项目。[7] 其他几十家私募股权公司也推出了类似的小型基金。

　　如本书第 4 章所述，私募股权基础设施基金投资者面临的风险和收益，与投资者直接将资金投入运营中的太阳能和风能项目相同。对大多数投资者来说，投资基金比直接投资项目更合理。因为基金为投资者提供项目来源、尽职调查的专业知识和多元化的投资组合。作为这些服务的报酬，基金投资者需要支付费用，通常是1%~1.5%的管理费，以及高达20%的可再生能源基础设施基金的附带权益。[8]除了资深的专业投资者，对大多数投资者来说，投资基础设施基金的风险要低于直接投资太阳能和风能项目。

## 不同的公司，不同的战略

私募股权资产管理公司正致力于制定应对气候变化的战略，并资本化投资者对ESG基金的需求。有些公司正在将气候变化作为一个因素纳入其旗舰基金，而另一些公司正在建立新的基金，将气候变化作为一个投资机会。在前者中，黑石集团要求其投资组合中的公司报告能源使用情况，其首席执行官苏世民认为："最终，这将贡献好的经济效益。"[9]其他私募股权资产管理公司通过评估风险，也对气候变化采取了不同的策略。

凯雷集团是一家管理着2 600亿美元的私募股权公司。在衡量能源使用的同时，凯雷还将海平面上升和极端天气等气候风险纳入其投资决策。2020年，凯雷发布了首份气候风险评估报告，成为首批根据气候变化相关财务信息披露工作组的指导方针完成风险评估的私募股权公司之一。凯雷集团全球影响力负责人梅根·斯塔尔解释了这一战略："这与私募股权模式相同，但你必须扩大专业知识、数据和分析的范围，且更具有科学性。"[10]

凯雷集团的信念是，衡量和评估气候风险，将创造更具气候适应性的投资组合，从而获得更好的风险调整后收益。

## 私募，一个重要但有限的角色

私募股权公司黑石集团是世界上最大的不动产所有者，这使得它对提高能源效率和减少温室气体的关注，对解决气候变化做出了有意义的贡献。[11]同样，布鲁克菲尔德和凯雷集团等领先的私募股权公司推出的气候问题解决方案基金，确保了私募股权投资在清洁能源基础设施融资方面发挥重要作用。但是，与规模更大的公共市场相比，私募股权市场的规模也只是个零头。在气候变化时代，提供气候问题解决方案的公司，将最终在高流动性的公开股票和固定收益市场获得资金。

> 我们已经从 15 年前中等规模市值的公共事业公司，成长为今天世界上最大的公共事业公司。
>
> ——詹姆斯·罗博（James Robo），
> 新纪元能源公司首席执行官

图 20.1　新纪元能源公司与标准普尔 500 指数公共事业板块的投资回报对比
资料来源：根据谷歌财经数据，作者自绘。

# 第 20 章
# 公开股票

在公开股票市场中,投资者很容易找到提供气候问题解决方案的公司,然而想从中选到好的股票却不容易。几乎所有上市公司都发布了应对气候变化的计划,其策略既能减排又能增加利润。对投资公开股票市场的投资者来说,知道哪些公司会成功是关键。在气候变化时代,只有先了解企业如何实施减排计划,才能预测其能否成功。

**净零转型**

气候学家估计,若要保持全球气温上升不超过1.5℃,则需要到2050年实现温室气体排放为零。这一目标促使各国政府发布将国家碳排放减少至净零的计划,允许少量排放,只要其能被碳捕获等的负排放量抵消(见本书第8章)。包括英国、加拿大和欧盟国家在内的 100 多个国家和地区，已承诺到 2050 年实现净零排放。[1]中国承诺到 2060 年实现碳中和。美国的目标是到 2030 年减少 50%~52% 的排放量，到 2050 年之前实现净零。[2]

众多上市公司也纷纷做出净零承诺。美国航空公司的目标是 2050 年实现净零，威瑞森通信公司（Verizon）计划 2040 年实现净零，苹果公司承诺 2030 年实现净零。[3]微软公司宣称："当全世界都在努力实现净零之时，我们这些走得更快和行得更远的公司应该做得更多。到 2050 年，微软将从环境中清除自 1975 年成立以来直接或者通过用电排放的所有的碳。"[4]

实现这些承诺需要一个过渡期，然而这个过程充满不确定性。对商业领袖来说，净零转型期是有挑战的，但也是一个创造竞争优势的机会。投资者需要知悉在净零转型期间公司将受到何种影响，并考虑对其投资的风险和回报。

## 知易行难

净零转型的概念很好理解，科学家已确定 2050 年全球零排放的目标，企业也同意通过减少排放和使用碳信用抵消排放以实现净零。但接下来的问题使净零之路变得极其复杂：

- 范围 1、2 和 3：一家企业的温室气体排放源有很多，生产、用电，甚至员工出行都是。企业从产生排放的供应商那里采购中间产品，并将商品卖给消费者，消费者使用商品过程中可能进一步影响气候变化。因此确定排放源是减排的第一步。

一家企业的温室气体排放可以被划为3类或3个范围。范围1是企业自有和主要控制来源的直接排放，比如生产环节。范围2是能耗的间接排放，对绝大多数企业而言，这部分排放来自电厂的发电过程。范围3是除了范围2的所有间接排放，主要来自上游供应商和下游消费者。评估一家企业的净零承诺，投资者首先要知悉其排放范围1、2和3的情况，然而事情从这里开始变得复杂。

- **目标不一致**：企业对达到净零排放的承诺不一致。福特和通用都发布了到2050年减排至净零的声明，福特在其承诺中包含了范围3的内容而通用没有。[5] 众所周知，汽车制造过程中范围1和范围2的排放量远低于使用过程中的范围3的排放量。另外，通用承诺到2040年其制造业务实现净零排放，而福特的目标是到2050年。目标不一致的现象并非汽车行业独有，因为企业的承诺行为是自愿且不受监管的。

- **重复和三次计算**：一次碳排放量经常被多家企业计算，导致重复甚至三次计算。例如：电厂燃煤发电时，其范围1的排放量会较高，使用这些电生产产品的企业，其范围2的排放量会较高。如果电厂利用可再生能源替代煤，其范围1的排放量将降为零。那么购买该部分电力的制造业企业的范围2排放量也应如此。如果电厂和制造业企业均声称减少了排放量,正如它们承诺的那样,这样一来减排量就被重复计算了,进而夸大了应对气候变化的贡献。

- **多重路径**:企业有多重路径实现净零排放目标。本书第2部分介绍了减少温室气体排放的解决方案,包括可再生能源、储能、电动汽车和绿氢等。企业可以在其中选择最适合自己的方案。例如,杜克能源公司(Duke Energy)是美国二氧化碳排放量最大的企业,[6]已承诺通过使用风能、太阳能和储能设备实现净零。[7]福特公司计划到2035年为其所有的制造工厂提供可再生能源,同时布局电动车产业。[8]贝克休斯公司(Baker Hughes)专注于提升能源效率和发展绿氢及碳捕获技术。[9]西方石油公司大举投资直接空气捕获技术。[10]这些公司的目标都相同,就是到2050年实现净零排放,但是它们选择实现路径的难度和风险程度却是天壤之别。

- **碳减排和碳移除**:除了碳减排,企业还可以使用碳信用和碳移除等方法实现净零承诺。几乎所有行业都可以通过气候问题解决方案实现减排,但因为某些原因并非每个行业都可以,比如航空业可能在未来几十年里都要继续排放温室气体。难以减排的行业的解决之道就是碳移除,如本书第8章所介绍的,通过树木或某些植物进行碳捕获与封存或者直接空气捕获。理论上,碳减排和碳移除能达到相同的效果——减少大气中的温室气体,缓解气候变暖现象。但事实上存在很多争议。

本书第 8 章和第 17 章分别介绍了碳移除和使用碳信用所遇到的挑战，企业面临两难抉择，选择碳减排技术，花小钱却可能面临声誉风险；选择碳移除技术，技术不成熟且成本不菲。森林封碳成本低但不可靠，碳捕获与封存技术价格昂贵，直接空气捕获技术的成本更是有过之而无不及。每一家承诺净零的企业都必须在碳减排和碳移除技术上同时做一些规划，但这样做将带来一系列挑战。

## 创造一种竞争优势

尽管企业在实现净零目标过程中会有很多复杂问题，但其获得的好处远超过这些障碍。波士顿咨询公司对其客户企业的减排成本进行了研究分析，发现大多数企业实现净零的成本十分低。例如，制造汽车过程中使用零碳材料增加的额外成本只有 2%，而电子行业的成本差异不到 1%。[11]考虑到气候变化时代趋势对商业的影响，这点儿代价对企业来说不值一提。

因气候变化而引发的诸如海平面上升、干旱、野火的物理变化，给没有应对准备的公司带来了风险。为解决气候变化而诞生的技术革新正在颠覆各行各业，从汽车行业到肉类行业无一例外。不断发展的社会规范增加了消费者对低碳产品和有社会责任心公司的需求。除了这三个趋势，还有第四个趋势——美国联邦、州和地方各级政府的监管和激励措施——正加速这一变化。了解趋势并在其中保持领先的公司，很可能会获得比对手更多的竞争优势。

在净零转型期的商业领袖清晰地了解被视为领跑企业所能获得的优势。在一项对250名高管的调查中发现，有2/3的人认为："与过去企业财务状况相比，如今一家企业的净零转型战略和领导力，是一项更好的预测企业未来是否成功的指标。"[12]企业减排还有一个更重要的原因——碳迟早要被定价。

## 碳定价

温室气体的排放是负外部性的，因为其后果是由子孙后代去承担，而不是现行的污染者。负外部性可以通过政府管制的方式来解决，如构建总量控制和交易制度限制排放，或者征收碳税使现行的污染者为未来造成的损害买单。无论何种情况，政府的目标是为碳定价，这个价格要体现出整个社会为此付出的成本。一旦碳排放被定价，排放者就会迅速采取行动减少排放，因为这样符合它们的最大利益。

然而温室气体排放是一种不寻常的负外部性，因为其影响是全球性的——来自任何地方的排放都会影响每个地方的每个人。理想状况是，温室气体排放在国际范围进行管制，从而解决这种全球的负外部性问题。遗憾的是，这一理想极难实现。本书第1部分已经叙述了各国政府在对排放进行管制时遇到的种种困难，就应对气候变化问题未能达成有约束力的国际协议。但是在全球层面未能形成碳定价，并不代表在国家或者地区层面不能实现。

欧盟颁布了首个温室气体排放的重大法规，在2005年建立了涵盖11 000家企业的总量控制和交易市场。[13]欧盟政策允许欧洲公司间交易碳排放权，进而为碳定价。欧盟碳市场的成功经验被许多国家借鉴，特别是中国。[14]包括加拿大和瑞典在内的其他国家，也施行碳税政策。截至2022年，全球近22%的温室气体排放量受到政府总量或税收管制，其碳价从每吨1美元到137美元不等。[15]但美国还没有对温室气体排放设定上限或者进行税收管制。

## 必然的政策响应

联合国责任投资原则组织（UN's Principles for Responsible Investment，简写为UN PRI）正在为政府监管温室气体排放做准备，并称这一倡议为"必然的政策响应"。其令人信服的理由是："随着气候变化对现实的影响日益增大，政府必将采取迄今为止更果断的行动。"[16]

许多美国公司通过游说为碳定价而提前实现这一结果，令人惊讶的是，这些公司里居然有诸如埃克森美孚这样的温室气体排放大户。历经多年反对气候管制的游说，埃克森美孚的首席执行官达伦·伍兹（Darren Woods）在2021年写道："通过市场为碳定价释放出一个明确的信号，鼓励减少排放。"[17]对于排放温室气体的公司来说，碳定价将为其经营带来额外的成本支出，但也会带来确定性，允许发展需要长期规划和投资的气候问题解决方案项目，如碳捕获项目和绿氢项目。

## 清晰的趋势，艰难的选择

本书第 1 部分介绍的四大气候趋势，说服了企业减少温室气体排放，潜在的第五个因素是碳定价，它将进一步加速企业向净零转型。这些趋势是明确且不可阻挡的，但了解市场或产业的发展方向并不一定会告知投资者谁会是赢家。赢家通常出现在现任者与颠覆者的战争之后，胜利的一方决定着各自行业的领导地位。

## 现任者与颠覆者

公开股票市场的投资者必须在主导当前行业发展的现任者和可能引领未来的颠覆者之间下注。这样的选择是艰难的。接下来，我们将以气候变化时代两个现任者和颠覆者的例子——特斯拉与通用汽车、新纪元能源公司与爱迪生太阳能公司（SunEdison），为投资者介绍各自优势。

### 特斯拉与通用汽车

通用汽车公司是典型的现任者公司，它是自 1929 年以来美国最大的汽车制造商。[18]2021 年通用汽车共销售了 630 万辆汽车，收入 1 270 亿美元，利润 100 亿美元。[19]尽管取得了如此亮眼的业绩，但在公开股票市场上通用汽车还是被特斯拉迅速超越，截至2022年，特斯拉的估值几乎是通用汽车的10倍。投资者理解特斯拉成功的经验可应用于其他行业，那里的颠覆者正在颠覆行业。

第5章介绍了特斯拉成为世界上第一个成功的电动车公司的成长之路。特斯拉做出了三个重要的战略决策：从高端市场开始迭代产品，聚焦产品性能而不是环保效益，利用锂离子电池成本下降的优势。通用汽车本可以做出同样的决定，却没有这么做。为什么这个颠覆者在这种情况下成功了？

现任者的研发预算让颠覆者的资源相形见绌，同时像通用汽车这样的现任者有能力也确实在进行创新。大型现任者公司不能发明新产品并将其推向市场这个观点是荒谬的（1996年，通用汽车研发了第一辆现代化电动汽车EV1，几乎领先特斯拉10年）。真实情况是，现任者在管理变革方面做得很差。斯坦福教授比尔·巴内特（Bill Barnett）指出："这并不是说大公司不擅长发明，而是说它们不擅长组织上的变革。"[20]

像特斯拉这样的颠覆者打败了行业里那些组织变革困难的公司。例如，许多汽车公司与汽车经销商锁定协议，这些经销商的利润主要来自服务和维修。引入不需要多少服务的电动汽车，经销商的利润没有保障，抑制了经销商对创新产品的热情。投资者可以得到的启示是，在现任者因组织变革而难以应对的行业中寻找颠覆者。

特斯拉以其在市场上的成功而闻名。新纪元能源公司是行业内一家不太知名的现任者，也取得了同样的成功。现任者胜利的案例也能给投资者带来很多思考。

## 新纪元能源公司与爱迪生太阳能公司

爱迪生太阳能公司是一家可再生能源领域的早期创新者,早先在美国,后来在全球范围内开发太阳能和风能项目。爱迪生太阳能公司创新性融资支撑其快速增长的组织和积极的并购业务,一跃成为世界上最大的可再生能源项目开发者。投资者被公司的成长以及对太阳能和风能取代化石燃料的潜在趋势所吸引,爱迪生太阳能公司的股价飙升,2012年到2015年涨幅超过2 000%。[21]接着它就崩溃了,预期收益下降和高财务杠杆使公司在2015年秋季陷入流动性危机,加之寻求资本失败,最终在2016年4月申请破产,所有股东的钱损失殆尽。[22]

和爱迪生太阳能公司一样,一家名为佛罗里达电力照明(Florida Power & Light)的电力公司也看好太阳能和风能项目的商业机会。从21世纪初开始,更名为新纪元能源的新公司充分利用其融资优势,在全美范围内有条不紊地将风能和太阳能项目打包成投资组合。新纪元能源公司在佛罗里达州的电力业务是垄断的,能产生稳定的现金流,使公司具备低成本融资能力以支撑其在可再生能源领域的扩张。一位晨星分析师声称:"电力公司的业务为其融资提供了良好的资产证明。"[23]新纪元能源公司给投资者带来了巨大回报,15年里为股东创造了1 250亿美元的收益,回报率高达1 082%,显著超越电力行业指数(见图20.1)。[24]2021年,新纪元能源公司成为世界上最有价值的电力公司。[25]

投资者可以获得的经验是，在颠覆者困难重重的行业里寻求现任者，监管、资本或客户准入等都是行业领导者的"护城河"。

挑选赢家

在气候变化时代，投资者需要甄选出那些处在优势地位的现任者。能源行业中如新纪元能源公司这样的现任者有多条"护城河"，因为该类行业受监管、资本密集且产品具有价格竞争力。在如碳捕获等新兴领域，现任者通过投资初创公司或者通过收购拥有成熟技术的公司并商业化的手段占据了行业的有利位置，如西方石油公司正在做的那样。

与之相反，当行业面临新社会规范的趋势变化时，颠覆者会更成功，比如别样肉客公司，而行业中大型现任者却要面对组织变革的障碍。大多数情况下，颠覆者推出的产品虽改善了现状，但代价更高。埃隆·马斯克直白地说："如果你的产品引人注目且人们愿意为此溢价支付，那它的潜力是巨大的。"[26]

尽管行业变革时机成熟，但仅仅颠覆并不能保证公司成功。投资咨询公司锐联资产管理公司（Research Affiliates）重点强调了挑战："一个竞争激烈的行业中，无序的市场有利于整个社会，而不一定是颠覆者，且在一定时候颠覆者也常常被它们自己颠覆。"[27]

气候变化时代，颠覆者公司提供气候问题解决方案造福社会，但它们之中并非所有的公司都能回馈投资者。公共股票市场中的投资者必须区分提供如汽车等优质产品的行业和提供如能源等大宗商品的行业，并选出最适合的龙头公司。

公开股票市场中的投资者还应关注两类为气候问题解决方案融资的特殊公共股权结构公司——特殊目的收购公司（SPAC）和收益型公司（YieldCos），以及与之相关的优点和挑战。

## 特殊目的收购公司

特殊目的收购公司是专为收购私营公司而成立的上市公司，有时被称为"空白支票公司"。特殊目的收购公司的结构对成长期的私营公司很有吸引力，它比传统 IPO 程序快得多，能更早登陆公开股票市场。当气候问题解决方案类公司需要巨量资本快速扩张时，就特别青睐特殊目的收购公司。仅 2020 年一年，特殊目的收购公司收购的气候问题解决方案公司估值达 40 亿美元，囊括了几家电动汽车生产商、一家电动汽车充电基础设施公司和一家储能科技公司。[28]

特殊目的收购公司为投资者提供了一个机会，可以作为私营公司购买上市公司的股权。对有意投资气候问题解决方案的投资者来说，特殊目的收购公司大大扩充了潜在投资的广度。但投资特殊目的收购公司是有风险的。SJF 的戴夫·柯克帕特里克（Dave Kirkpatrick）警告说："当收入或利润延迟的时候，公共市场可能相当无情。"[29] 除了海量资金，特殊目的收购公司的架构无法解决成长期公司所面临的各种挑战。投资特殊目的收购公司却无法获得有意义的回报和利润，投资者也许发现他们正在面临与清洁技术泡沫同样的困境，而那场泡沫在 2008 年破裂了。

## 收益型公司

和特殊目的收购公司一样,收益型公司也是旨在购买资产的上市公司。两者的区别是后者专注于低风险的风能和太阳能项目,为投资者提供适度但稳定的股息。在很多方面,收益型公司是清洁能源领域中的房地产投资信托公司(REITs),其运营模式是收购并持有房地产资产组合,以股息的形式向股东分配现金流。

将开发公司中运营正常的太阳能和风电项目从资产负债表中剥离,注入新成立的公司,然后在 IPO 中出售新公司的股权,这就是收益型公司的运作方式。收益型公司通过持有去风险的经营资产和长期购电协议,产生稳定的长期现金流,这一点十分吸引开发公司。随着开发公司将开发好的新项目出售给收益型公司,投资者获得了持续的股息收益和增长预期。2014 年,新纪元能源公司与其他几家大型可再生能源开发公司共同发起了一家收益型公司。[30]

遗憾的是,收益型公司在公司管理方面有着天生的缺陷。为了增加股息收益,收益型公司必须不停地购买项目,而新项目的收购价格和开发公司存在着利益冲突。这个缺陷偶尔会被开发公司滥用,它们向收益型公司抛售低评级资产,爱迪生太阳能公司的情况最严重,据投资者大卫·泰珀(David Tepper)称:"愿意执行这种策略的'死忠粉'把持着着董事会。"[31]爱迪生太阳能公司的破产影响了更多新收益型公司的诞生,如今这一投资结构仅限于少数上市公司。

尽管投资者对收益型公司的需求旺盛，但由于该模型天生的缺陷，该投资结构已基本被基金和 ETF 所替代，这方面内容将在下一章介绍。

贝莱德的美国碳转型准备（U. S. Carbon Transition Readiness）ETF，曾经是"ETF 行业 30 年历史上发行的最大规模的 ETF"。

——彭博

图 21.1　正在安装太阳能电池板

资料来源：维基共享资源。

## 第 21 章

# 股票基金

股票基金经理要么迟迟未能意识到其投资组合中公司面临的气候变化风险，要么无法充分把握气候变化时代全球经济转型带来的投资机会。这种情况随着 2020 年净零排放资产管理人倡议（the Net Zero Managers initiative）的提出而改变，管理资产规模总计高达 37 万亿美元的 87 家机构签署了倡议。[1] 签署方承诺，到 2050 年实现温室气体净零排放，并至少每 5 年评估一次中期目标。资产管理公司希望通过达成一个共同的目标和形成个人问责制，来降低风险并为气候问题解决方案提供盈利资金，这是一个太大、太重要而不能错过的机会。全球最大的三家资产管理公司——贝莱德、先锋领航和道富银行——均签署了净零排放资产管理人倡议。[2]

以气候为重点的基金和 ETF（统称为基金）可分为几个类别，反映了本书第 3 部分中介绍的投资策略。对在投资组合中特别注重防范气候变化风险的投资者来说，低碳基金提供了一个选择。希望完全避开化石燃料公司的投资者，可以通过主动或被动投资策略投资避开石油、天然气和煤炭公司的无化石燃料基金。对寻求投资向净零转型做好充分准备的公司的投资者来说，可以选择在投资组合中纳入 ESG 因素的气候过渡基金。专注于解决气候问题的主题影响力投资者，可以选择持有气候科技公司和可再生能源公司的气候问题解决方案基金。

## 低碳基金

全球大型资产管理公司几乎一致认为，气候变化对投资回报构成风险。先锋领航的 CEO 认为，气候变化"对投资者的投资组合构成了长期的重大风险"。[3]富达（Fidelity）的高层声称，"气候变化对企业的长期盈利能力和可持续发展能力构成了风险——即使不是最重大的，也是十分重大的影响"。[4]在排名前三的投资公司中，贝莱德表示："我们坚信，气候风险——物理风险和转型风险——是对我们客户投资的长期价值最重大的系统性风险之一。"[5]

资产管理公司正在创建低碳基金以应对气候风险，旨在减持面临如第 10 章所描述的气候风险的公司。低碳基金可以包括化石燃料公司，但其投资组合的碳敞口总额低于整体市场。当发生碳价格或其他转型风险时，低碳基金通过这种方式为投资者提供下行风险保护。

道富银行与哈佛商学院合作，对美国和欧洲的既降低排放又优化财务回报的投资组合策略进行了研究。[6]它们根据企业、产业和行业碳排放强度进行排名，进而分析了 6 种长期/短期投资组合。这些投资组合每年都要调整，并根据 2009—2018 年石油价格的变化进行控制。在整个研究期间，这一策略每年都能产生 2% 的超额收益，为投资者带来了"显著优越的回报和持续的低碳投资组合敞口"。

低碳基金通常为投资者提供多元化的投资组合。毫无意外，低碳基金更倾向于增持科技、消费、医疗保健和金融服务等公司，减持工业及能源公司。对于主要关注风险的投资者，低碳基金提供了一个完美的解决方案。对于关注气候变化的投资者，无化石燃料基金可能会是更好的选择。

## 无化石燃料基金

第 11 章介绍的撤资策略是一种避免为化石燃料类公司投资的策略。撤资策略说起来简单，但基金经理做起来很难，因为上市公司运营通常涉及诸多行业，而有些行业存在化石燃料风险。因此大型资产管理公司难以提供完全无化石燃料基金，只能将市场留给规模较小、更专注的公司，诸如卡尔弗特（Calvert）、帕纳索斯（Parnassus）和特里利姆（Trillium）。这些专业公司提供的主动基金中不持有化石燃料类公司。[7]

牛津大学率先提出了一种撤资策略，允许主动基金的基金经理继续和那些正在为降低二氧化碳排放努力的化石燃料公司合作，撤出那些不能或者不愿意这么做的公司。牛津马丁原则（the

Oxford Martin Principles）鼓励投资者支持到 2050 年减排至净零的公司——这是保持气候稳定和实现《巴黎协定》的气温上升控制在 1.5℃内这一目标的必要条件，同时从不能达到这一里程碑式目标的公司中撤资。[8]这一复杂的战略实施起来具有挑战性，但有可能优化投资回报，同时最大限度减少温室气体排放。不出所料，这正成为主动基金的基金经理日益欢迎的撤资策略。

## 针对被动基金投资者的撤资策略

被动投资者寻求与市场指数相匹配，这给撤资策略带来了挑战，因为大多数市场指数都包括化石燃料公司。为了解决这个问题，基金经理将目光投向了无化石燃料指数。市场已经推出了几只 ETF，它们追踪美国、欧洲和新兴经济体市场的热门 MSCI 国家指数，同时剔除了包含煤炭或石油和天然气储备的公司。[9]

2015 年，道富银行在美国股市最大的 ETF——SPDR 标准普尔 500ETF 的基础上，成功推出了 SPDR 标准普尔 500 无化石燃料 ETF。道富银行的 ETF 追踪标准普尔的无化石燃料指数，该指数剔除了标准普尔 500 指数中含有热煤、原油、天然气或页岩气储备的公司。这两只 ETF 表现出类似的财务回报，无化石燃料指数自推出以来，年均增长 21 个基点。[10]SPDR 标准普尔 500 无化石燃料 ETF 管理的资产不断增加，成为市场上最受欢迎的持撤资策略的基金，为投资者提供无化石燃料敞口的流动性证券，同时带来略高于市场的回报。[11]全球最大的 ETF 管理公司贝莱德于 2020 年宣布了一项计划，该计划将为被动投资者创建多达150只可持续ETF。[12]

成熟的长期被动投资者可以尝试通过有选择地剥离化石燃料公司来跑赢市场，这类公司最大的风险来自政府对温室气体排放的管制。哥伦比亚商学院的帕特里克·博尔顿（Patrick Bolton）的一篇研究论文提出，这种撤资策略将使投资者在政府对气候变化采取行动之前获得与市场相当的回报，在排放管制实施后获得超越市场的表现。通过这种被动撤资策略，投资者实际上持有了免费的碳期权，即当二氧化碳排放被政府定价监管时将为投资者带来上升的财务回报。[13]据估计，约有500亿美元的管理资产正在使用这一策略。[14]

## 气候过渡基金

气候过渡基金投资于在温室气体净零排放过渡时期表现出优秀领导力的上市公司股票。这些基金遵循ESG投资策略，即投资经理除了传统的基本面分析，还会评估公司的净零转型计划。气候过渡基金的战略是增持那些有可能最先实现净零排放目标的公司，从而创造竞争优势。正如在第12章中所介绍的ESG作为一种有吸引力的投资策略的快速增长，引起了投资者对气候过渡基金极大的兴趣。

2021年，贝莱德推出美国碳转型准备ETF，这是一只主动基金，投资于美国大中型股票，其基金经理认为，这些股票可以从低碳经济转型中获益。贝莱德的美国碳转型准备ETF上市首日就募集了 13 亿美元资金，是 EFT 行业 30 年历史上发行的最大规模的 ETF。[15]

气候过渡基金的投资者，将从全球经济净零转型中受益。贝莱德美国碳转型准备 ETF 头部持股公司分别是苹果、微软和亚马逊等有着野心勃勃的净零目标和详尽实施计划的公司。[16]

无化石燃料基金、低碳基金和气候过渡基金的投资者面临的气候风险较小，这可能会带来比市场基准更高的财务回报。但回报的增长可能是渐进式的，对解决气候变化的影响是温和的。对于那些寻求具有更卓越表现潜力和更大力度改善气候变化的投资者，气候问题解决方案基金是更合适的选择。

## 气候问题解决方案基金

为应对气候变化，投资于可再生能源、电动汽车和储能等具备技术和商业模式的公司，将获得巨大经济回报和影响的潜在机会。如本书第 2 部分所述，这些行业的公司正在快速增长，对资本需求十分旺盛。成熟的机构投资者直接投资公司和项目是一种可行的策略，但大多数投资者更喜欢多元化的气候问题解决方案基金。气候问题解决方案基金管理的资产规模迅速扩大，特别是专注于气候科技和实物资产的基金。

### 气候科技

投资于拥有气候问题解决方案（也被称为气候科技）的上市

公司的基金，为投资者带来了体验行业非凡成长的机会。例如，过去 10 年，太阳能行业以 42% 的年复合增长率增长，预计未来几年也会有类似的增长，[17]电动汽车行业预计在未来 10 年增长近 10 倍，[18]绿氢行业预计到 2025 年增长 13 倍。[19]高增长率可以创造有吸引力的投资机会。

许多气候科技基金都是高度专业化的，专注于单一技术领域，因为气候问题解决方案很复杂，需要专业的行业知识。景顺太阳能 ETF 跟踪全球太阳能公司指数，而第一信托风能（First Trust's Wind Energy）ETF 只投资于风力发电领域的上市公司。专业化基金为投资者提供了针对特定气候问题解决方案的机会。

其他基金则更加多样化。贝莱德的安硕环球清洁能源（iShares Global Clean Energy）ETF，通过追踪全球清洁能源行业股票指数，获得了最大的资产管理规模。[20]其头部持股公司分别为风电设备生产商维斯塔斯（Vestas）、可再生能源公司新纪元能源、氢技术公司普拉格能源（Plug Power），以及气候科技公司如恩菲斯能源（Enphase Energy）和第一太阳能（First Solar）。

气候科技基金能产生非常高的收益。2020 年，安硕环球清洁能源 ETF 实现了令人惊艳的 141% 的增长。[21]毫无意外，气候科技基金的波动也十分剧烈，2021 年该 ETF 下跌了 24%。气候科技基金持有许多公司的股票，为投资者提供比直接投资公开股票更多元化的选择，但其收益与气候科技公司的股价高度相关，虽然创造了一种风险分散的假象，却几乎没有实际的下行保护。气候科技基金为投资者带来了从下一波气候问题解决方案中获益的令人兴奋的机会，然而投资者也要意识到它的高风险。

实物资产

当气候科技基金为投资者提供高风险和高回报的时候，实物资产基金则处于风险与回报范围的另一极端——低风险和适度回报。本书的第4部分介绍了太阳能、风能和储能等项目投资，但只有那些既具有技术专长又财力雄厚的投资者，才有能力和资源直接投入这些项目。对大多数投资者来说，实物资产基金是另一种选择。实物资产基金将其所运营项目的投资组合进行汇总，并将项目现金流作为收益进行分配。在很多方面，实物资产基金与收益型公司模式有相同的属性，但具有更好的公司治理。

Greenbacker资产管理公司是一家专业的基金管理公司，它在2014年推出了首批实物资产可再生能源投资工具，汇集了整个北美地区的太阳能和风能项目。与可再生能源私募基金不同，Greenbacker基金向大众投资者开放。到2020年，Greenbacker管理的资产超过10亿美元，其年投资回报率稳定在4%~10%。[22]其他大型资产管理公司也推出了类似的实物资产基金。

碳信用

气候问题解决方案基金包括一些不寻常的资产类别，比如投资于不断上涨的碳价。2020年推出的KFA全球碳（KFA Global Carbon）ETF，旨在为投资者提供以全球碳价为基准的总收益。[23]企业减排所面临的监管压力越来越大，不断增加的压力提升了企业对碳信用额度的需求，特别是在欧洲，2021 年欧盟碳信用的价格上涨了 143%。[24] 预期碳排放监管收紧的投资者将看到，KFA 全球碳 ETF 收益的进一步上涨。基于碳市场与其他类别资产的低相关性，市场将出现更多元化的投资组合。[25]

## 风险与回报

鉴于推动企业应对气候变化的潜在趋势和投资者对未来净零转型相关金融产品的需求，资产管理公司正在扩大聚焦气候问题的股票基金和 ETF 的数量。股票基金为投资者带来了技术专业化、多元化和进入新的、不断增长的行业等诸多优势，但股权回报波动剧烈且风险较大。尽管气候变化和向净零转型是确定的，但稳定的投资收益是不确定的。对在气候变化时代寻求更低风险的投资者来说，固定收益产品是一个有吸引力的选择。

我们已经为环境项目发行了超过 25 亿美元的绿色债券。我们为什么要这么做？因为以创造性和优雅的方式解决问题，是苹果公司的核心。

图 22.1　蒂姆·库克，苹果公司 CEO
资料来源：维基共享资源。

第 22 章

# 固定收益

固定收益市场是气候问题解决方案融资的最佳资金来源,因为债券市场的规模是股票市场的 10 倍,为可再生能源、储能、绿氢和碳移除提供了所需的低成本资金。[1]联合国政府间气候变化专门委员会估计,在 2035 年之前,全球每年需要 2.4 万亿美元的投资才能实现将全球变暖控制在 1.5℃ 以内的目标。[2]幸运的是,平均每年发行 21 万亿美元的全球固定收益市场不但可以提供流动性,而且为避免灾难性气候变化所需的净零转型提供资金。[3]

许多气候问题解决方案都很适合债务融资,因其需要大量的前期资本投资,而且债务融资能产生可预测的长期现金流。对气候问题解决方案的固定收益投资,受到发行人和投资者的欢迎,被恰当命名的绿色债券市场的快速增长证明了这一点。

## 拥抱绿色

世界银行在 2008 年首创了一种简单又有创新性的债券："一种发行人承诺将债券收益专门用于具有环境或气候相关效益项目的'简单的'固定收益工具。"[4]

世界银行的该创新被称为"绿色债券"。绿色债券与传统债券类似，但有一个关键区别：债券发行人承诺将收益投资一个或多个绿色项目。"绿色"的定义最初是由发行人来界定的，这导致一些债券出现"漂绿"的行为，即企业投入可观的金钱和时间在以环保为名的形象广告上，而非实际的环保实务。为了解决这一声誉风险，国际资本市场协会（ICMA）发布《绿色债券原则》（Green Bond Principles，简写为 GBP），为发行绿色债券和评估环境影响制定了一套公认的标准。以世界银行为例，绿色债券的收益被用于投资可再生能源、能源效率和清洁交通项目，世界银行每年发布一份关于这些投资产生影响的报告。[5]

### 发行人利益

发行人最初想能过绿色债券吸引具有社会意识的投资者。随着人们对 ESG 投资的兴趣增加，发行人发现越来越多的买家寻求具有环境效益的债券产品。确保债券收益被适当分配给绿色项目的责任给发行人带来了管理和汇报上的工作量，但这些工作带来的好处远远超过其带来的负担。随着绿色债券市场的扩大，发行人意识到绿色债券的一些优势。

研究发现，与传统债券相比，绿色债券的被持有时间更长，投资者基础也更稳定。[6]投资者甚至愿意为绿色债券支付更多费用，从而产生相对传统债券的"绿色溢价"，[7]不过对此的研究结论不尽相同。[8]绿色债券发行人都在大肆宣传绿色债券在节省成本方面的重要性，一个案例就是威瑞森通信公司发行了10亿美元的绿色债券，其财务主管估计其为公司每年节省140万美元的利息支出。

绿色债券也可能惠及股东。令人惊讶的是，哥伦比亚大学卡罗琳·弗拉默（Caroline Flammer）的研究发现，在发行人宣布发行前后，绿色债券发行人的股价会上涨，特别是对首次发行的发行人来说，这说明股票投资者也认可绿色债券的优点。[9]

## 一小时内售罄

绿色债券深受固定收益投资者的欢迎，因为它不仅具备传统债券的所有优点，而且将收益用于解决气候变化或其他环境问题。绿色债券的信用评级与同一发行人的传统债券的相同，具有相似的收益率和流动性。绿色债券之所以具有吸引力，是因为它对投资者来说较为简单——投资者可以在没有项目专业知识且无须承担项目风险的情况下为气候问题解决方案投资。绿色债券投资者只需评估发行人的信用质量，而不用评估基础项目的信用质量，因为即使该项目失败，投资者也会得到回报。

因此，投资者一直在抢购绿色债券。花旗银行承销的世界银行的绿色债券在一小时内就售罄，花旗集团董事总经理宣称，"我们已经拿到了圣杯，那就是债券市场。"[10]虽然有些夸张，但这一评论反映了债券市场为气候问题解决方案提供资金的重要性。

批评

绿色债券并非没有批评者。即使有《绿色债券原则》，"漂绿"的风险仍然存在，因为该标准是自我监管的，且对违规行为没有惩罚。更重要的是，通过绿色债券收益融资的项目没有额外性的要求，这意味着这些项目可能已经获得了融资。如果没有额外性，绿色债券发行不会超出计划范围的对气候问题解决方案的增量投资。鉴于一些发行人只是将现有贷款重新包装成绿色债券，因此对绿色债券的一些批评是有道理的，但市场已经适应并发展起来。

创新与增长

绿色债券市场火热。绿色债券的年发行量从2015年的不到500亿美元上升到2021年的5 000多亿美元，发行人包括许多美国公司，甚至包括纽约运输管理局（New York Transit Authority，简写为NYTA）。[11]发行的绿色债券收益资助了数千个旨在减少温室气体排放的项目。举一个例子，苹果公司CEO库克（见图22.1）宣布，通过绿色债券收益投资的项目减少的温室气体排放量相当于道路上行驶的近200 000辆汽车的排放量。[12]分析师预测，绿色债券市场将进一步增长，这受关注气候问题的固定收益投资者的需求影响，这些投资者被绿色债券结构的简单性以及被热衷于发行成本较低但声誉更高的债券的公司所吸引。[13]

随着市场的增长，绿色债券承销商和发行人正在对产品结构进行创新。意大利大型公共事业公司意大利国家电力公司（ENEL）发行了一种与可持续发展相关的债券，如果该公司未能实现减少温室气体排放的目标，其票面利率将提高 25 个基点。[14]其他发行人正在试验过渡债券，为用低排放替代品替代化石燃料的项目提供资金。[15]资产管理公司甚至推出了几只绿色债券基金，向投资者提供由专业基金经理管理的多元化投资组合。

绿色债券是一种有争议的不完美的解决气候问题的金融产品，但通过利用流动性高、成本低的债券资本市场，绿色债券已成为气候变化时代重要的投资品种。此类固定收益产品也可以在资产支持证券市场中找到。

## 太阳能资产证券化

太阳能项目产生稳定、长期的现金流，对固定收益投资者具有吸引力。遗憾的是，住宅和商业规模的太阳能项目太小以致其无法直接进入固定收益市场。证券化是将资产池置于金融工具中以创建资产支持证券的过程，事实证明，证券化是将资金引入太阳能租赁和太阳能贷款项目的关键因素。

太阳能租赁

21 世纪初,美国房主不愿意安装平均成本为 40 000 美元且性能和回报不确定的太阳能系统。[16] 太阳能租赁模式的引入改变了这一情况。美国太阳城公司(SolarCity)等太阳能租赁公司提出免费为住宅安装太阳能系统,以换取房主 25 年的电力租约。太阳能租赁模式只要求房主支付电费,将项目绩效风险从房主转移到太阳能租赁公司。太阳能租赁的吸引力——无须产生前期投入且无项目绩效风险——改变了房主的选择,太阳能系统的安装量飙升。到 2014 年,太阳能租赁模式下的太阳能系统安装量占美国所有安装量的 72%。[17]

太阳能租赁公司与数以千计的房主签约,产生了以低成本资金资助安装的新需求。太阳城公司在 2013 年进行了第一次太阳能租赁资产支持证券化,将 5 400 万美元的住宅太阳能资产组合捆绑到 BBB + 评级的资产支持证券。[18] 投资者被一种新的固定收益资产所吸引,这种资产具有持有期长、收益率诱人和支付稳定的特点。随后住宅太阳能租赁市场的增长导致太阳能租赁资产支持证券的年发行量超过 20 亿美元。[19]

太阳能贷款

随着时间的推移,房主对太阳能项目有了更深的了解,他们开始从太阳能租赁转为向购买住宅太阳能系统的用户提供资金的太阳能贷款。美国太阳能贷款供应商 Mosaic 等公司向太阳能系统安装商提供资金,然后太阳能系统安装商在安装的同时向房主提供贷款。到 2018 年,太阳能贷款的市场规模已经超过太阳能租赁,成为美国住宅市场最受欢迎的金融产品。[20]

与太阳能租赁一样,太阳能贷款可以汇总和证券化。Mosaic 于 2017 年发行首只太阳能贷款资产支持证券,在接下来几年共发行 11 亿美元。[21]发行的太阳能贷款资产支持证券由平均 FICO 信用分①超过 700 分的房主贷款组成,从而达到投资级信用评级。[22]投资者被这种固定收益产品在数千个住宅太阳能系统中的多元化、现金流稳定和低信用风险的优点所吸引。

**证券化开始流行**

资产支持证券,对固定收益投资者来说是一种有吸引力的金融产品,也是气候问题解决方案日益重要的资金来源。随着投资者越来越了解可再生能源资产多元化组合的经营寿命长、现金流稳定的优势,证券化市场肯定会进一步增长。更好的是,证券化一直是降低太阳能系统成本的关键因素,这进一步增加了美国房主对住宅太阳能系统的需求,并加快了从化石燃料向可再生能源的过渡。[23]

虽然绿色债券和太阳能资产证券化提供了新的投资机会,但一个完全不同的固定收益市场——市政债券——面临越来越多的

---

① FICO 信用分,是由美国个人消费信用评估公司开发的一种个人信用评级法,已得到美国民众广泛接受。——编者注

气候变化风险。分析师和承销商开始注意到这一点。

## 市政债券面临气候风险

美国市政债券市场已发行3.9万亿美元。从历史上看，市政债券的违约率非常低，在5万多只已发行债券中，只有113只违约，几乎可以忽略不计。[24]相比之下，企业的违约率几乎是其100倍。但气候变化正在使市政债券出现异常还款的风险，因为极端高温、海平面上升、野火和自然灾害损害了市政财政。

令人惊讶的是，大多数市政债券发行人没有披露气候风险。相比之下，信用评级机构已经在考虑这些风险，并评估城市准备如何应对这些风险。穆迪对50多万只已发行的市政债券进行评级。[25]该公司收购了一家具备评估美国3 000多个县物理气候风险专业知识的数据公司。[26]举个例子，迈阿密海滩发行的市政债券评级为AA+，这得益于穆迪对其气候风险的评估："我们认为，该市政府应对（气候变化）风险的计划是我们评估的美国所有地方政府中最强有力的。"[27]

承销商也开始提出问题。J.P.摩根公司的公共财政主管透露，与市政债券发行人讨论气候风险是其尽职调查的重要组成部分。[28]梅隆银行的市政债券负责人认为，投资者将气候风险和弹性计划纳入对发行人的评估只是时间问题。[29]投资者面临的挑战是，气候风险因城市和市政债券类型的不同有很大差异。

**一般责任债券与收益债券**

市政债券有两种类型，一般责任债券和收益债券，每种债券都以不同的方式受到气候变化的影响。

一般责任债券被投资者认为是低风险的，因为市政当局有征税权。从理论上讲，如果出现与气候相关的亏空，市政当局可以增加税收。但这取决于气候风险的性质。飓风等突发事件可以通过税收和联邦援助来解决。海平面上升和频繁的洪水等慢性气候事件可能会导致房价下跌、房地产税下降和市政赤字呈螺旋式向下的趋势，从而使市政债券的支付面临风险。

收益债券由来自特定税收或用户费用的现金流支持。气候问题（如严重的风暴或野火）造成的收入中断可能会损害债券持有人的收益。2018年毁灭性的加州营地火灾摧毁了18 800座建筑，导致88人死亡，其部分是由于气候变化引发的干旱。受营地火灾影响，收益债券的信用评级被下调，债券价格暴跌——加州基础设施和经济发展银行（California Infrastructure and Economic Development Bank）的地方税收债券在1个月内下跌了11%。[30]

**定价风险**

市政债券投资者应该了解一个社区面临的具体气候风险及其对债券价格的潜在影响。由于存在气候相关的风险，一些市政债券的交易价格已经略有折让。一篇研究论文发现，海平面上升的风险已使易受洪水影响地区的市政债券价格下降了2%~

5%。[31]投资者可能倾向于依赖联邦政府来弥补与气候问题相关的损失，但严重风暴、野火和洪水的增加可能会削弱政府对代价高昂的救援的支持。相反，投资者应该把重点放在能提供旨在抵御与气候相关风险并保护债券持有人的复原力计划的市政当局身上。

### 市政债券拥抱绿色

面临气候风险的美国城市正在发行绿色债券，利用融资资金投资于气候问题解决方案和弹性基础设施。马萨诸塞州于2013年发行了第一只市政绿色债券，以资助一项旨在减少700个能源消耗地点的计划，从而节省该州的能源成本并减少温室气体排放。1亿美元的发行量获得超额认购，吸引了一些以前从未购买过该州债券的投资者。[32]

市政绿色债券受投资者欢迎的原因与企业绿色债券受欢迎的原因相同——投资简单、信誉度高，以及有益于解决气候问题。美国市政绿色债券的发行量从2013年的1亿美元增加到2020年的200亿美元，分析师预测未来几年将进一步增长。[33]为使市场得到增长，美国最大的市政债券基金管理机构之一富兰克林邓普顿基金集团为寻求将长期投资理念与环境价值相结合的投资者推出了市政绿色债券基金。[34]

## 气候变化时代的固定收益投资

股票市场吸引了大部分分析师和媒体的关注，但现实情况是，气候问题解决方案的大部分融资将由固定收益市场提供，因其资金成本低，并具备向净零经济转型所需资金的规模。在气候变化时代，固定收益投资者必须评估债券发行人面临的风险，并考虑购买为太阳能项目融资的绿色债券和资产支持证券。这些固定收益资产提供了潜在的更高的风险调整后收益，以及将资金用于应对气候变化的心理回报。

# 第 6 部分
# 投资者的困境

---

# INVESTING
## IN THE ERA OF
# CLIMATE
### CHANGE

投资者知道气候变化将影响全球经济的几乎所有部门,而且气候变化将持续数十年。投资者会对他们有生之年可能不会发生的事提前做出反应吗? 投资气候变化时代的最佳实践是什么?最重要的是,这重要吗?

我们创造了一个我们的大脑并没有适应的新环境。

——丹尼尔·吉尔伯特（Daniel Gilbert），

哈佛大学心理学教授

图 23.1 《思想者》，奥古斯特·罗丹（Auguste Rodin）创作
资料来源：维基共享资源。

## 第 23 章

# 投资者的困境

气候变化时代已然来临。坦率地说，关键且唯一重要的问题是，人类是否会避免灾难性的气候变化？乐观主义者指出，可以通过技术上和商业上可行的方案解决气候问题。而悲观主义者提醒我们，在有记载的历史中，人类尚未解决过包括气候变化在内的影响跨越几十年的全球性挑战。我们看到国际社会应对新冠肺炎疫情时缺乏协同，由此可知，哪怕面对迫在眉睫的威机，管理也是混乱不堪。更囿于人类思维的局限性，气候变化等长期挑战则更难解决。

人类仍然受生物学的局限。人类的大脑不是为了解决明年出现的问题才发育的，更不用说思考解决下个世纪的问题了。丹尼尔·吉尔伯特教授解释了这是如何成为一个问题的："我们就像所有哺乳动物一样，非常擅长识别眼前的危险，这帮助人类生命延续至今……我们拥有如此强大的大脑，才得以驾驭祖先的环境，但是环境变化之快超乎想象。我们创造的全新的环境，连我们的大脑也无法适应了。"[1]

人类的进化并没有准备好做出具有长期影响的决定。更糟糕的是，个人在面对不确定性时并未采取行动。诺贝尔经济学奖得主丹尼尔·卡尼曼通过研究证明，人脑对确定的问题反应最为果断。遗憾的是，气候变化充满不确定性，人类也是首次应对。气候变化的全球影响是高度可预测的，但对某社区或具体个人的影响则不太确定，这也降低了大家采取行动的意愿。

更加糟糕的是，人们低估了气候变化。气候变化是非线性的，这意味着排放和全球温度的变化率正在加速上升。人类能够理解线性发展并根据线性发展采取行动，但并不善于判断非线性趋势。大多数人习惯于以线性速率推断当前趋势。气候变化起初发展缓慢，而后在几十年内加速发展，对此大部分人很难理解，也大大低估了全球变暖的速度和影响。

艾尔克·韦伯（Elke Weber）在担任哥伦比亚商学院管理学和心理学教授时，总结了解决气候变化的问题："在某种程度上，期望作为智人的人们做这种监测和决策是不公平的，因为我们生来不是做这个的。"[2]

投资者面临怎样的困境？即使投资者知道气候变化即将到来，人类大脑还是提醒我们，要等待更多的信息和确定性才针对气候问题解决方案投资。这种不作为的代价很高，而且只会随着时间的推移而增加。

## 时机的重要性

大多数人都明白，如果人类要避免灾难性的气候变化，必须减少温室气体排放。而大家不太清楚的是，为什么减排的时机如此重要。要理解时机为何如此重要，需要简要解释温室气体流量和存量之间的差异。

### 温室气体流量

流量指一段时间内大气中温室气体的增加量，通常是每年测量一次。例如，2021 年全球二氧化碳流量总计 330 亿吨。[3] 其他温室气体排放流量包括甲烷和一氧化二氮，但二氧化碳是迄今为止流量最大的温室气体。科学家已经确定，要避免灾难性的气候变化，需要到 2050 年左右将净二氧化碳流量减少到零，才能将温度升高控制在 1.5～2℃。

本书前几部分阐述的商业化的气候问题解决方案——可再生太阳能和风能、电动汽车、储能、绿氢和碳移除——将显著降低二氧化碳的年流量。这让我们有理由对应对气候变化保持乐观。但是二氧化碳的存量已经高到危险的程度，留给我们的时间已经不多了。

### 温室气体存量

存量指大气中累积的二氧化碳总量。计算存量时，我们需要使用仪器测量大气中二氧化碳的浓度，单位为 ppm（1ppm 即百万分之一）。因为使地球变暖的温室效应是由大气中的二氧化碳存量引起的，而不是由流量引起的，因此该测量是非常重要的。二氧化碳在大气中的留存时间长达 1 000 年，这意味着即使没有额外的二氧化碳排放，当前的二氧化碳存量也将继续使地球变暖。[4]

科学家已经确定，在不严重破坏全球经济和人类福祉的情况下，450ppm 的二氧化碳浓度使地球温度升高 1.5~2℃，这是地球能承受的最大限度。[5]大气浓度超过 450ppm 会产生不确定的恶性循环，即气候变暖导致地球变化，地球变化反过来进一步加速气候变暖。来自 80 个国家的 1 000 多名科学家一致认为，温室气体的持续排放会增加"严重、普遍和不可逆转的影响"[6]，并建议二氧化碳在大气中的浓度应尽可能控制在 450ppm 以内。

## 刻不容缓

实现以上目标的挑战，是在 2022 年将二氧化碳浓度控制在 420ppm，且以后每年流量在 2ppm~3ppm。[7]在"不采取措施"的情况下，2035 年二氧化碳浓度将达到 450ppm，到 2050 年将接近 500ppm，这远高于科学家建议的最大阈值。

如果大规模实施本书中介绍的商业化的气候问题解决方案，则可以显著减少每年的二氧化碳流量。与"不采取措施"的情景相比，气候问题解决方案每年可减少约75%的流量。[8]在其他难以减排的行业进行碳移除，到2050年或之后不久，全球经济可以实现净零排放。[9]

但是脱碳过程的时机，对成本有非常大的影响。

## 拖延的代价

减少温室气体排放越晚，大气中累积的二氧化碳就越多，变暖就会加速，灾难性气候变化的风险也就越大。因为每吨新增碳排放都会增加大气中已有的存量，并会在大气中留存数个世纪。所以碳减排拖延得越久，成本就越高。

气候科学家模拟了数千个减排情景，以了解将全球变暖控制在1.5~2℃的途径。图23.2显示了科学家建模，将升温控制在1.5℃以内并避免灾难性气候变化的4种不同排放路径。[10]这些路径以P1至P4进行标记。P1代表立即开始快速脱碳的情景，在P1情景中，仅以低成本的林业的形式移除少量的碳，全球碳排放量迅速下降至净零。P2是一条较慢且非激进的途径，需要林业和其他形式的碳移除。P3和P4表明，碳减排越迟，对碳移除的依赖更大。如第8章所述，碳移除成本非常高，直接空气捕获尤其如此。

上述4种实现净零排放的途径都成功地避免了灾难性的气候变化，代价却大不相同。P1是激进路径，不需要昂贵的碳捕获技术。与其相对的是，P4是拖延路径，全球碳排放量多年保持高

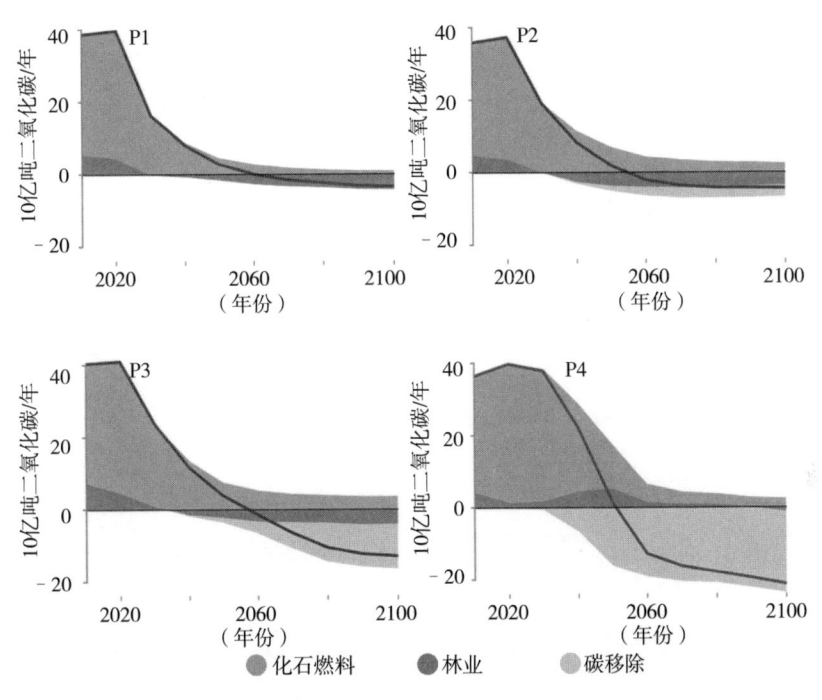

图 23.2 将升温控制在 1.5℃的情景路径
资料来源：联合国政府间气候变化专门委员会。

位，在使用昂贵的碳捕获技术后才急剧下降。卫斯理大学的加里·约埃（Gary Yohe）教授更简单地描述了减排拖延的代价："等待的时间越长，代价就越大。"[11]

## 投资者的困境

气候变化是一个以非线性速率变化的跨越几十年的巨大挑战，具有很大的不确定性。这是人类首次面对，如何解决更是史无前例。立即采取行动应对气候变化与人类大脑的运行机制相违背。然而，快速行动才能将减缓气候变化的成本控制在可控范围内，这一点至关重要。对投资者而言，其困境在于如何克服人性的犹豫不决，及时且非草率地做出理性的投资决策。了解最佳实践会有一定帮助。

投资者应该按照气候学家的建议,
在 21 世纪中叶之前为气候问题解决方案投资。

图 24.1 《神奈川冲浪里》
注:由日本画家葛饰北斋于约 1830 年创作的浮世绘版画。
资料来源:维基共享资源。

第 24 章

# 最佳实践

　　投资者正在进入一个系统性变革时期，没有路标，未来也充满不确定性。尽管有很多关于气候变化的科学和经济学的知识，但仍存在许多未知。在不远的将来，投资者可能会像 19 世纪在汹涌的大海中颠簸的日本水手一样，其资产受到地球变暖的物理影响以及气候变化带来的政治、技术和社会震荡的多重冲击。

　　应对气候变化，要求投资者克服仅关注近期事件的倾向，更多地了解以加速的非线性方式发生的变化。这是复杂且困难的。但是如果从策略伊始就遵循一些基本原则，投资者的任务会更轻松一点。

## 战略与目标要保持一致

　　每位投资者的风险承受能力不同，这就决定了投资者目标回报率的不同。投资者可以从第 3 部分阐述的投资策略中，选择最能满足自己财务目标和气候目标的策略。

专注于风险最小化的投资者应遵循气候风险缓释策略，减少面临物理风险的实物资产和面临转型风险的金融资产。专注于回报最大化的投资者应遵循主题影响力投资策略，选择在气候变化时代具有最大上涨潜力的证券进行投资。

以减缓气候变化为目标的投资者，如果资产规模不大，则应遵循多元化策略；如果资产充裕，则应遵循影响力优先策略。所有投资者在评估资产时都应考虑 ESG 因素，进行合理的投资分析。

投资策略一旦确定，投资者就要坚定执行。

## 放眼长远

资产价格剧烈变化，把握时机异常困难，且鲜有获利。大多数投资者应该放眼长远，通过选择气候投资策略来应对气候变化，并评估如何使其投资组合在 2050 年之前达到净零排放。换句话说，投资者应该与气候科学家建议保持一致，即在 21 世纪中叶之前，使其投资实现免受气候变化影响。对许多投资者来说，2050 年会感觉很遥远，但其实也就不到 30 年，这时间跨度完全在养老基金、抵押贷款和实物资产的时限之内，也完全在大多数投资者退休计划的时间跨度内。

从长远的角度看待气候变化，关键还是要投资者坚持到底。比尔·盖茨曾提醒大家："我们总是高估未来 2 年内发生的变化，而低估未来 10 年内发生的变化。"[1] 大多数投资者都有一个不好的习惯，即过度交易，提前平仓。要从以气候为重点的投资策略中获益，必须保持长远眼光。

放眼长远并不能确保所有对气候问题解决方案的投资都会成功。但是，遵循 5 项针对气候变化时代投资的最佳实践经验，可以提高成功的概率。

## 最佳实践经验

**1. 提防有意或无意的"漂绿"行为。**气候变化促使商界领袖寻求解决方案，且大多数人都初心向善，这非常高尚。但是，单凭善意很难取得商业成功。为了应对气候变化，商业模式必须与气候问题解决方案保持一致，而不是与之冲突。一个典型的例子是英国石油公司。该公司在 21 世纪初将公司口号改为"超越石油"，却继续大力投资化石燃料项目，93% 的资本均投入石油和天然气项目，这一做法激起了非政府组织（NGO）和消费者的强烈抗议。[2] 几年后，英国石油公司悄悄放弃了新口号。这一错误不管是对公司还是对投资者来说，代价都是高昂的。

2020 年，英国石油公司宣布，计划调整业务模式以减少排放，将石油和天然气产量削减 40%，并将可再生能源发电量增加 20 倍。[3] 该公司还大力投资绿氢和碳捕获项目。该公告更明确地将其商业模式与其气候使命结合起来，股票市场反应热烈，公司股价收盘上涨 7%。[4]

这一事件提醒投资者，必须提防公司无法创造长期价值的"漂绿"行为，应该将资金投入解决气候问题的计划与核心商业模式相一致的公司。

**2. 与趋势为友**。气候问题解决方案的投资机会，通常来自非关联部门的发展趋势。消费电子产品的快速增长，引发了对锂离子电池的需求，锂离子电池随后被用于制造电动汽车。消费电子市场以及对电池供电的相关需求是一个明显的趋势，但多年来一直被老牌汽车公司忽视。展望未来，可再生太阳能和风能的快速增长和成本下降是大势所趋，这将为开发绿氢创造机会。同样，公司承诺减少温室气体排放的趋势将产生对碳移除项目的需求，从而在林业、农业和直接空气捕获领域创造机会。

投资者应了解气候变化或与之相关的趋势，并了解其对多个行业的影响。趋势或许延续多年，在某些情况下或许延续数十年，这将为业务增长提供强大的推动力。

**3. 远离依赖人类行为改变的生意**。许多商业计划都是基于消费者愿意改变行为并为环境"做正确的事"的假设而编写的。遗憾的是，很少有人愿意改变自己的行为。特别是当要求人类搁置当前需求，而优先考虑未来风险时，更是如此，即心理学家所说的"现时偏见"。[5] 提供气候问题解决方案的企业，更有可能通过提供无须或稍稍改变消费者行为的产品来获得成功。

例如，特斯拉创建了第一家成功的电动汽车公司，其产品外观和驾驶方式与传统汽车相似，而且更好。同样，别样肉客有意将其产品设计成有真肉口感且在超市的肉类货架上可以买到。其

首席执行官伊桑·布朗总结了这一战略："我坚定地致力于在人们所在之处与其会面。"⁶

特斯拉、别样肉客和其他拥有气候问题解决方案的成功公司的目标，不是欺骗消费者——买家知道他们得到的是不同的产品——而是避免改变人类行为的高障碍。除非客户细分市场非常集中，行为改变不大，或者消费者获益远超改变的障碍，否则投资者应该避免依赖人类行为改变的生意。

**4. 宜早不宜迟**。投资者意识到气候正在缓慢变化，面临气候风险的资产将慢慢失去价值，这可能是个误判。经济学家海曼·明斯基描述了市场如何突然集体重新定价资产，这一时刻被称为"明斯基时刻"。资产价格是基于对未来现金流量的前瞻性估计。如果对资产存续性的看法突然发生变化，投资者可能会被套牢，循环反馈，导致资产价格暴跌。监管机构警告称，重新评估气候风险会引发"气候明斯基时刻"，这会导致有风险敞口的资产被迫遭遇"跳楼价"。⁷投资者不应等待市场对资产进行重新定价，尽早下决心出售有气候风险敞口的资产，更占优势。

**5. 所有投资的基本规则仍然适用**。气候变化带来了新的风险和机遇，但它不会改变投资的基本规则。短期内，资产价格几乎肯定会被高估或低估，所有快速转型的行业都会出现这种情况。但这并不会改变一个事实，即长期股东价值是以当前和未来现金流为基础的。我们建议投资者在气候变化时代仍遵循投资的基本规则。

选择长期投资目标并遵循最佳实践经验，将使投资者在未来几年获得考虑风险因子后仍具吸引力的回报。这对投资者是有利的,但这对地球是有利的吗?全球向气候问题解决方案的过渡,是否会足够快以避免灾难性的气候变化?最终答案,主要取决于投资者。

我们的星球是宇宙无边黑暗中一颗孤独的尘埃。在我们的默默无闻中,在这片广阔的土地上,没有任何迹象表明,会有来自其他地方的帮助来拯救我们。

——卡尔·萨根(Carl Sagan)

图25.1 从太空看到的地球
资料来源:维基共享资源。

第 25 章

# 为什么投资很重要

美国天文学家卡尔·萨根具有向普通大众传播天体物理学的天赋。通过解释外层空间的奥秘，萨根使人们认识到一个重要的事实——我们只能靠自己（见图 25.1）。人类活动正在使地球迅速变暖，而只有人类才能改变这一轨迹。

史无前例的超级飓风、高温和洪水在全球范围内频频发生，大家已司空见惯。但与未来的情况相比，这都是小巫见大巫。如果排放量不迅速减少，世界将在几十年内经历更严重的影响，而且损害程度只会随着时间的推移而加剧。科学界的共识是，不采取措施的情况下，到 2100 年，全球气温"极有可能"上升超过 2℃，并可能接近 6℃。[1]这将导致生态系统和全球经济的大范围破坏，以及超过 1 亿人可能流离失所。[2]地球上一次如此温暖是在 300 多万年前，远远早于地球上出现人类之前。[3]

"不采取措施"意味着继续使用我们当前的基础设施和技术：

燃烧化石燃料用于能源和运输、排放工业温室气体、砍伐森林和从事排放密集型农业。排放的发生，是为满足在工业革命期间耗资数万亿美元而建立的全球经济基础设施所需。对气候变化唯一现实的解决办法，是重新通过投资建立一个不排放温室气体的全球经济。正如卡尔·萨根所言，投资使我们能够拯救自己。

在考虑投资创建全球低碳经济的方案前，有必要回顾一下避免灾难性气候变化的4种替代解决方案。

### 少消费

一项针对29个国家10 000多位消费者的调查发现，有一半的人表示，没有大部分自有物品的情况下，他们可以依靠共享经济来满足自己的许多需求，快乐地生活。[4]越来越多的私人间共享汽车、房屋甚至宠物，正在减少对某些商品和服务的总体需求。更好的是，一些消费者有意减少对牛肉和航空旅行等排放密集型商品和服务的消费，以此作为他们应对气候变化的贡献。遗憾的是，他们的行动不太可能对气候变化产生实质性影响。

个人少消费的局限性在于，其并没有解决大部分温室气体排放问题。宾夕法尼亚州立大学的迈克尔·曼（Michael Mann）教授解释了原因："关注个人航空旅行和牛肉消费，会忽视更重要的风险，即人类文明所依赖的能源和运输所消耗的化石燃料产生的碳排放量占全球排放总量的2/3。我们需要进行系统性变革，以减少每个人的碳足迹。"[5]

更糟糕的是，研究发现，为应对气候变化做出牺牲的个人，对碳税或其他政府法规支持的可能性较低，这表明降低个人消费会削弱对气候政策的支持。[6]出现这种情况，是因为消费者误以为抑制个人消费有利于解决气候变化。

需要明确的是，减少排放密集型商品和服务的消费，对于减少能源和其他投入而应对气候变化至关重要。节能，是成本最低的气候解决方案之一。但是，减少个人消费不足以避免灾难性的气候变化，因为全球排放量必须降至零，而使用少消费策略是不可能实现这一目标的。

**放弃经济增长**

几乎所有的经济学家都将GDP的增长等同于成功，而忽略了经济增长与温室气体排放之间的历史相关性。作为替代方案，一些经济学家现在呼吁结束经济增长或"去增长"，以此作为气候变化的解决方案。[7]遗憾的是，去增长面临两个重大挑战。

挑战之一，发展中国家不太可能合作，因为它们认为经济增长对发展中国家和发达国家一样，是它们的权利。美国和欧洲从工业革命和随之而来的高速经济增长中受益，同时也用温室气体污染了大气。综上所述，尽管美国和欧洲仅占全球人口的11%，其温室气体排放量则占自1751年以来排放量的近一半。[8]地球上其余89%的人口，极可能不支持以限制其经济繁荣为代价的去增长战略。

挑战之二，即使各国遵循去增长战略，结果也只会减少排放，而不是消除排放，而且经济成本很高。一个真实的减排例子

第25章 为什么投资很重要

是，2020年由于新冠肺炎疫情，全球二氧化碳排放量下降了5.8%。[9]但联合国估计，全球经济必须在10年内每年减少7.6%的排放量，才能将升温控制在1.5℃以内。考虑到2020年全球经济衰退所带来的艰辛困顿，很难想象大多数人会愿意在可预见的未来每年都承受更大的经济衰退。

控制人口增长

温室气体排放是人类活动的直接结果，由此一些专家建议解决气候变化的办法就是减少人口。[10]撇开限制人口增长是否道德及其实用性不谈，人口下降不会避免灾难性气候变化。这主要是时机问题。正如一位研究人员所说："减少地球上的人口数量需要数百年时间，减排需要从现在开始。"[11]人口减少最终会减少温室气体排放量，但它对减少温室气体存量的作用不大。控制人口增长只会导致更少的人生活在一个更热的星球上。

此外，事实证明，生育孩子对成人对气候变化的行为有积极作用。一项研究发现，儿童，尤其是女孩，可以有效增加父母对气候变化的关注程度。[12]这对往往不太担心全球变暖的保守型父母影响最大。

适应

人类是所有物种中适应力最强的，而且人们也提出，可以适应气候变化而不是试图缓解气候变化。荷兰已经证明，可以以可控的成本建造抵御海平面上升的屏障。气温上升将损害温带和热带国家的作物产量，但北部地区的耕地正在扩大；随着气候变暖延长了生长季节，俄罗斯成为世界上最大的小麦出口国。[13]几乎直接位于赤道上的新加坡证明，空调可以带来舒适感和经济上的成功，更热的天气不一定会影响生产力或生活条件。

适应的问题在于，正如经济学家赫伯特·斯坦（Herbert Stein）曾经幽默地说道："一件事如果不能永远持续下去，它就会停止。"气候变化也是同理。最终，人类必须停止排放温室气体，因为每排放一吨二氧化碳和其他温室气体就会增加存量，使地球变得更热。达到一定程度时，温度上升会产生危险的反馈回路，加速排放并加速灾难性变暖。

适应是短期内可行的战略，甚至可能持续到21世纪末。但如不采取行动，最终会使地球变暖，超出人类的适应能力。更糟糕的是，到那时做再多的事情都为时已晚。适应是一种虚假的希望，一种暂时的好处，最终会导致非常危险的结果。

事实上，上述4种解决方案都将有助于应对气候变化。减少消费、不再强调GDP增速以及减缓人口增长是必要的，但还不足以解决问题。一些适应仍将是必要的，因为即使快速减少排放，气候仍将继续变化。这只剩下一条现实途径以避免灾难性气候变化，即对气候问题解决方案的积极投资。

## 进行投资

到2050年或之后不久，温室气体排放量必须达到净零。全球经济脱碳的成功非常重要，因为一旦二氧化碳和其他温室气体的浓度超过临界水平，就没有第二次减排机会。避免灾难性气候变化的窗口，已经很小并且正在关闭。因此，重要的是要考虑3个关键问题：需要多少资金？有这么多钱吗？会有效果吗？

需要多少资金？

全球金融市场协会（The Global Financial Markets Association，其成员代表世界领先的金融机构）委托波士顿咨询公司研究需要多少资金才能使全球经济脱碳，并将升温限制在1.5~2℃。研究结果是，到2050年，所需资金总量需达到每年3万亿~5万亿美元，或总计100万亿~150万亿美元。[14]其他分析师的估计范围为每年1万亿~6.9万亿美元，大致与波士顿咨询公司的数字一致。[15]目前对气候问题解决方案的投资总额约为每年6 000亿美元，这意味着脱碳所需的资金需在此基础上增加4~7倍。

有这么多钱吗？

简短的回答是肯定的，所需的股权资本是够的。波士顿咨询公司的分析估计，65%的投资将使用贷款或债券，其余35%将使用股权。[16]这相当于每年2万亿~3.5万亿美元的固定收益和1万亿~1.5万亿美元的股权。

固定收益市场非常庞大且流动性强，未偿付资金达128万亿美元，年发行量超过20万亿美元，这表明应对气候变化所需的额外资本很容易获得。[17]股票市场的流动性较低。全球股票市场非常庞大，总额达86万亿美元，但每年发行新股的频率相对较低，约为每年1万亿美元。[18]私募股权和风险投资市场再投资0.5万亿美元。[19]每年为气候问题解决方案额外筹集1万亿~1.5万亿美元的股权资本虽很激进，但在理论上是可行的。

会有效果吗？

本书前几部分解释了如何通过投资气候问题解决方案，来快速且经济高效地减少温室气体排放。可再生太阳能、风能、储能和电动汽车可以消除50%以上的排放。绿氢再减少10%~20%的运输和工业排放，剩下的15%~25%可以通过碳移除技术减少。从理论上讲，是存在一条到2050年实现净零脱碳的路径。这引申出一个更重要的问题：是否有证据表明，投资于本书所描述的气候问题解决方案会有效？幸运的是，一些国家的实践已经初见成效。

增长模式下的脱碳

从1990年到2020年，德国的温室气体排放量下降了40%以上。[20]值得注意的是，这是在经济增长的同时实现的。同期，德国实际GDP增长了46%。[21]换句话说，德国既实现了脱碳，又实现了经济的繁荣。

德国的脱碳是通过可再生能源的大幅扩张实现的，这一措施被称为能源转型（Energiewende）。风能和太阳能发电占该国总发电量的比例从接近零增至45%，并在2020年超过了化石燃料发电。[22]德国向可再生能源的过渡需要对可再生能源进行大量投资，从而导致消费者的水电费高昂，但可再生能源的生产成本正在迅速下降。展望未来，德国预计将投资2.3万亿欧元，到2050年将温室气体排放量减少95%，对经济产生积极影响。[23]该国最重要的商业协会对能源转型的成本和收益进行了研究，并得出结论：工业企业将从雄心勃勃的气候保护中受益。[24]

德国并不是唯一的成功案例。一项关于脱碳的研究发现，在2000年至2014年，有35个国家成功将经济增长与温室气体排放脱钩。[25]在全球主要经济体中，英国减少了24%的排放量，同时实际GDP增长了27%，这是10多年来的一项令人瞩目的成就。

令人惊喜的是，美国提供了另一个脱碳的例子，尽管速度比德国和英国稍慢。在截至2019年的15年里，美国实际GDP增长了27%，排放量下降了14%。[26]美国的排放量下降得益于用投资低碳天然气和零碳风能和太阳能以取代燃煤电厂，以及工厂和家庭大规模提高能源效率和使用更高效能的车辆。[27]

这些结果提供了各国可以脱碳并保持经济增长的早期证据。但正如投资者从美国证券交易委员会要求在每份基金招股说明书贴的警告标签中了解到的那样，"过去的表现并不一定能预测未来的结果"。[28]展望未来，全球各国是否会加速经济与温室气体排放脱钩？到2050年会不会实现基于科学的净零排放目标？

## 预测未来结果

美国国家科学院以美国为重点收集了来自十几所一流大学的专家的意见，对以上问题进行了研究。该研究得出的结论是，美国的脱碳在技术上是可行的；如果马上行动，到 2050 年实现目标是现实的。[29] 这将需要到 2030 年前增加 2.1 万亿美元的投资，且降低电力成本所节省的资金将足以弥补前期投资缺口。

国际能源署从全球角度考虑了这个问题并得出几乎相同的结论，我们找到了一条可行但需要大量投资的实现净零排放的途径。如果要了解规模大小，国际能源署估计，实现净零排放的途径将需要在未来 10 年内每天都安装目前世界上最大的太阳能项目。[30] 国际能源署执行董事法提赫·比罗尔（Fatih Birol）这样描述："这一关键而艰巨的目标——我们应对气候变化并将全球变暖限制在 1.5℃ 内——所需努力的规模和速度，使其可能成为人类有史以来面临的最大挑战。"[31]

幸运的是，本书第 9 章中描述的气候问题解决方案之间的协同作用，将进一步加速实现净零排放。风能、太阳能和储能成本的迅速下降，将加速电动汽车的应用，进一步推动对可再生能源的需求。廉价的可再生能源将允许大规模开发绿氢，并将支持碳捕获技术。采用单一的气候问题解决方案，将有助于减少温室气体排放；多种方案同时采用，则会创造一个良性循环，加速减排并避免灾难性的气候变化。对投资者而言，气候问题解决方案之间的协同作用,将为投资自工业革命以来最伟大的全球经济重塑提供机会。

### 还有其他什么挑战？

实现净零排放的道路相对清晰,但要取得成功还面临一些挑战。最大的挑战,是大多数国家没有碳定价。通过排放上限或碳税为碳定价,对于激励所有企业快速投资于气候问题解决方案和减少排放至关重要。同样,政府补贴对于快速实施气候问题解决方案仍然至关重要。尤其是在绿氢和直接空气捕获领域,在进一步投资降本之前,两者成本将持续高昂并缺乏商业竞争力。

在金融市场,对排放报告和重大气候风险报告进行标准化并进行审计是必要的,其可以为投资者提供可靠的数据,以便将投资引导至走在减排道路上的公司,及远离加剧气候变化或面临风险的公司。监管机构需要确保报告的可靠性和一致性,并确保公司以与财务信息相同的目的严肃对待气候相关数据。

最后,也许实现净零的最大挑战是各国如何合作。气候变化是一个全球性问题,直接空气捕获等气候问题解决方案只有在测量和减排补偿方面进行合作才会有效。遗憾的是,民粹主义的兴起使国际合作变得更具挑战性。

尽管存在这些挑战,但关键气候问题解决方案的经济性迅速提高,意味着碳强度的显著降低是可以实现的,到2050年实现净零排放是可能的。但未来几十年将充满意料之外的变动,需要政府和私营部门做出巨大承诺。未来,对投资者和气候本身都意味着什么?

第 26 章

# 未来

地球正在变暖,许多变化正在发生,往好了说是极具破坏性,往坏了说是灾难性的。对投资者而言,未来 30 年与过去 30 年一样,变化越来越快,但变化的原因完全不同。

## 创造性破坏:1990—2020 年

奥地利经济学家约瑟夫·熊彼特将资本主义描述为一个"创造性破坏"的过程,在这个过程中,新公司用技术创新将老公司赶出市场。熊彼特认为,这是"关于资本主义的基本事实"。[1] 投资者证明他是正确的,为创造巨大股东价值的创新公司提供资金,同时摧毁竞争失败的公司。熊彼特在 20 世纪 40 年代发展了他的经济理论,但半个世纪后,随着数字时代的到来,他的创造性破坏概念到达了巅峰。

1998 年，柯达市值为 260 亿美元，苹果公司为 10 亿美元。[2] 不到 20 年，柯达就被迫宣布破产，而苹果则成为世界上最有价值的公司。柯达的核心业务胶卷被数码摄影和苹果的 iPhone 所取代。技术和创造性破坏的过程，摧毁了一个美国偶像并创造了另一个偶像。

但这涉及的不仅仅是一家成功的公司或一个经济部门。数字创新几乎以各种方式影响着每一家公司，极大地改变了金融资产的价值。到 2020 年，美国最有价值的 5 家公司都在技术领域。[3] 气候变化正再次释放熊彼特的创造性破坏，并且与数字革命一样，在此过程中将创造和损失大量财富。

## 创造性破坏：2020—2050 年

预测可再生能源和电动汽车等气候问题解决方案的增长相对容易，而预测哪些公司将主导这些领域要困难得多，就像过去选择市场赢家一样。

20 世纪 90 年代的投资者明白，数字技术将成为商业中越来越重要的因素，但很难知道应该为哪些公司提供资金。网景是 1996 年领先的互联网公司，拥有近 80% 的浏览器市场份额。5 年后，公司几乎一文不值。谷歌是另一家拥有互联网浏览器的公司，但对投资者来说却有着截然不同的结果。每位投资者都相信自己会避开网景而购买谷歌的股票。

气候变化时代将迫使投资者做出类似的投资决策，评估瞬息万变的环境中的风险和机遇。《经济学人》简洁地总结道:"就像互联网一样,脱碳将导致全球经济发生结构性变化。资本将不得不流向更清洁的技术。这个过程会产生赢家和输家。"[4]

气候变化将在创造性破坏过程中影响投资者,这个过程至少会持续未来 30 年。投资会受到气候变化的影响,投资者也会影响气候变化。关键问题,也许是唯一真正重要的问题,是投资者是否会产生足够的影响?

## 人类会避免灾难性的气候变化吗?

怀疑的理由有很多。尽管经过近 30 年的谈判,温室气体排放量仍持续增长,各国政府仍无法达成具有约束力的国际气候协议以降低排放量。与气候挑战等各种挑战做斗争,进一步加重了人类的负担。但是,希望尚存。正如作家马修·金(Matthew King)明确指出的那样:"记住一件事,虽然没有其他物种进化到造成如此大规模的问题,但也别忘了,也没有其他物种进化出如此非凡的能力来解决它。"[5]

人类有避免灾难性气候变化的解决方案,但尚不清楚人类是否会及时实施这些解决方案。迄今为止最大的挑战,是政府支持的不一致。这会产生不确定性,延迟投资并浪费宝贵的时间。好消息是,由于第 1 部分中介绍的趋势,排放曲线最终略有下行,让人们对低碳未来持一线希望。遗憾的是,我们也许无法及时实现。

## 最大的敌人是自己

对气候辩论双方持怀疑论者，使前进的道路变得更加艰难。气候否认主义者通过撒播不确定性和混乱的种子，减缓了政府对气候问题解决方案理性支持的执行速度。随着气候变化科学得到更广泛的理解，以及物理风险变得越来越明显，否认主义者正在失去影响力，但人类在此过程中已经浪费了很多时间。

另一个极端，气候失败主义者对气候问题解决方案的进步和人类创造力的潜力一无所知。通过向灾难屈服，失败主义者对解决灾难性气候变化不报希望，直到为时已晚以自证其论点。遗憾的是，随着气候变暖，失败主义者的影响力越来越大。

关于气候变化的广泛意见和辩论正在浪费最宝贵的资源——时间。

## 最后一点：动力

时间虽紧迫，但避免灾难性气候变化的窗口尚未关闭。低碳技术、不断变化的社会规范及政府支持等动力，提供了可用的解决方案，代表了全球温室气体排放的转折点。哥伦比亚大学气候科学家凯特·马维尔（Kate Marvel）巧妙地总结了她发推文时的情况："作为一名气候科学家，我想让你知道，我没有希望。我有更好的东西——确定性。我们确切地知道是什么导致气候变化。我们绝对可以，一是避免最坏的情况，二是在此过程中建设一个更美好的世界。"[6]

毫无疑问，由于国际竞争、国家间协调不力以及在向低碳未来转型中失败的企业的抵制，这一进程将比预期缓慢。但人类可以避免灾难性的气候变化，因为现在有了解决方案。减排的拖延将导致需要积极使用昂贵的碳移除解决方案以实现净零排放，使通往低碳未来的道路缓慢而昂贵，而不是快速而廉价。但是，至少有一条前进的道路。

## 未来

科学家已经发现了全球变暖的原因，并明确了人类要避免灾难必须做些什么。工程师发明了气候问题解决方案。企业家和商业领袖已经创建了商业应用。政客通过提供更多的政府支持来应对不断变化的社会规范。大规模快速实施气候问题解决方案的动力正在形成。向全球低碳未来的转变已经开始，这为气候变化时代的投资者提供了一生难得的机遇和挑战。投资者投资了历史上非常成功的工业和农业革命；现在，投资者扮演着更重要的角色，即为世界的未来提供资金。

# 致谢

我每年教近 500 名 MBA 学生，从每一个人身上都学到了一些东西，为此我深感感激。在这些学生中，特别感谢我的夏季研究助理肖恩·弗莱明，以及西沃尔·张、莫妮卡·赵、安吉莉卡·克里斯皮诺、布莱恩·麦克纳马拉、凯特琳·威切尔曼和什拉达·马尼的背景研究，他们都对这本书的编写做出了贡献。

哥伦比亚大学的教员们也都非常支持，尤其是哥伦比亚商学院院长科斯蒂斯·马格拉拉斯和杰夫·希尔教授，以及在桑德拉·纳瓦利指导下的塔梅尔中心的杰出团队。哥伦比亚大学气候学院的领导，比如迪恩斯·亚历克斯·哈利迪、杰森·波尔多夫、莫林·雷莫和露丝·德弗里斯为我提供了关于气候科学和政策的宝贵见解，并使我认识到避免灾难性气候变化的迫切需要。

致力于气候解决方案的企业家和投资者为我提供了灵感。我有太多要感激的人，特别感谢布伦特·奥尔德弗、埃里克·布兰克和布兰特·比尔利的社区能源团队，比利·帕里什和丹·罗森的马赛克团队，戴夫·柯克帕特里克领导的SJF风险投资团队，以及本·贝克领导的格林巴克的投资团队。

感谢哥伦比亚大学出版社的迈尔斯·汤普森和布莱恩·史密斯，感谢你们的建议和支持，很高兴与你们合作。

感谢埃里克详细点评和润色了我的初稿。我很幸运有一个在气候领域占有领导地位的兄弟姐妹，我可以和他分享想法。

娜奥米，如果不是你的支持和鼓励，我不会从商业转型到学术界。你告诉我这是我做过的最明智的决定。

# 注释

## 前言

1. Jennifer Marlon, Peter Howe, Matto Mildenberger, et al., "Yale Climate Opinion Maps 2020," Yale Program on Climate Change Communication, September 2, 2020, https：//climatecommunication.yale.edu/visualizations-data/ycom-us/.
2. "Future Climate Changes, Risks and Impacts," in IPCC 2014 *Synthesis Report*, accessed February 2, 2022, https：//ar5-syr.ipcc.ch/topic_futurechanges.php.
3. "The Time for Climate Action Is Now," BCG Executive Perspectives, April 2021, https：//media-publications.bcg.com/BCG-Executive-Perspectives-Time-for-Climate-Action.pdf.
4. "Climate Finance Markets and the Real Economy," BCG & GFMA, December 2020, https：//www.sifma.org/wp-content/uploads/2020/12/Climate-Finance-Markets-and-the-Real-Economy.pdf.

## 第1部分 动力

1. 在物理学中，动力是"运动物体由于其质量和运动而具有的性质"。Merriam-Webster, accessed February 4, 2022, https：//www.merriam-webster.com/dictionary/momentum.

# 第1章 繁荣背后的危机

1. Robert F. Bruner and Scott Miller, *The Great Industrial Revolution in Europe: 1760–1860* (Charlottesville, VA: Darden Business Publishing, 2019).
2. "Fritz Haber, Biographical," in Nobel Lectures, Chemistry 1901–1921 (Amsterdam: Else-vier1966), accessed February 1, 2022, https://www.nobelprize.org/prizes/chemistry/1918/haber/biographical/. 它首次发表在诺贝尔奖系列书中,后来被编辑并再次发表于《诺贝尔讲座》。
3. "Corn Yields in the United States, 1866 to 2014," Our World in Data, accessed February 1, 2022, https://ourworldindata.org/search?q=average+corn+yields.
4. Vaclav Smil, *Enriching the Earth: Fritz Haber, Carl Bosch, and the Transformation of World Food Production* (Cambridge, MA: MIT Press, 2000).
5. Max Roser, Hannah Ritchie, and Esteban Ortiz-Ospina, "World Population Growth," Our World in Data, last modified May 2019, https://ourworldindata.org/world-population-growth.
6. Max Roper, "Economic Growth," Our World in Data, accessed February 1, 2022, https://ourworldindata.org/economic-growth#:~:text=The%20income%20of%20the%20average%20person%20in%20the%20world%20has,times%20richer%20than%20in%201950.
7. "Real GDP Per Capita, 2017," Our World in Data, accessed February 1, 2022, https://ourworldindata.org/grapher/real-gdp-per-capita-pennwt.
8. "AR6 Climate Change 2021: The Physical Science Basis," IPCC, accessed February 1, 2022, https://www.ipcc.ch/report/ar6/wg1/#SPM.
9. "AR6 Climate Change 2021: The Physical Science Basis," IPCC.
10. Chelsea Harvey, "Earth Hasn't Warmed This Fast in Tens of Millions of Years," *E&E News*, *Scientific American*, September 13, 2020, https://www.scientificamerican.com/article/earth-hasnt-warmed-this-fast-in-tens-of-millions-of-years/.
11. J. Rogelj, D. Shindell, K. Jiang, et al., "Mitigation Pathways Compatible

with 1.5℃ in the Context of Sustainable Development," in Global Warming of 1.5℃. 在面对全球变暖 1.5℃ 及加强全球对气候变化威胁、可持续发展和消除贫困应对的背景下，政府间气候变化专门委员会发布关于全球温室气体排放途径的特别报告。V. Masson-Delmotte, P. Zhai, H. -O. Pörtner, et al. (IPCC, 2018), https://www.ipcc.ch/site/assets/uploads/sites/2/2019/05/SR15_Chapter2_Low_Res.pdf.

12. Philip Shabecoff, "Global Warming Has Begun, Expert Tells Senate," *New York Times*, June 24, 1988, https://www.nytimes.com/1988/06/24/us/global-warming-has-begun-expert-tells-senate.html.

13. Kat Eschner, "Leaded Gas Was a Known Poison the Day It Was Invented," *Smithsonian*, December 9, 2016, https://www.smithsonianmag.com/smart-news/leaded-gas-poison-invented-180961368/.

14. Jerome O. Nriagu, "The Rise and Fall of Leaded Gasoline," *Science of the Total Environment* 92 (1990): 13-28, http://www.columbia.edu/itc/sipa/envp/louchouarn/courses/env-chem/Pb-Rise&Fall%28Nriagu1990%29.pdf.

15. "Remarks by the President on the Paris Agreement," White House, Office of the Press Secretary, October 5, 2016, https://obamawhitehouse.archives.gov/the-press-office/2016/10/05/remarks-president-paris-agreement.

16. "Emissions Gap Report 2016," UN Environment, November 26, 2016, https://www.unenvironment.org/resources/emissions-gap-report-2016.

17. "Emissions Gap Report 2020," UNEP, UNEP DTU Partnership, December 9, 2020, https://www.unep.org/emissions-gap-report-2020.

18. "Emissions Gap Report 2020," UNEP, UNEP DTU Partnership.

19. Phil Drew and Ruairidh Macintosh, "Amount of Finance Committed to Achieving 1.5℃ Now at Scale Needed to Deliver the Transition," GFANZ, November 3, 2021, https://www.gfanzero.com/press/amount-of-finance-committed-to-achieving-1-5c-now-at-scale-needed-to-deliver-the-transition/.

20. Rochelle Toplensky, "Business Is the Game-Changer at COP26 in Glasgow," *Wall Street Journal*, November 6, 2021, https://www.wsj.com/articles/business-is-the-game-changer-at-cop26-in-glasgow-11636196493?st=f7gt0p5mhup8a94&reflink=article_email_share.

# 第 2 章 气候变化时代的投资

1. Taylor Telford and Dino Grandoni, "Murray Energy Files for Bankruptcy as Coal's Role in U. S. Power Dwindles," *Washington Post*, October 29, 2019, https://www.washingtonpost.com/business/2019/10/29/coal-giant-murray-energy-files-bankruptcy-coals-role-us-power-dwindles/.
2. Pippa Stevens, "Exxon Mobil Replaced by a Software Stock After 92 Years in the Dow Is a 'Sign of the Times,'" CNBC, August 25, 2020, https://www.cnbc.com/2020/08/25/exxon-mobil-replaced-by-a-software-stock-after-92-years-in-the-dow-is-a-sign-of-the-times.html.
3. Reed Stevenson, "Tesla Overtakes Toyota as the World's Most Valuable Automaker," Bloomberg, July 1, 2020, https://www.bloomberg.com/news/articles/2020-07-01/tesla-overtakes-toyota-as-the-world-s-most-valuable-automaker?sref=q3MO9qbb.
4. Mike Murphy, "Beyond Meat Soars 163 Percent in Biggest-Popping U. S. IPO Since 2000," MarketWatch, May 5, 2019, https://www.marketwatch.com/story/beyond-meat-soars-163-in-biggest-popping-us-ipo-since-2000-2019-05-02.
5. Cary Funk and Brian Kennedy, "How Americans See Climate Change and the Environment in 7 Charts," Pew Research Center, April 21, 2020, https://www.pewresearch.org/fact-tank/2020/04/21/how-americans-see-climate-change-and-the-environment-in-7-charts/.
6. Matthew Ballew, Jennifer Marlon, John Kotcher, et al., "Climate Note: Young Adults, Across Party Lines, Are More Willing to Take Climate Action," Yale Program on Climate Change Communication, April 28, 2020, https://climatecommunication.yale.edu/publications/young-adults-climate-activism/.
7. Audrey Choi, "How Younger Investors Could Reshape the World," Morgan Stanley Wealth Management, January 24, 2018, https://www.morganstanley.com/access/why-millennial-investors-are-different.

8. "Amazon Sustainability," Amazon.com, accessed February 4, 2022, https://sustainability.aboutamazon.com/.

9. Tom Murray, "Apple, Ford, McDonald's and Microsoft Among This Summer's Climate Leaders," Environmental Defense Fund, August 10, 2020, https://www.edf.org/blog/2020/08/10/apple-ford-mcdonalds-and-microsoft-among-summers-climate-leaders.

10. "Microsoft Announces It Will Be Carbon Negative by 2030," Microsoft News Center, January 16, 2020, https://news.microsoft.com/2020/01/16/microsoft-announces-it-will-be-carbon-negative-by-2030/#:~:text=%E2%80%9CBy%202030%20Microsoft%20will%20be, it%20was%20founded%20in%201975.%E2%80%9D.

11. Heleen L. van Soest, Michel G. J. den Elzen, and Detlef P. van Vuuren, "Net-Zero Emission Targets for Major Emitting Countries Consistent with the Paris Agreement," *Nature Communications* 12 (April 9, 2021): article 2140, https://www.nature.com/articles/s41467-021-22294-x.

12. *The Long-Term Strategy of the United States: Pathways to Net-Zero Greenhouse Gas Emissions by 2050* (Washington, DC: U.S. Department of State and U.S. Executive Office of the President, 2021), https://www.whitehouse.gov/wp-content/uploads/2021/10/US-Long-Term-Strategy.pdf.

13. "State Renewable Portfolio Standards and Goals," NCSL, August 13, 2021, https://www.ncsl.org/research/energy/renewable-portfolio-standards.aspx#:~:text=489%20.

14. "How did you go bankrupt?" "Two ways. Gradually and then suddenly," Quote Investigator, accessed February 4, 2022, https://quoteinvestigator.com/2018/08/06/bankrupt/.

# 第3章 发展动力

1. Larry Fink's 2020 Letter to CEOs, BlackRock, https://www.blackrock.com/corporate/investor-relations/2020-larry-fink-ceo-letter.

2. David Solomon, "Goldman Sachs' Commercially Driven Plan for Sustainability," *Financial Times*, December 15, 2019, https://www.ft.com/content/ffd794c8-183a-11ea-b869-0971bffac109.

3. Marcie Frost, "How California's Pension Fund Is Confronting Climate Change," CalMatters, last modified December 17, 2019, https://calmatters.org/commentary/2019/12/pension-climate-change/.

4. Leslie Hook and Gillian Tett, "Hedge Fund TCI Vows to Punish Directors Over Climate Change," *Financial Times*, December 1, 2019, https://www.ft.com/content/dde5e4d4-140f-11ea-9ee4-11f260415385.

5. "We need to reach net zero emissions by 2050," Financing Roadmaps, accessed February 4, 2022, https://www.gfanzero.com/netzerofinancing.

# 第2部分　气候问题解决方案

1. *Special Report: Global Warming of* 1.5℃, IPCC, accessed February 4, 2022, https://www.ipcc.ch/sr15/.

2. Michelle Della Vigna, Zoe Stavrinou, and Alberto Gandolfi, "Carbonomics: Innovation, Deflation and Affordable De-carbonization," Goldman Sachs, October 13, 2020, https://www.goldmansachs.com/insights/pages/gs-research/carbonomics-innovation-deflation-and-affordable-de-carbonization/report.pdf.

3. "GDP (Current US $)," World Bank, accessed February 4, 2022, https://data.worldbank.org/indicator/NY.GDP.MKTP.CD.

# 第4章　可再生能源

本章开头图片的说明来自：Heather Rogers, "Reconsideration: Current Thinking," New York Times, June 3, 2007, https://www.nytimes.com/2007/06/03/magazine/03wwl-essy-t.html#:~:text=In%201931%2C%20not%20long%20before, out%20before%20we%20tackle%20that.%E2%80%9D。

1. Material in this section is sourced from Bruce Usher, *Renewable Energy: A Primer for the Twenty-First Century* (New York: Columbia University Press, 2019), chap. 5.
2. "How Does Solar Work?" Office of Energy Efficiency & Renewable Energy, accessed February 4, 2022, https://www.energy.gov/eere/solar/how-does-solar-work.
3. "The Nobel Prize in Physics 1921, Albert Einstein," Nobelprize.org, accessed February 4, 2022, https://www.nobelprize.org/nobel_prizes/physics/laureates/1921/.
4. Jeremy Hsu, "Vanguard 1, First Solar-Powered Satellite, Still Flying at 50," Space.com, March 18, 2008, https://www.space.com/5137-solar-powered-satellite-flying-50.html.
5. "Photovoltaic Energy Factsheet," Center for Sustainable Systems, University of Michigan, 2017, http://css.umich.edu/factsheets/photovoltaic-energy-factsheet.
6. Ramez Naam, "Smaller, Cheaper, Faster: Does Moore's Law Apply to Solar Cells?" *Scientific American*, March 16, 2011, https://blogs.scientificamerican.com/guest-blog/smaller-cheaper-faster-does-moores-law-apply-to-solar-cells/.
7. Martin Schachinger, "Module Price Index," *PV Magazine*, last modified January 15, 2021, https://www.pv-magazine.com/module-price-index/.
8. A different solar technology, concentrated solar power (CSP), uses mirrors to concentrate the sun's rays. The heat is used to drive a steam-powered turbine to generate electricity. However, concentrated solar power has fallen out of favor because the cost of generating electricity from CSP is significantly higher than from PV, making it less competitive.
9. Annie Sneed, "Moore's Law Keeps Going, Defying Expectations," *Scientific American*, May 19, 2015, https://www.scientificamerican.com/article/moores-law-keeps-going-defying-expectations/.
10. "Sunny Uplands," Science & Technology, *The Economist*, November 21, 2012, https://www.economist.com/news/2012/11/21/sunny-uplands.
11. "International Technology Roadmap for Photovoltaic (ITRPV) 2020 Re-

sults," 12th ed. , April 2021, https：//www. vdma. org/international-technology-roadmap-photovoltaic.

12. "International Technology Roadmap for Photovoltaic (ITRPV) 2020 Results," 12 ed.

13. "Lazard's Levelized Cost of Energy Analysis—Version 14. 0," Lazard, October 2020, https：//www. lazard. com/media/451419/lazards-levelized-cost-of-energy-version－140. pdf.

14. Billy Ludt, "What Is a Solar Tracker and How Does It Work?" Solar Power World, January 16, 2020, https：//www. solarpowerworldonline. com/2020/01/what-is-a-solar-tracker-and-how-does-it-work/.

15. "Bifacial Solar Advances with the Times—and the Sun," NREL, accessed February 4, 2022, https：//www. nrel. gov/news/features/2020/bifacial-solar-advances-with-the-times-and-the-sun. html.

16. "Solar Industry Research Data," SEIA, accessed February 4, 2022, http：//www. seia. org/research-resources/solar-industry-data.

17. "WoodMac Expects Up to 25 Percent Drop in Solar Costs This Decade," Renewables Now, January 21, 2021, https：//renewablesnow. com/news/woodmac-expects-up-to－25－drop-in-solar-costs-this-decade－728679/.

18. Andrew Z. P. Smith, "Fact Checking Elon Musk's Blue Square：How Much Solar to Power the US?" UCL Energy Institute blog, May 21, 2015, https：//blogs. ucl. ac. uk/energy/2015/05/21/fact-checking-elon-musks-blue-square-how-much-solar-to-power-the-us/.

19. "News Release：NREL Raises Rooftop Photovoltaic Technical Potential Estimate," NREL, March 24, 2016, https：//www. nrel. gov/news/press/2016/24662. html.

20. The Energy Outlook, 2020 ed. , BP, https：//www. bp. com/content/dam/bp/business-sites/en/global/corporate/pdfs/energy-economics/energy-outlook/bp-energy-outlook－2020. pdf.

21. "Amazon Becomes World's Largest Corporate Purchaser of Renewable Energy, Advancing Its Climate Pledge Commitment to Be Net-Zero Carbon by 2040," BusinessWire, December 10, 2020, https：//www. businesswire. com/news/

home/20201210005304/en/Amazon-Becomes-World%E2%80%99s-Largest-Corporate-Purchaser-of-Renewable-Energy-Advancing-its-Climate-Pledge-Commitment-to-be-Net-zero-Carbon-by-2040#:~:text=%E2%80%9CWith%20a%20total%20of%20127,our%20original%20target%20of%202030.

22. Emma Foehringer Merchant, "California's Rooftop Solar Mandate Hits Snag with Housing Market Set for Slowdown," GTM: A Wood Mackenzie Business, July 22, 2020, https://www.greentechmedia.com/articles/read/will-the-coronavirus-slow-californias-solar-home-requirement.

23. Jon Moore and Seb Henbest, "New Energy Outlook 2020," BloombergNEF, October 2020, https://assets.bbhub.io/professional/sites/24/928908_NEO2020-Executive-Summary.pdf.

24. Material in this section is sourced from Usher, . *Renewable Energy*, chap. 4.

25. "An Industry First: Haliade-X Offshore Wind Turbine," GE Renewable Energy, accessed February 4, 2022, https://www.ge.com/renewableenergy/wind-energy/offshore-wind/haliade-x-offshore-turbine.

26. "Lazard's Levelized Cost of Energy Analysis—Version 15.0," Lazard, October 2021, https://www.lazard.com/media/451905/lazards-levelized-cost-of-energy-version-150-vf.pdf.

27. "Wind Explained: Electricity Generation from Wind," EIA, last modified March 17, 2021, https://www.eia.gov/energyexplained/wind/electricity-generation-from-wind.php.

28. "Wind Energy Basics," NYSERDA, accessed February 4, 2022, https://www.nyserda.ny.gov/-/media/Files/Publications/Research/Biomass-Solar-Wind/NY-Wind-Energy-Guide-1.pdf.

29. Jan Dell and Matthew Klippenstein, "Wind Power Could Blow Past Hydro's Capacity Factor by 2020," GTM: A Wood Mackenzie Business, February 8, 2017, https://www.greentechmedia.com/articles/read/wind-power-could-blow-past-hydros-capacity-factor-by-2020.

30. Jason Finkelstein, David Frankel, and Jesse Noffsinger, "How to Decarbonize Global Power Systems," McKinsey & Company, May 19, 2020, https://www.mckinsey.com/industries/electric-power-and-natural-gas/our-in-

sights/how-to-decarbonize-global-power-systems.

31. Graeme R. G. Hoste, Michael J. Dvorak, and Mark Z. Jacobson, "Matching Hourly and Peak Demand by Combining Different Renewable Energy Sources: A Case Study for California in 2020," Stanford University, Department of Civil and Environmental Engineering, accessed February 4, 2022, https://web.stanford.edu/group/efmh/jacobson/Articles/I/CombiningRenew/Hoste-FinalDraft.

32. Justin Gerdes, "California's Wind Market Has All But Died Out. Could Grid Services Revenue Help?" GTM: A Wood Mackenzie Business, March 30, 2020, https://www.greentechmedia.com/articles/read/justin-california.

33. "Wind Turbines," U. S. Fish & Wildlife Services, last modified April 18, 2018, https://www.fws.gov/birds/bird-enthusiasts/threats-to-birds/collisions/wind-turbines.php.

34. "Cats Indoors," American Bird Conservancy, accessed February 4, 2022, https://abcbirds.org/program/cats-indoors/cats-and-birds/.

35. National Audubon Society, "Climate: Wind Power and Birds," July 21, 2020, https://www.audubon.org/news/wind-power-and-birds.

36. Jason Samenow, "Blowing Hard: The Windiest Time of Year," *Washington Post*, March 31, 2016, https://www.washingtonpost.com/news/capital-weather-gang/wp/2014/03/26/what-are-the-windiest-states-and-cities-what-is-d-c-s-windiest-month/?utm_term=.4ac52623e129.

37. "Offshore Wind Outlook 2019," IEA, November 2019, https://www.iea.org/reports/offshore-wind-outlook-2019.

38. "An Industry First," GE Renewable Energy.

39. "Block Island Wind Farm," Power Technology, December 30, 2016, https://www.power-technology.com/projects/block-island-wind-farm/.

40. "Offshore Wind Projects," New York State ERDA, November 19, 2021, https://www.nyserda.ny.gov/All-Programs/Programs/Offshore-Wind/Focus-Areas/NY-Offshore-Wind-Projects.

41. "Levelized Cost of Energy, Levelized Cost of Storage, and Levelized Cost of Hydrogen 2020," Lazard, October 19, 2020, https://www.lazard.com/

perspective/levelized-cost-of-energy-and-levelized-cost-of-storage-2020/.

42. "Governor Cuomo Announces Finalized Contracts for Empire Wind and Sunrise Wind Offshore Wind Projects to Deliver Nearly 1,700 Megawatts of Clean and Affordable Renewable Energy to New Yorkers," New York State ERDA, November 19, 2021, https://www.nyserda.ny.gov/About/Newsroom/2019-Announcements/2019-10-23-Governor-Cuomo-Announces-Finalized-Contracts-for-Empire-Wind-and-Sunrise-Wind-Offshore-Wind-Projects.

43. Eric Paya and Aaron Zigeng Du, "The Frontier Between Fixed and Floating Foundations in Offshore Wind," Empire Engineering, October 19, 2020, https://www.empireengineering.co.uk/the-frontier-between-fixed-and-floating-foundations-in-offshore-wind/.

44. Sarah McFarlane, "Floating Wind Turbines Buoy Hopes of Expanding Renewable Energy," The Future of Everything: Energy & Climate, *Wall Street Journal*, February 6, 2021, https://www.wsj.com/articles/floating-wind-turbines-buoy-hopes-of-expanding-renewable-energy-11612623702?mod=article_inline.

45. McFarlane, "Floating Wind Turbines."

46. McFarlane, "Floating Wind Turbines."

47. Moore and Henbest, "New Energy Outlook 2020."

48. Gregory Meyer, "Offshore Wind Power Project Moves Ahead Under Biden," *Financial Times*, March 8, 2021, https://www.ft.com/content/923de0ae-b72e-4106-9688-c549b6bb1690.

49. "FAQ: How Old Are U.S. Nuclear Power Plants, and When Was the Newest One Built?" EIA, last modified December 29, 2020, https://www.eia.gov/tools/faqs/faq.php?id=228&t=21#:~:text=The%20newest%20reactor%20to%20enter,nuclear%20reactors%20for%2040%20years.

50. Julian Spector, "Sole US Nuclear Plant Under Construction Plods on Despite Virus Infections," GTM: A Wood Mackenzie Business, April 30, 2020, https://www.greentechmedia.com/articles/read/covid-19-impacted-productivity-of-vogtle-nuclear-plant-construction.

51. "Lazard's Levelized Cost of Energy Analysis—Version 14.0," Lazard.

52. "Annual Energy Outlook 2020, with Projections to 2050," EIA, January 29, 2020, https://www.eia.gov/outlooks/aeo/pdf/AEO2020% 20Full% 20Report.pdf.

53. Adrian Cho, "U. S. Department of Energy Rushes to Build Advanced Nuclear Reactors," News, *Science*, May 20, 2020, https.www.sciencemag.org/news/2020/05/us-department-energy-rushes-build-advanced-new-nuclear-reactors.

54. Catherine Clifford, "Bill Gates: Nuclear Power Will 'Absolutely' Be Politically Acceptable Again—It's Safer than Oil, Coal, Natural Gas," CNBC, February 25, 2021, https://www.cnbc.com/2021/02/25/bill-gates-nuclear-power-will-absolutely-be-politically-acceptable.html.

55. "A Cost-Competitive Nuclear Power Solution," Nuscale, 2021, https://www.nuscalepower.com/benefits/cost-competitive#:~:text=The% 20first% 20module% 20will % 20be, new% 20frontier% 20of% 20clean% 20energy.

56. "Levelized Costs of New Generation Resources in the *Annual Energy Outlook 2021*," EIA, February 2021, https://www.eia.gov/outlooks/aeo/pdf/electricity_ generation.pdf.

57. Daniel Michaels, "Mini Nuclear Reactors Offer Promise of Cheaper, Clean Power," The Future of Everything: Energy & Climate, *Wall Street Journal*, last modified February 11, 2021, https://www.wsj.com/articles/mini-nuclear-reactors-offer-promise-of-cheaper-clean-power-11613055608? &mod = article_ inline.

58. Stephen Lacey, "Investors Funnel ＄1.3 Billion Into the Advanced Nuclear Industry," GTM: A Wood Mackenzie Business, June 17, 2015, https://www.greentechmedia.com/articles/read/investors-pour-1-3-billion-into-the-advanced-nuclear-industry.

59. "Advanced Nuclear Energy Projects Loan Guarantees," U.S. Department of Energy, Loan Programs Office, accessed February 4, 2022, https://www.energy.gov/lpo/advanced-nuclear-energy-projects-loan-guarantees.

60. "Bill Gates: Chairman of the Board," TerraPower, accessed February 4,

2022, https://www.terrapower.com/people/bill-gates/.

61. "Electricity Explained: Electricity in the United States," EIA, last modified March 18, 2021, https://www.eia.gov/energyexplained/electricity/electricity-in-the-us.php.

62. Kelly Pickerel, "Utility-Scale Solar Makes Up Nearly 30% of New U.S. Electricity Generation in 2020," Solar Power World, February 9, 2021, https://www.solarpowerworldonline.com/2021/02/utility-scale-solar-makes-up-nearly-30-of-new-u-s-electricity-generation-in-2020/#:~:text=Webinars%20%2F%20Digital%20Events-,Utility%2Dscale%20solar%20makes%20up%20nearly%2030%25%20of%20new%20U.S.,78%25%20of%202020%20electricity%20additions.

63. Julia Gheorghiu and Dive Brieff: "El Paso Electric Sees Record Low Solar Prices as It Secures New Mexico Project Approvals," Utility Dive, May 18, 2020, https://www.utilitydive.com/news/el-paso-electric-sees-record-low-solar-prices-as-it-secures-new-mexico-proj/578113/.

64. "Lazard's Levelized Cost of Energy Analysis—Version 14.0," Lazard.

65. Geoffrey Heal, "Economic Aspects of the Energy Transition," NBER, September 2020, https://www.nber.org/papers/w27766.

66. Katherine Walla, "The World Is About to Embark on a Big Energy Transition. Here's What It Could Look Like," Atlantic Council, January 19, 2021, https://www.atlanticcouncil.org/blogs/new-atlanticist/the-world-is-about-to-embark-on-a-big-energy-transition-heres-what-it-could-look-like/.

67. Bill Bostock, "The UK Has Gone 2 Months Without Burning Coal, the longest Period Since the Dawn of the Industrial Revolution," Business Insider, June 13, 2020, https://www.businessinsider.com/britain-no-coal-burning-first-time-since-industrial-revolution-2020-6.

68. U.S. Energy Information Administration, *Electric Power Annual*, October 2021, https://www.eia.gov/electricity/annual/pdf/epa.pdf.

69. Fred Pearce, "As Investors and Insurers Turn Away, the Economics of Coal Turn Toxic," Yale Environment 360, March 10, 2020, https://e360.yale.edu/features/as-investors-and-insurers-back-away-the-economics-of-coal-turn-toxic.

70. Valerie Volcovici, "Murray Energy Files for Bankruptcy as U. S. Coal Decline Continues," Reuters, October 29, 2019, https://www.reuters.com/article/us-usa-coal-bankruptcy/murray-energy-files-for-bankruptcy-as-u-s-coal-decline-continues-idUSKBN1X81SB.

71. Climate Solutions/Energy Solutions: "Natural Gas," C2ES, Center for Climate and Energy Solutions, accessed February 4, 2022, https://www.c2es.org/content/natural-gas/.

72. "Lazard's Levelized Cost of Energy Analysis—Version 14.0," Lazard.

73. "Electricity Explained," EIA.

74. Dennis Wamsted, "IEEFA U. S.: Utilities Are Now Skipping the Gas 'Bridge' in Transition from Coal to Renewables," Institute for Energy Economics and Financial Analysis (IEEFA), July 1, 2020, https://ieefa.org/ieefa-u-s-utilities-are-now-skipping-the-gas-bridge-in-transition-from-coal-to-renewables/.

75. Dennis Wamsted, "IEEFA U. S."

76. "Electricity Explained," EIA.

77. "Annual Energy Outlook 2021, with Projections to 2050," EIA, February 2021, https://www.eia.gov/outlooks/aeo/pdf/AEO_Narrative_2021.pdf.

78. IEA, *Geothermal Power* (Paris: IEA, 2021), https://www.iea.org/reports/geothermal.

79. "Global Energy Perspective 2021," McKinsey & Company, January 2021, https://www.mckinsey.com/~/media/McKinsey/Industries/Oil%20and%20Gas/Our%20Insights/Global%20Energy%20Perspective%202021/Global-Energy-Perspective-2021-final.pdf.

80. The Energy Outlook, 2020 ed., BP.

81. Michelle Della Vigna, Zoe Stavrinou, and Alberto Gandolfi, "Carbonomics: The Green Engine of Economic Recovery," Goldman Sachs, Equity Research, June 16, 2020, https://www.goldmansachs.com/insights/pages/gs-research/carbonomics-green-engine-of-economic-recovery-f/report.pdf.

## 第 5 章　电动汽车

本章的内容参考了本书作者布鲁斯·厄舍的另一本书《可再生能源：21世纪的入门》（*Renewable Energy： A Primer for the Twenty-First Century*）第 8 章。

1. Robert L. Bradley Jr. ,"Electric Vehicles：As in 1896, the Wrong Way to Go," IER, October 19, 2010, http：//instituteforenergyresearch. org/analysis/electric-vehicles-as-in－1896－the-wrong-way-to-go/.
2. RLF Attorneys,"Who Got America's First Speeding Ticket?" Rosenblum Law, June 20, 2016, http：//newyorkspeedingfines. com/americas-speeding-ticket/.
3. Derek Markham,"This $10K Air-Powered Vehicle Could Be the Tiny Car to Go with Your Tiny House," Treehugger, last modified October 11, 2018, https：//www. mnn. com/green-tech/transportation/blogs/porsches-long-buried-first-vehicle-was-an-electric-car-and-it-was.
4. "All Electric Vehicles," U. S. Department of Energy, accessed February 5, 2022, https：//www. fueleconomy. gov/feg/evtech. shtml.
5. Dan Strohl,"Ford, Edison and the Cheap EV That Almost Was," *Wired*, June 18, 2010, https：//www. wired. com/2010/06/henry-ford-thomas-edison-ev/.
6. Martin V. Melosi,"The Automobile and the Environment in American History," Automobile in American Life and Society, accessed February 5, 2022, http：//www. autolife. umd. umich. edu/Environment/E_ Overview/E_ Overview3. htm.
7. Bob Casey,"Past Forward, Activating the Henry Ford Archive of Innovation," The Henry Ford, June 22, 2015, https：//www. thehenryford. org/explore/blog/general-motors-ev1/.
8. Elon Musk,"The Secret Tesla Motors Master Plan（just between you and me），"Tesla, August 2, 2006, https：//www. tesla. com/blog/secret-tesla-motors-master-plan-just-between-you-and-me.
9. 以英里/加仑等效评估电动车是为了方便消费者比较电车和汽油车的能量效率。

10. Kim Reynolds, "2008 Tesla Roadster First Drive," *MotorTrend*, January 23, 2008, http://www.motortrend.com/cars/tesla/roadster/2008/2008-tesla-roadster/.

11. Bjorn Nykvist and Mans Nilsson, "Rapidly Falling Costs of Battery Packs for Electric Vehicles," *Nature Climate Change*, February 9, 2015, https://mediamanager.sei.org/documents/Publications/SEI-Nature-pre-pub-2015-falling-costs-battery-packs-BEVs.pdf.

12. "Federal Tax Credits for New All-Electric and Plug-in Hybrid Vehicles," U.S. Department of Energy, last modified November 3, 2021, https://www.fueleconomy.gov/feg/taxevb.shtml.

13. Rob Wile, "Credit Suisse Gives Point-by-Point Breakdown Why Tesla Is Better than Your Regular Car," Business Insider, August 14, 2014, http://www.businessinsider.com/credit-suisse-on-tesla-2014-8.

14. Leslie Shaffer, "JPMorgan Thinks the Electric Vehicle Revolution Will Create a Lot of Losers," CNBC, August 22, 2017, https://www.cnbc.com/2017/08/22/jpmorgan-thinks-the-electric-vehicle-revolution-will-create-a-lot-of-losers.html.

15. Steven Szakaly and Patrick Manzi, "Nada Data 2015," Nada, accessed February 5, 2022, https://www.nada.org/WorkArea/DownloadAsset.aspx?id=21474839497.

16. Dana Hull, "Tesla Said It Received Over 325,000 Model 3 Reservations," Bloomberg, April 7, 2016, https://www.bloomberg.com/news/articles/2016-04-07/tesla-says-model-3-pre-orders-surge-to-325-000-in-first-week?sref=3rbSWFkc.

17. "Global Top 20—December 2020," EV Sales, February 2, 2021, http://ev-sales.blogspot.com/2021/02/global-top-20-december-2020.html.

18. Peter Campbell, "Electric Car Rivals Revved Up to Challenge Tesla," *Financial Times*, September 21, 2018, https://www.ft.com/content/3f5ded00-bd7d-11e8-8274-55b7292 6558f.

19. Srikant Inampudi, Nicolaas Kramer, Inga Maurer, and Virginia Simmons, "As Dramatic Disruption Comes to Automotive Showrooms, Proactive Dealers Can Benefit Greatly," McKinsey & Company, January 23, 2019, https://

www. mckinsey. com/industries/automotive-and-assembly/our-insights/as-dramatic-disruption-comes-to-automotive-showrooms-proactive-dealers-can-benefit-greatly.

20. Steven Loveday, "US EV Sales Hit All-Time High in Q4 2021: Tesla Leads w/72 % Share," InsideEVs, February 24, 2022, https: //insideevs. com/news/569711/tesla-leads-ev-sales-surge/.

21. 24/7 Wall St. , "How Many Gas Stations Are in U. S. ? How Many Will There Be in 10 Years?" MarketWatch, February 16, 2020, https: //www. marketwatch. com/story/how-many-gas-stations-are-in-us-how-many-will-there-be-in－10－years－2020－02－16.

22. Tina Bellon and Paul Lienert, "Change Suite: Factbox: Five Facts on the State of the U. S. Electric Vehicle Charging Network," Reuters, September 1, 2021, https: //www. reuters. com/world/us/five-facts-state-us-electric-vehicle-charging-network－2021－09－01/#: ~ : text = The% 20United% 20States% 20currently% 20has, U. S. % 20 Department% 20of% 20Energy% 20data.

23. Rebecca Lindland, "How Long Does It Take to Charge an Electric Car?" J. D. Power, March 26, 2020, https: //www. jdpower. com/cars/shopping-guides/how-long-does-it-take-to-charge-an-electric-car.

24. "Battery Pack Prices Cited Below $100/kWh for the First Time in 2020, While Market Average Sits at $137/kWh," BloombergNEF, December 16, 2020, https: //about. bnef. com/blog/battery-pack-prices-cited-below－100－kwh-for-the-first-time-in－2020－while-market-average-sits-at－137－kwh/.

25. Akshat Rathii, "The Magic Number That Unlocks the Electric Car Revolution," Bloomberg News, September 22, 2020, https: //www. bloomberg. com/news/articles/2020－09－22/elon-musk-s-battery-day-could-reveal-very-cheap-batteries.

26. Jack Ewing and Ivan Penn, "The Auto Industry Bets Its Future on Batteries," New York Times, last modified May 4, 2021, https: //www. nytimes. com/2021/02/16/business/energy-environment/electric-car-batteries-investment. html? action = click&module = Well&pgtype = Homepage&section = Business.

27. Aarian Marshall, "The Intersection Between Self-Driving Cars and Electric Cars," *Wired*, July 13, 2020, https://www.wired.com/story/intersection-self-driving-cars-electric/.

28. Neal E. Boudette and Coral Davenport, "G. M. Will Sell Only Zero-Emission Vehicles by 2035," *New York Times*, last modified October 1, 2021, https://www.nytimes.com/2021/01/28/business/gm-zero-emission-vehicles.html.

29. Akshat Rathi, "If Tesla Is the Apple of Electric Vehicles, Volkswagen Is Betting It Can Be Samsung," *Bloomberg Green*, March 26, 2021, https://www.bloomberg.com/news/articles/2021-03-16/if-tesla-is-the-apple-of-electric-vehicles-volkswagen-is-betting-it-can-be-samsung?sref=3rbSWFkc.

30. Jack Denton, "Forget Nio and XPeng. This company and Tesla will be the top two electric-vehicle plays by 2025, says UBS," *MarketWatch*, March 13, 2021, https://www.marketwatch.com/story/forget-nio-and-xpeng-this-company-and-tesla-will-be-the-top-2-electric-vehicle-plays-by-2025-says-ubs-11615306959.

31. "Sources of Greenhouse Gas Emissions," EPA, accessed February 5, 2022, https://www.epa.gov/ghgemissions/sources-greenhouse-gas-emissions#transportation.

# 第6章 储能

本章开头图片的说明来自：Brian Eckhouse and David Stringer, "A Megabattery Boom Is Coming to Rescue Overloaded Power Grids," *Bloomberg Businessweek*, January 22, 2021, https://www.bloomberg.com/news/articles/2021-01-22/megabattery-boom-will-rescue-overloaded-power-grids?sref=3rBSWFkc。

1. Material in this chapter is sourced from Bruce Usher, *Renewable Energy: A Primer for the Twenty-First Century* (New York: Columbia University Press, 2019), chap. 10.

2. "What the Duck Curve Tells Us About Managing a Green Grid," California ISO, 2016, https://www.caiso.com/Documents/FlexibleResourcesHelpRe-

newables_FastFacts.pdf.

3. "Phase Out Peakers," Clean Energy Group, accessed February 5, 2022, https://www.cleanegroup.org/ceg-projects/phase-out-peakers/.

4. "Lazard's Levelized Cost of Energy Analysis—Version 14.0," Lazard, October 2020, https://www.lazard.com/media/451419/lazards-levelized-cost-of-energy-version-140.pdf.

5. Andrew Blakers Matthew Stocks, Bin Lu, and Cheng Cheng, "A Review of Pumped Hydro Energy Storage," *Progress in Energy* 3, no. 2 (March 25, 2021): 022003, https://iopscience.iop.org/article/10.1088/2516-1083/abeb5b.

6. "Packing Some Power," *The Economist*, March 3, 2012, http://www.economist.com/node/21548495?frsc=dg%7Ca.

7. "Lazard's Levelized Cost of Storage—Version 2.0," Lazard, December 2016, https://www.lazard.com/media/438042/lazard-levelized-cost-of-storage-v20.pdf.

8. Thomas Fisher, "Tesla Alone Could Double Global Demand for the Laptop Batteries It Uses," Reuters, September 4, 2013, https://www.reuters.com/article/idUS302095204320130905.

9. Adele Peters, "Inside Tesla's 100% Renewable Design for the Gigafactory," Fast Company, April 15, 2019, https://www.fastcompany.com/90334858/inside-teslas-100-renewable-design-for-the-Gigafactory.

10. Bruce Usher and Geoff Heal, "Architects of the Future? Tesla, Inc., Energy, Transportation, and the Climate," Columbia CaseWorks, August 11, 2020.

11. Micah S. Ziegler and Jessika E. Trancik, "Re-examining Rates of Lithium-Ion Battery Technology Improvement and Cost Decline," *Energy and Environmental Science* 4 (March 23, 2021), https://pubs.rsc.org/en/content/articlelanding/2021/EE/D0EE02681F#!divAbstract.

12. Phil LeBeau, "Tesla's Lead in Batteries Will Last Through Decade While GM Closes In," CNBC, March 10, 2021, https://www.cnbc.com/2021/03/10/teslas-lead-in-batteries-will-last-through-decade-while-gm-closes-in-.html.

13. Julian Spector, "Tesla Battery Day: Expect Battery Costs to Drop by Half Within 3 Years," GTM: A Wood Mackenzie Business, September 22, 2020,

https://www.greentechmedia.com/articles/read/tesla-battery-day-cost-reduction-three-years.

14. 电池储能系统用额定功率（MW）和储能容量（MWh）来表征。例如，一个50MW的系统4小时的电力输出是200MWh。

15. "Vistra Brings World's Largest Utility-Scale Battery Energy Storage System Online," Cision：PR Newswire, January 26, 2021, https://www.prnewswire.com/news-releases/vistra-brings-worlds-largest-utility-scale-battery-energy-storage-system-online-301202027.html.

16. "Energy Storage Grand Challenge：Energy Storage Market Report," U.S. Department of Energy, December 2020, https://www.energy.gov/sites/prod/files/2020/12/f81/Energy%20Storage%20Market%20Report%202020_0.pdf.

17. Zhao Liu, "The History of the Lithium-Ion Battery," ThermoFisher Scientific, October 11, 2019, https://www.thermofisher.com/blog/microscopy/the-history-of-the-lithium-ion-battery/.

18. "The Truck of the Future Is Here：All-Electric Ford F-150," Ford, May 19, 2021, https://media.ford.com/content/fordmedia/fna/us/en/news/2021/05/19/all-electric-ford-f-150-lightning.html.

19. Isobel Asher Hamilton, "Tesla Is Letting California Solar Customers with Powerwalls Feed Their Energy Back into the Grid to Help Prevent Blackouts," Business Insider, July 23, 2021, https://www.businessinsider.com/tesla-powerwall-virtual-power-plant-california-grid-solar-energy-2021-7.

20. "2035 The Report," Goldman School of Public Policy, University of California Berkeley, June 2020, http://www.2035report.com/wp-content/uploads/2020/06/2035-Report.pdf?hsCtaTracking=8a85e9ea-4ed3-4ec0-b4c6-906934306ddb%7Cc68c2ac2-1db0-4d1c-82a1-65ef4daaf6c1.

21. "Annual Energy Outlook 2020," EIA, accessed February 5, 2022, https://www.eia.gov/outlooks/aeo/data/browser/#/?id=9-AEO2020&cases=ref2020&sourcekey=0.

## 第7章 绿氢

本章开头图片的说明来自：Christopher M. Matthews and Katherine Blunt, "Green Hydrogen Plant in Saudi Desert Aims to Amp Up Clean Power," *Wall Street Journal*, February 8, 2021, https://www.wsj.com/articles/green-hydrogen-plant-in-saudi-desert-aims-to-amp-up-clean-power-11612807226。

1. "Path to Hydrogen: A Cost Perspective," Hydrogen Council, January 20, 2020, https://hydrogencouncil.com/wp-content/uploads/2020/01/Path-to-Hydrogen-Competitiveness_Full-Study-1.pdf.
2. "Green Hydrogen: The Next Transformational Driver of the Utilities Industry," Goldman Sachs, September 22, 2020, https://www.goldmansachs.com/insights/pages/gs-research/green-hydrogen/report.pdf.
3. Highlights compiled by Kimmie Skinner and Celine Yang, "Congressional Climate Camp #2: Federal Policies for High Emitting Sectors, EESI," EESI, February 26, 2021, https://www.eesi.org/briefings/view/022621camp.
4. "Airbus Reveals New Zero-Emission Concept Aircraft," Airbus, September 21, 2020, https://www.airbus.com/newsroom/press-releases/en/2020/09/airbus-reveals-new-zeroemission-concept-aircraft.html.
5. "Transitioning to Green Fertilizers in Agriculture: Outlook and Opportunities," University of Minnesota, ARPA-E Macroalgae Valorization Workshop, November 16, 2020, https://arpa-e.energy.gov/sites/default/files/Mon5%20Reese%20-%20Transition%20to%20Green%20Fertilizer%20-%20ARPA-E%20Macroalgae%20Workshop%20FINAL.pdf.
6. Anmar Frangoul, "Sweden Will Soon Be Home to a Major Steel Factory Powered by the 'World's Largest Green Hydrogen Plant,'" *Sustainable Energy*, CNBC, February 25, 2021, https://www.cnbc.com/2021/02/25/steel-factory-to-be-powered-by-worlds-largest-green-hydrogen-plant.html.
7. Gerson Freitas Jr. and Chris Martin, "Cheap Wind Power Could Boost Green Hydrogen," Bloomberg Green, July 24, 2020, https://origin.www.bloomberg.

com/news/articles/2020 - 07 - 23/cheap-wind-power-could-boost-green-hydrogen-morgan-stanley-says? cmpid = BBD072420_ GREENDAILY&utm_ medium = email&utm_ source = newsletter&utm_ term = 200724&utm_ campaign = greendaily&sref = q3MO9 qbb.

8. "Hydrogen Economy Outlook: Key Messages," BloombergNEF, March 30, 2020, https://data.bloomberglp.com/professional/sites/24/BNEF-Hydrogen-Economy-Outlook-Key-Messages - 30 - Mar - 2020.pdf.

9. John Parnell, "World's Largest Green Hydrogen Project Unveiled in Saudi Arabia," GTM: A Wood Mackenzie Business, July 7, 2020, https://www.greentechmedia.com/articles/read/us-firm-unveils-worlds-largest-green-hydrogen-project.

10. "Hydrogen: Beyond the Hype," S&P Global: Platts, accessed February 5, 2022, https://www.spglobal.com/platts/en/market-insights/topics/hydrogen.

11. Parnell, "World's Largest Green Hydrogen Project."

12. Andrew Moore, "Air Products Expects 'First-Mover' Advantage with Ambitious Saudi Arabia Hydrogen Project," S&P Global: Platts, September 30, 2020, https://www.spglobal.com/platts/en/market-insights/latest-news/electric-power/093020 - air-products-expects-first-mover-advantage-with-ambitious-saudi-arabia-hydrogen-project.

13. "Hydrogen Economy Outlook: Key Messages," BloombergNEF.

14. Blake Matich, "Global Hydrogen Project Pipeline Expected to Exceed $300 Billion by 2030," *PV Magazine*, February 18, 2021, https://www.pv-magazine.com/2021/02/18/global-hydrogen-project-pipeline-expected-to-exceed - 300 - billion-by - 2030/.

15. Matthews and Blunt, "Green Hydrogen Plant in Saudi Desert."

16. Michelle Della Vigna, Zoe Stavrinou, and Alberto Gandolfi, "Carbonomics: Innovation, Deflation and Affordable De-carbonization," Goldman Sachs, October 13, 2020, https://www.goldmansachs.com/insights/pages/gs-research/carbonomics-innovation-deflation-and-affordable-de-carbonization/report.pdf.

# 第8章 碳移除

本章开头照片的说明来自：Myles McCormick,"Occidental Claims Green Push 'Does More than Tesla,'" *Financial Times*, January 18, 2021, https：//www. ft. com/content/eb8236e0 – abfc – 4d82 – b6ff – 540d36c501e9。

1. Prof. Dr. Sabine Fuss and Prof. Jan Minx, "What the Paris Agreement Means," MCC：Common Economics Blog, March 8, 2018, https：//blog. mcc-berlin. net/post/article/what-the-paris-agreement-means. html.
2. Vincent Gonzales, Alan Krupnik, and Lauren Dunlap, "Carbon Capture and Storage 101," Resources for the Future, May 6, 2020, https：//www. rff. org/publications/explainers/carbon-capture-and-storage – 101/.
3. Krysta Biniek, Kimberly Henderson, Matt Rogers, and Gregory Santoni, "Driving $CO_2$ Emissions to Zero (and Beyond) with Carbon Capture, Use, and Storage," McKinsey Quarterly, June 30, 2020, https：//www. mckinsey. com/business-functions/sustainability/our-insights/driving-co2 – emissions-to-zero-and-beyond-with-carbon-capture-use-and-storage.
4. Lawrence Irlam, "Global Costs of Carbon Capture and Storage," Global CCS Institute, June 2017, https：//www. globalccsinstitute. com/archive/hub/publications/201688/global-ccs-cost-updatev4. pdf.
5. Biniek, Henderson, Rogers, and Santoni, "Driving $CO_2$ Emissions to Zero."
6. "The Tax Credit for Carbon Sequestration (Section 45Q)," Congressional Research Service, June 8, 2021, https：//sgp. fas. org/crs/misc/IF11455. pdf.
7. "Valero and BlackRock Partner with Navigator to Announce Large-Scale Carbon Capture and Storage Project," BusinessWire, March 16, 2021, https：//www. business wire. com/news/home/20210316005599/en/.
8. K. G. Austin, J. S. Baker, B. L. Sohngen, et al., "The Economic Costs of Planting, Preserving, and Managing the World's Forests to Mitigate Climate Change," *Nature Communications* 11 (2020), https：//www. nature. com/articles/s41467 – 020 – 19578 – z. pdf.

9. Analysis by David Shukman, "Brazil's Amazon: Deforestation 'Surges to 12 – Year High,'" BBC News, November 30, 2020, https://www.bbc.com/news/world-latin-america-55130304.
10. "Forests and Climate Change," IUCN, February 2021, https://www.iucn.org/resources/issues-briefs/forests-and-climate-change#:~:text=Around%2025%25%20of%20global%20emissions,from%20deforestation%20and%20forest%20degradation.
11. "REDD + Reducing Emissions from Deforestation and Forest Degradation," Food and Agriculture Organization of the United Nations, October 6, 2020, http://www.fao.org/redd/news/detail/en/c/1309984/.
12. Jonathan Shieber, "As the Western US Burns, a Forest Carbon Capture Monitoring Service Nabs Cash from Amazon & Bill Gates-Backed Fund," TechCrunch +, September 17, 2020, https://techcrunch.com/2020/09/17/as-the-western-us-burns-a-forest-carbon-capture-monitoring-service-nabs-cash-from-amazon-bill-gates-backed-fund/?guccounter=1&guce_referrer=aHR0cHM6Ly93d3cuZ29vZ2xlLmNvbS8&guce_referrer_sig=AQAAAIqTYtdQa8nqPLgSLkW77KD zDxHdJ-ueNw7tqRydVU-muwCYGZ47SLKD58pFX1Bufl WvcA_BQgtn_b45EU7D_79486Pokck6zaLZpTNS_d5X0Od_y_u69isQGeEmZcd azzT1bKyq3vq M9bzX1c1-gMxKLFFBXTo66n7bGs1n2opg.
13. Ella Adlen and Cameron Hepburn, "10 Carbon Capture Methods Compared: Costs, Scalability, Permanence, Cleanness," EnergyPost.eu, November 11, 2019, https://energypost.eu/10-carbon-capture-methods-compared-costs-scalability-permanence-cleanness/.
14. Biniek, Henderson, Rogers and Santoni, "Driving $CO_2$ Emissions to Zero."
15. Sean Silcoff, "B.C.'s Carbon Engineering Secures $68-Million to Commercialize $CO_2$-Removal Technology," *Globe and Mail*, last modified March 22, 2019, https://www.theglobeandmail.com/business/article-bcs-carbon-engineering-secures-68-million-to-commercialize-c0/.
16. The Chief Staff, "Carbon Engineering Doubles Capacity of Proposed U.S. Facility," The Squamish Chief, September 24, 2019, https://www.squamishchief.com/news/local-news/carbon-engineering-doubles-capaci-

ty-of-proposed-u-s-facility - 1. 23956265.
17. Jeff Tolefson, "Sucking Carbon Dioxide from Air Is Cheaper than Scientists Thought," News, *Nature*, June 7, 2018, https://www.nature.com/articles/d41586-018-05357-w.
18. J. Rogelj, D. Shindell, K. Jiang, et al., "Mitigation Pathways Compatible with 1.5℃ in the Context of Sustainable Development," in *Global Warming of 1.5℃. An IPCC Special Report on the Impacts of Global Warming of 1.5℃ Above Pre-industrial Levels and Related Global Greenhouse Gas Emission Pathways, in the Context of Strengthening the Global Response to the Threat of Climate Change, Sustainable Development, and Efforts to Eradicate Poverty*, ed. V. Masson-Delmotte, P. Zhai, H.-O. Po. rtner, et al. (IPCC, 2018), https://www.ipcc.ch/sr15/chapter/chapter-2/.
19. "Elon Musk to Offer $100 Million Prize for 'Best' Carbon Capture Tech," Reuters, January 22, 2021, https://www.nbcnews.com/science/environment/elon-musk-offer-100-million-prize-best-carbon-capture-tech-rcna234.
20. "$100 Million Prize for Carbon Removal," XPrize, accessed February 5, 2022, https://www.xprize.org/prizes/elonmusk.

# 第9章 合作共赢

本章开头图片的说明来自："The Future of Energy: The End of the Oil Age," *The Economist*, October 25, 2003, https://www.economist.com/leaders/2003/10/23/the-end-of-the-oil-age。

1. Benoit Faucon and Summer Said, "Sheikh Yamani, Mastermind of Saudi Oil Supremacy, Dies at 90," *Wall Street Journal*, last modified February 23, 2021, https://www.wsj.com/articles/sheikh-yamani-who-led-saudi-arabias-rise-to-oil-supremacy-dies-at-90-11614066753.
2. Simon Evans, "Analysis: World Has Already Passed 'Peak Oil,' BP Figures Reveal," CarbonBrief, September 15, 2020, https://www.carbonbrief.org/analysis-world-has-already-passed-peak-oil-bp-figures-reveal.

3. Brad Plumer,"Electric Cars Are Coming, and Fast. Is the Nation's Grid Up to It?" *New York Times*, January 29, 2021, https：//www. nytimes. com/2021/01/29/climate/gm-electric-cars-power-grid. html.
4. "Hydrogen Economy Outlook：Key Messages," BloombergNEF, March 30, 2020, https：//data. bloomberglp. com/professional/sites/24/BNEF-Hydrogen-Economy-Outlook-Key-Messages – 30 – Mar – 2020. pdf.
5. Simon Evans, "Direct $CO_2$ Capture Machines Could Use 'a Quarter of Global Energy' in 2100," CarbonBrief, July 22, 2019, https：//www. carbonbrief. org/direct-co2 – capture-machines-could-use-quarter-global-energy-in – 2100.
6. "Table of Solutions," Project Drawdown, accessed February 5, 2022, https：//drawdown. org/solutions/table-of-solutions.
7. "We will make electricity so cheap that only the rich will burn candles," Quote Investigator, accessed February 5, 2022, https：//quoteinvestigator. com/2012/04/10/rich-burn-candles/#：~：text = Edison% 20is% 20reported% 20to% 20have, the% 20rich% 20will % 20burn% 20candles. % E2% 80% 9D.
8. "Net Zero by 2050 Scenario," IEA, last modified May 2021, https：//www. iea. org/data-and-statistics/data-product/net-zero-by – 2050 – scenario#overview.
9. "Fast Facts on Transportation Greenhouse Gas Emissions," EPA, accessed February 5, 2022, https：//www. epa. gov/greenvehicles/fast-facts-transportation-greenhouse-gas-emissions.
10. "Net Zero by 2050 Scenario," IEA.
11. William F. Lamb, Thomas Wiedmann, Julia Pongratz, et al. , "A Review of Trends and Drivers of Greenhouse Gas Emissions by Sector from 1990 to 2018," *Environmental Research Letters* 16, no. 7（2021）：073005, https：//iopscience. iop. org/article/10. 1088/1748 – 9326/abee4e.
12. Michelle Della Vigna, Zoe Stavrinou, and Alberto Gandolfi, "Carbonomics：Innovation, Deflation and Affordable De-carbonization," Goldman Sachs, October 13, 2020, https：//www. goldmansachs. com/insights/pages/gs-research/carbonomics-innovation-deflation-and-affordable-de-carbonization/report. pdf.

# 第 10 章　风险缓释

本章开头图片标题中关于卡特里娜飓风的统计数据来自：Stephanie K. Jones，"Hurricane Katrina, the Numbers Tell Their Own Story"，*Insurance Journal*，August 26, 2015, https://www.insurancejournal.com/news/southcentral/2015/08/26/379650.htm。

1. Munich Re，"Insurance gap: Extreme Weather Risks," website accessed February 24, 2022, https://www.munichre.com/en/risks/extreme-weather.html
2. Mark Carney，"Breaking the Tragedy of the Horizon—Climate Change and Financial Stability," BIS, September 29, 2015, https://www.bis.org/review/r151009a.pdf.
3. Carney，"Breaking the Tragedy."
4. Carney，"Breaking the Tragedy."
5. IPCC Sixth Assessment Report, https://www.ipcc.ch/assessment-report/ar6/.
6. Stephen Leahy，" 'Off-the-Charts' Heat to Affect Millions in U.S. in Coming Decades," *National Geographic*, July 16, 2019, https://www.nationalgeographic.com/environment/article/extreme-heat-to-affect-millions-of-americans.
7. Jacob Fenston，"D.C. Averages a Week of 100 – Degree Days. Climate Change Could Make That Two Months," WAMU, July 16, 2019, https://wamu.org/story/19/07/16/d-c-averages-a-week-of – 100 – degree-days-climate-change-could-make-that-two-months/.
8. Rebecca Lindsey，"Climate Change: Global Sea Level," NOAA/Climate.gov, last modified October 7, 2021, https://www.climate.gov/news-features/understanding-climate/climate-change-global-sea-level.
9. William Sweet and John Marra，"Understanding Climate: Billy Sweet and John Marra Explain Nuisance Floods," NOAA/Climate.gov, last modified July 9, 2021, https://www.climate.gov/news-features/understanding-climate/understanding-climate-billy-sweet-and-john-marra-explain.

10. Carney, "Breaking the Tragedy."
11. Jonathan Woetzel, Dickon Pinner, Hamid Samandari, et al., "Will Mortgages and Markets Stay Afloat in Florida?" McKinsey Global Institute, April 27, 2020, https://www.mckinsey.com/business-functions/sustainability/our-insights/will-mortgages-and-markets-stay-afloat-in-florida.
12. Woetzel, Pinner, Samandari, et al. "Will Mortgages and Markets."
13. Zillow Research, "Ocean at the Door: More than 386,000 Homes at Risk of Coastal Flooding by 2050," Zillow, November 13, 2018, https://www.zillow.com/research/ocean-at-the-door-21931/.
14. "What Is the Inevitable Policy Response?" PRI, accessed February 7, 2022, https://www.unpri.org/inevitable-policy-response/what-is-the-inevitable-policy-response/4787.article.
15. Nadja Popovich, Livia Albeck-Ripka, and Kendra Pierre-Louis, "The Trump Administration Rolled Back More than 100 Environmental Rules. Here's the Full List," *New York Times*, last modified January 20, 2021, https://www.nytimes.com/interactive/2020/climate/trump-environment-rollbacks-list.html.
16. "Executive Order on Climate-Related Financial Risk," White House Briefing Room, May 20, 2021, https://www.whitehouse.gov/briefing-room/presidential-actions/2021/05/20/executive-order-on-climate-related-financial-risk/.
17. "Final Report: Recommendations of the Task Force on Climate-Related Financial Disclosures," TCFD, June 2017, https://assets.bbhub.io/company/sites/60/2020/10/FINAL-2017-TCFD-Report-11052018.pdf.
18. "Global Investors Driving Business Transition," Climate Action 100+, accessed February 7, 2022, https://www.climateaction100.org/.
19. "Task Force on Climate-Related Financial Disclosures: 2020 Status Report," TCFD, October 2020, https://assets.bbhub.io/company/sites/60/2020/09/2020-TCFD_Status-Report.pdf.
20. Giulia Christianson and Ariel Pinchot, "BlackRock Is Getting Serious About Climate Change. Is This a Turning Point for Investors?" World Resources Institute, January 27, 2020, https://www.wri.org/insights/blackrock-getting-serious-about-climate-changeturning-point-investors.

21. "An Update on the ISSB at COP26," IFRS, accessed February 7, 2022, https://www.ifrs.org/news-and-events/news/2021/11/An-update-on-the-ISSB-at-COP26/.
22. https://www.sec.gov/news/press-release/2022-46.
23. Larry Fink's 2021 Letter to CEOs, BlackRock, https://www.blackrock.com/us/individual/2021-larry-fink-ceo-letter.
24. Philipp Krueger, Zacharias Sautner, and Laura T. Starks, "The Importance of Climate Risks for Institutional Investors," SSRN, November 11, 2019, https://papers.ssrn.com/sol3/papers.cfm?abstract_id=3235190.
25. "Climate Science and Investing: Integrating Climate Science and Investing," AllianceBernstein & Columbia Climate School: The Earth Institute, 2021, https://www.alliancebernstein.com/corporate/en/corporate-responsibility/environmental-stewardship/columbia-partnership.html.
26. "Investing Lessons from Climate School: Class of 2021," AllianceBernstein, May 27, 2021, https://www.alliancebernstein.com/corporate/en/insights/esg-in-action/esg-in-action-investing-lessons-from-climate-school-class-of-2021.html.
27. Peter H. Diamandis, "Problems Are Goldmines," Diamandis.com, August 30, 2015, https://www.diamandis.com/blog/problems-are-goldmines.

# 第11章 撤资

本章开头图片的说明来自：Bill McKibben, "The Case for Fossil-Fuel Divestment: On the Road with the New Generation of College Activists Fighting for the Environment," Rolling Stone, February, 22, 2013, https://www.rollingstone.com/politics/politics-news/the-case-for-fossil-fuel-divestment-100243/。

1. C. L. Brown and Omohundro Institute of Early American History & Culture, *Moral Capital: Foundations of British Abolitionism* (Chapel Hill: Omohundro Institute and University of North Carolina Press, 2006), 4.
2. Brycchan Carey and Geoffrey Gilbert Plank, eds., *Quakers and Abolition* (Champaign: University of Illinois Press, 2014), 30.

3. Carey and Plank, *Quakers and Abolition*, 3.
4. Adele Simmons, "Outside Opinion: Skeptics Were Wrong; South Africa Divestment Worked," *Chicago Tribune*, December 15, 2013, https://www.chicagotribune.com/business/ct-xpm-2013-12-15-ct-biz-1215-outside-opinion-20131215-story.html.
5. Simmons, "Outside Opinion."
6. Simmons, "Outside Opinion."
7. Simmons, "Outside Opinion."
8. Rebecca Leber, "Divestment Won't Hurt Big Oil, and That's OK," *New Republic*, May 20, 2015, https://newrepublic.com/article/121848/does-divestment-work.
9. McKibben, "Case for Fossil-Fuel Divestment."
10. McKibben, "Case for Fossil Fuel Divestment."
11. Hannah Ritchie and Max Roser, "CO. and Greenhouse Gas Emissions," Our World in Data, last modified August 2020, https://ourworldindata.org/co2-and-other-green house-gas-emissions.
12. "Stanford to Divest from Coal Companies," Stanford Report, May 6, 2014, https://news.stanford.edu/news/2014/may/divest-coal-trustees-050714.html.
13. "Stanford to Divest from Coal Companies," Stanford Report.
14. Jeffrey Ball, "The Truth About Stanford's Coal Divestment," *New Republic*, May 22, 2014, https://newrepublic.com/article/117871/stanfords-coal-divestment-shows-environmental-hurdles-ahead.
15. Prof. Daniel R. Fischel, "Fossil Fuel Divestment: A Costly and Ineffective Investment Strategy," Compass Lexecon, accessed February 7, 2022, http://divestmentfacts.com/pdf/Fischel_Report.pdf.
16. Bradford Cornell, "The Divestment Penalty: Estimating the Costs of Fossil Fuel Divestment to Select University Endowments," SSRN, September 3, 2015, https://papers.ssrn.com/sol3/papers.cfm?abstract_id=2655603.
17. "Investment Return of 12.3 Percent Brings Yale Endowment Value to \$29.4 Billion," Yale News, October 1, 2018, https://news.yale.edu/2018/10/01/investment-return-123-brings-yale-endowment-value-294-billion.

18. Amy Whyte, "Yale Activists Want Divestment. David Swensen Isn't Budging," Institutional Investor, February 21, 2020, https://www.institutionalinvestor.com/article/b1kftwb98pdn9q/Yale-Activists-Want-Divestment-David-Swensen-Isn-t-Budging.
19. Zach Schonfeld, "Stanford Pulls Its Coal Investments, but Why Haven't Other Divestment Movements Succeeded?" *Newsweek*, May 9, 2014, https://www.newsweek.com/many-ways-college-administrations-have-resisted-fossil-fuel-divestment-movement-250409; Schonfeld, "Stanford Pulls Its Coal Investments"; Letter of Marc Fleurbaey, Chair, Princeton Sustainable Investment Initiative, Princeton University, May 1, 2015, https://cpucresources.princeton.edu/sites/cpucresources/files/reports/Report-on-the-Princeton-Sustainable-Investment-Initiative-proposal.pdf.
20. Alan Livsey, "Lex in Depth: The $900bn Cost of Stranded Energy Assets," *Financial Times*, February 4, 2020, https://www.ft.com/content/95efca74-4299-11ea-a43a-c4b328d9061c.
21. Livsey, "Lex in Depth."
22. C. McGlade and P. Ekins, "The Geographical Distribution of Fossil Fuels Unused when Limiting Global Warming to 2℃," *Nature* 517 (2015): 187–190, https://doi.org/10.1038/nature14016.
23. Livsey, "Lex in Depth."
24. Alicia Steiger, "Mother Nature Is Not Calling for Divestment," SLS, May 20, 2019, https://law.stanford.edu/2019/05/20/mother-nature-is-not-calling-for-divestment/.
25. Daniel R. Fischel, "The Feel-Good Folly of Fossil-Fuel Divestment," Opinion, *Wall Street Journal*, February 9, 2015, https://www.wsj.com/articles/daniel-r-fischel-the-feel-good-folly-of-fossil-fuel-divestment-1423527484; Mike Gaworecki, "Fossil Fuel Industry Funds Study That Concludes Fossil Fuel Divestment Is a Bad Idea," DeSmog, February 11, 2015, https://www.desmogblog.com/2015/02/11/fossil-fuel-industry-funds-study-concludes-fossil-fuel-divestment-bad-idea.
26. Arjan Trinks, Bert Scholtens, and Machiel Mulder, "Fossil Fuel Divest-

ment and Portfolio Performance," ResearchGate, April 2018, https://www.researchgate.net/publication/324140601_Fossil_Fuel_Divestment_and_Portfolio_Performance.

27. Jeremy Grantham, "The Mythical Peril of Divesting from Fossil Fuels," Commentary, Grantham Research Institute, June 13, 2018, http://www.lse.ac.uk/GranthamInstitute/news/the-mythical-peril-of-divesting-from-fossil-fuels/.

28. "UC's Investment Portfolios Fossil Free; Clean Energy Investments Top $1 Billion," University of California Office of the President, May 19, 2020, https://www.universityofcalifornia.edu/press-room/uc-s-investment-portfolios-fossil-free-clean-energy-investments-top-1-billion.

29. "Letter from President Paxson: Brown's Actions on Climate Change," News, Brown University, March 4, 2020, https://www.brown.edu/news/2020-03-04/climate.

30. "Relevant Investment Policies," Columbia Finance, accessed February 7, 2022, https://www.finance.columbia.edu/content/relevant-investment-policies.

31. Jasper G. Goodman and Kelsey J. Griffin, "Harvard Will Move to Divest Its Endowment from Fossil Fuels," *Harvard Crimson*, September 10, 2021, https://www.thecrimson.com/article/2021/9/10/divest-declares-victory/.

32. "Fast Facts: Endowments," IES > NES, accessed February 7, 2022, https://nces.ed.gov/fastfacts/display.asp?id=73.

33. "Pension Funds: Total Financial Assets, Level," Economic Research: FRED Economic Data, last modified September 23, 2021, https://fred.stlouisfed.org/series/BOGZ1FL594090005Q.

34. "New York City to Divest Pension Funds of Fossil Fuels," United Nations Climate Change, January 11, 2018, https://unfccc.int/news/new-york-city-to-divest-pension-funds-of-fossil-fuels.

35. Anne Barnard, "New York's $226 Billion Pension Fund Is Dropping Fossil Fuel Stocks," *New York Times*, last modified August 11, 2021, https://www.nytimes.com/2020/12/09/nyregion/new-york-pension-fossil-fuels.html.

36. "Commitments," Global Fossil Fuels Divestment Commitment Database, ac-

cessed February 7, 2022, https://divestmentdatabase.org/.
37. Patrick Jenkins, "Energy's Stranded Assets Are a Cause of Financial Stability Concern," *Financial Times*, March 2, 2020, https://www.ft.com/content/17b54f60-5ba5-11ea-8033-fa40a0d65a98.
38. "Coal 2019: Analysis and Forecasts to 2024," IEA, December 2019, https://www.iea.org/reports/coal-2019.
39. "Innovation, Deflation and Affordable De-carbonization," Goldman Sachs Research, October 13, 2020, https://publishing.gs.com/content/research/en/reports/2020/10/13/b6c26e3c-4556-41f9-81e3-c3b96bee5eb9.html.
40. Thomas Clarkson, *The History of the Rise, Progress, and Accomplishment of the Abolition of the African Slave-Trade by the British Parliament*, 2 vols. (London, 1808), 1: 262.

# 第12章 ESG 投资

本章开头图片的说明来自：Kofi Annan, "Kofi Annan's Address to World Economic Forum in Davos," February 1, 1999, https://www.un.org/sg/en/content/sg/speeches/1999-02-01/kofi-annans-address-world-economic-forum-davos。

1. "2018 Global Sustainable Investment Review," Global Sustainable Investment Alliance, accessed February 7, 2022, https://www.ussif.org/files/GSIR_Review2018F.pdf.
2. *Who Cares Wins: Connecting Financial Markets to a Changing World*, The Global Compact, accessed February 7, 2022, https://www.unepfi.org/fileadmin/events/2004/stocks/who_cares_wins_global_compact_2004.pdf.
3. 作者于2005年参与本次会议，并参与编写报告《有心者胜》(*Who Cares Wins*)。
4. *Who Cares Wins*, The Global Compact.
5. "About the PRI," PRI, accessed February 7, 2022, https://www.unpri.org/pri/about-the-pri.

6. "About the PRI," PRI.
7. Lorenzo Saa, "PRI Milestone: 500 Asset Owner Members," Top 1000 Funds, January 30, 2020, https://www.top1000funds.com/2020/01/pri-milestone-500-asset-owner-members/.
8. Alice Ross, "Tackling Climate Change—An Investor's Guide", Financial Times, September 20, 2019, https://www.ft.com/content/fa7a4400-d940-11e9-8f9b-77216ebe1f17.
9. Sonal Mahida, "Fiduciary Duty Is Not an Obstacle to Addressing ESG," Intentional Endowments Network, The Crane Institute of Sustainability, accessed February 7, 2022, https://www.intentionalendowments.org/fiduciary_duty_is_not_an_obstacle_to_addressing_esg#_ftn4.
10. "Fact Sheet," U.S. Department of Labor, Employee Benefits Security Administration, October 13, 2021, https://www.dol.gov/sites/dolgov/files/EBSA/about-ebsa/our-activities/resource-center/fact-sheets/notice-of-proposed-rulemaking-on-prudence-and-loyalty-in-selecting-plan-investments-and-exercising-shareholder-rights.pdf.
11. Robert G. Eccles and Svetlana Klimenko, "The Investor Revolution," Harvard Business Review, May-June 2019.
12. "Create a 1st-Class GRI Standards Sustainability Report ASAP," FBRH Consultants, accessed February 7, 2022, https://fbrh.co.uk/en/80-percent-of-the-world%E2%80%99s-250-largest-companies-report-according-to-gri#:~:text=The%20Global%20Reporting%20Initiative%20(GRI)%20is%20the%20gold%20standard%20when,accordance%20with%20the%20GRI%20Standards.
13. Michael Cohn, "Former FASB Member Marc Siegel Joins SASB," Accounting Today, January 10, 2019, https://www.accountingtoday.com/news/former-fasb-board-member-marc-siegel-joins-sasb-to-set-sustainability-standards.
14. Gregory Unruh, David Kiron, Nina Kurschwitz, et al., "Investing for a Sustainable Future: Investors Care More About Sustainability than Many Executives Believe," MIT Sloan Management Review, May 11, 2016.
15. Vanessa Cuerel Burbano, "Social Responsibility Messages and Worker Wage

Requirements: Field Experimental Evidence from Online Labor Marketplaces," ResearchGate, June 2016, https://www.researchgate.net/publication/304670971_Social_Responsibility_Messages_and_Worker_Wage_Requirements_Field_Experimental_Evidence_from_Online_Labor_Marketplaces.

16. BusinessWire, "Nielsen: 50 Percent of Global Consumers Surveyed Willing to Pay More for Goods, Services from Socially-Responsible Companies, up from 2011," August 6, 2013.

17. Smruti Kulkarni and Arnaud Lefebvre, "How Can Sustainability Enhance Your Value Proposition," The Nielsen Company, 2018, https://www.nielsen.com/wp-content/uploads/sites/3/2019/05/sustainable-innovation-report.pdf.

18. Michael J. Hiscox and J. Hainmueller, "Buying Green? Field Experimental Tests of Consumer Support for Environmentalism," Working Paper, Harvard University, last modified October 18, 2017, https://scholar.harvard.edu/hiscox/publications/buying-green-field-experimental-tests-consumer-support-environmentalism.

19. George Serafeim, "Integrated Reporting and Investor Clientele," *Journal of Applied Corporate Finance* 27, no. 2 (Spring 2015): 34–51, https://onlinelibrary.wiley.com/doi/10.1111/jacf.12116.

20. Ashish Lodh, "ESG and the Cost of Capital," MSCI Research, February 25, 2020, https://www.msci.com/www/blog-posts/esg-and-the-cost-of-capital/01726513589.

21. Amir Amel-Zadeh and George Serafeim, "Why and How Investors Use ESG Information: Evidence from a Global Survey," *Financial Analysts Journal* 74, no. 3 (2018): 87–103, https://www.tandfonline.com/doi/abs/10.2469/faj.v74.n3.2.

22. Tim Verheyden, Robert G. Eccles, and Andreas Feiner, "ESG for All? The Impact of ESG Screening on Return, Risk, and Diversification," *Journal of Applied Corporate Finance* 28, no. 2 (January 2016): 47–55, https://www.researchgate.net/publication/333244777_ESG_for_All_The_Impact_of_ESG_Screening_on_Return_Risk_and_Diversification.

23. "Sustainable Reality: Analyzing Risk and Returns of Sustainable Funds," Morgan Stanley, 2019, https://www.morganstanley.com/content/dam/msdotcom/ideas/sustainable-investing-offers-financial-performance-lowered-risk/Sustainable_Reality_Analyzing_Risk_and_Returns_of_Sustainable_Funds.pdf.
24. Alastair Marsh, "BlackRock Joins Allianz, Invesco Saying ESG Outperformed," Bloom-berg Green, May 18, 2020, https://www.bloomberg.com/news/articles/2020-05-18/blackrock-joins-allianz-invesco-saying-esg-funds-outperformed?cmpid=BBD052020_GREENDAILY&utm_medium=email&utm_source=newsletter&utm_term=200520&utm_campaign=greendaily&sref=q3MO9qbb.
25. "Sustainable Reality," Morgan Stanley.
26. Ola Mahmoud and Julia Meyer, "The Anatomy of Sustainability," SSRN, May 1, 2020, https://ssrn.com/abstract=3597700.
27. "Global Sustainable Fund Flows Report," Morningstar, accessed February 7, 2022, https://www.morningstar.com/lp/global-esg-flows.
28. Mathieu Benhamou, Emily Chasan, and Saijel Kishan, "The Biggest ESG Funds Are Beating the Market," Bloomberg Green, January 29, 2020, https://www.bloomberg.com/graphics/2020-ten-funds-with-a-conscience/.
29. "ESG Integration and Analysis in the Americas," CFA Institute, 2018, https://www.cfainstitute.org/en/research/survey-reports/esg-integration-americas-survey-report.
30. Patrick Temple-West, "Impact Investing Creeps into the CLO Market," *Financial Times*, September 2, 2019, https://www.ft.com/content/14c8b0dc-cd5a-11e9-99a4-b5ded7a7fe3f.
31. Witold Henisz, Tim Koller, and Robin Nuttall, "Five Ways That ESG Creates Value," McKinsey Quarterly, November 2019, https://www.mckinsey.com/~/media/McKinsey/Business%20Functions/Strategy%20and%20Corporate%20Finance/Our%20Insights/Five%20ways%20that%20ESG%20creates%20value/Five-ways-that-ESG-creates-value.ashx.
32. Jess Shankelman, "Can Private Equity Giant Invest in Oil While Saving the

Planet?" Bloomberg Green, June 24, 2020, https://www.bloomberg.com/news/articles/2020-06-24/can-a-private-equity-giant-invest-in-oil-while-saving-the-planet.

33. "Proxy Voting and Shareholder Engagement," BlackRock, accessed February 7, 2022, https://www.blackrock.com/corporate/literature/fact-sheet/blk-responsible-investment-faq-global.pdf.

34. Ross Kerber, "United States: Shareholder Support for U.S. Climate Measures Hits Nearly 50 Percent—Report," Reuters, September 15, 2021, https://www.reuters.com/world/us/shareholder-support-us-climate-measures-hits-nearly-50-report-2021-09-15/#:~:text=The%20paper%2C%20from%20Institutional%20Shareholder, two%20years%2C%20the%20report%20found.

35. Robert G. Eccles and Colin Mayer, "Can a Tiny Hedge Fund Push ExxonMobil Towards Sustainability?" *Harvard Business Review*, January 20, 2021, https://hbr.org/2021/01/can-a-tiny-hedge-fund-push-exxonmobile-towards-sustainability.

36. Saijel Kishan and Joe Carroll, "The Little Engine That Won an Environmental Victory Over Exxon," Bloomberg Businessweek, June 9, 2021, https://www.bloomberg.com/news/articles/2021-06-09/engine-no-1-proxy-campaign-against-exxon-xom-marks-win-for-esg-activists?sref=3rbSWFkc.

37. Alastair Marsh and Siajel Kishan, "Engine No. 1's Exxon Win Provides Boost for ESG Advocates," Bloomberg Green, May 27, 2021, https://www.bloomberg.com/news/articles/2021-05-27/engine-no-1-s-exxon-win-signals-turning-point-for-esg-investors?sref=3rbSWFkc.

38. Aaron Yoon and Soohon Kim, "Analyzing Active Mutual Fund Managers' Commitment to ESG: Evidence from the United Nations Principles for Responsible Investment," Northwestern Kellogg, 2020, https://www.kellogg.northwestern.edu/faculty/research/researchdetail?guid=c5358c04-9849-11ea-a76a-0242ac160003.

39. "Signatory Directory," PRI, accessed February 7, 2022, https://www.unpri.org/signatories/signatory-directory.

40. "What Is Powering the ESG Investment Surge?" Goldman Sachs, August 2, 2017, https://www.reuters.com/brandfeatures/goldman-sachs/what-is-powering-the-esg-investing-surge.

41. Robert G. Eccles and Svetlana Klimenko, "The Investor Revolution."

42. Shiva Rajgopal and Richard Foster, "ABCs of ESG," Breaking Views, Reuters, August 10, 2018, https://www.breakingviews.com/features/guest-view-esg-ratings-arent-reliable-enough/.

43. Steven Arons, "Deutsche Bank's DWS Slumps After U.S., Germany ESG Probe," Bloomberg, August 26, 2021, https://www.bloomberg.com/news/articles/2021-08-26/dws-shares-fall-after-u-s-opens-probe-on-sustainability-claims? sref=3rbSWFkc.

44. "About GRI," GRI, accessed February 7, 2022, https://www.globalreporting.org/information/about-gri/Pages/default.aspx.

45. Kelly Tang, "Indexology Blog: Carbon Emissions History of the S&P 500," S&P Dow Jones Indices, accessed February 7, 2022, https://www.indexologyblog.com/2018/01/31/carbon-emissions-history-of-the-sp-500-and-its-sectors/.

46. "S&P 500 Sales by Year," multpl, accessed February 7, 2022, https://www.multpl.com/s-p-500-sales/table/by-year.

47. Imogen Rose Smith, "David Blood and Al Gore Want to Reach the Next Generation," Institutional Investor, September 8, 2015, https://www.institutionalinvestor.com/article/b14z9wt9vk3ycy/david-blood-and-al-gore-want-to-reach-the-next-generation.

48. Owen Walker, "Al Gore: Sustainability Is History's Biggest Investment Opportunity," *Financial Times*, April 29, 2018, https://www.ft.com/content/1757dc40-486f-11e8-8ee8-cae73aab7ccb.

49. "2014 Social Enterprise Conference: Closing Keynote with Al Gore," Columbia Business School, The Social Enterprise Program, accessed February 7, 2022, https://www.youtube.com/watch?v=8aYJx2pfg34.

50. "Our Firm," Generation, https://www.generationim.com/our-firm/.

## 第13章 主题影响力投资

本章开头图片的说明来自:"Impact Investing Goes Mainstream with DBL Partners' $400 Million Fund", MarketWatch, June 23, 2015, http://www.dblpartners.vc/2015/06/impact-investing-goes-mainstream-with-dbl-partners-400-million-fund/。

1. "7 Insights from Asset Owners on the Rise of Sustainable Investing," Institute for Sustainable Investing, Morgan Stanley, May 28, 2020, https://www.morganstanley.com/ideas/sustainability-investing-institutional-asset-owners.
2. Aneel G. Karnani, "Doing Well by Doing Good: The Grand Illusion," Ross School of Business Paper No. 1141, *California Management Review*, August 1, 2010, https://papers.ssrn.com/sol3/papers.cfm?abstract_id=1593009.
3. DBL Partners, "Bay Area Equity Fund 1," Palico, accessed February 7, 2022, https://www.palico.com/funds/bay-area-equity-fund-i/2a9b204c006a4aa996005875086ad99d.
4. DBL Partners, "Impact Investing Goes Mainstream with DBL Partners' $400 Million Fund," MarketWatch, June 23, 2015, http://www.dblpartners.vc/2015/06/impact-investing-goes-mainstream-with-dbl-partners-400-million-fund/; "SJF Ventures Closes Fourth Fund at $125 Million," SJF, December 15, 2016, https://sjfventures.com/sjf-ventures-closes-fourth-fund-at-125-million/.
5. Presentation by SJF in Columbia Business School Climate Finance course, February 2019.
6. Nancy E. Pfund and Lisa A. Hagerman, "Response to 'How Investors Can (and Can't) Create Social Value,'" Up for Debate, *Stanford Social Innovation Review*, December 8, 2016, https://ssir.org/up_for_debate/how_investors_can_and_cant_create_social_value/pfund_hagerman#; Jessica Matthews and David Sternlicht (Cambridge Associates), Amit Bouri, Abhilash Mudaliar, and Hannah Schiff (Global Impact Investing Network), "Introducing the Impact Investing

注释 325

Benchmark," Global Impact Investing Network, 2015, https://thegiin.org/assets/documents/pub/Introducing_the_Impact_Investing_Benchmark.pdf.

7. Abhilash Mudaliar, Rachel Bass, Hannah Dithrich, and Noshin Nova, "2019 Annual Impact Investor Survey," Global Impact Investing Network, June 19, 2019, https://thegiin.org/research/publication/impinv-survey-2019#charts.

8. "Committed to Lasting Impact," Bain Capital, accessed February 7, 2022, https://www.baincapital.com/about-us.

9. "Former Massachusetts Governor Deval L. Patrick Joins Bain Capital to Launch New Business Focused on Investments with Significant Social Impact," Bain Capital, April 13, 2015, https://www.baincapital.com/news/former-massachusetts-governor-deval-l-patrick-joins-bain-capital-launch-new-business-focused.

10. "Entrepreneurship: What We Know About Bain Capital's $390 Million Double Impact Fund," ImpactAlpha, July 19, 2017, https://impactalpha.com/what-we-know-about-bain-capitals-390-million-double-impact-fund-8dd4e0c90571/.

11. "TPG Launches Matrix Renewables with The Rise Fund's Acquisition of 1GW of Solar PV Projects from Trina Solar" [press release], The Rise Fund, July 1, 2020, https://therisefund.com/news/tpg-launches-matrix-renewables-rise-funds-acquisition-1gw-solar-pv-projects-trina-solar.

12. "Global Impact: Leveraging More than 40 Years of Experience, KKR Global Impact Launched in 2018 to Invest in Solutions-Oriented Businesses," KKR, accessed February 7, 2022, https://www.kkr.com/businesses/global-impact.

13. "Our Impact," SJF, accessed February 7, 2022, https://sjfventures.com/impact/.

14. "World Energy Investment 2019," IEA, 2019, https://www.iea.org/reports/world-energy-investment-2019/financing-and-funding-trends.

15. Jacob Kastrenakes, "Fisker Files for Chapter 11 Bankruptcy Protection Following Karma Electric Sports Car Flop," The Verge, November 23, 2013, https://www.theverge.com/2013/11/23/5137856/fisker-automotive-files-chapter-11-bankruptcy-hybrid-technology-sale.

16. Dr. Maximilian Holland, "Tesla Passes 1 Million EV Milestone & Model 3 Be-

comes All Time Best Seller," CleanTechnica, March 10, 2020, https：//cleantechnica.com/2020/03/10/tesla-passes-1-million-ev-milestone-and-model-3-becomes-all-time-best-seller/.
17. Colin McKerracher, Aleksandra O'Donovan, Nick Albanese, et al., "Electric Vehicle Outlook 2021," BloombergNEF, accessed February 7, 2022, https：//about.bnef.com/electric-vehicle-outlook/.

# 第14章　影响力优先投资

本章开头图片的说明来自：Bill Gates, "A New Model for Investing in Energy Innovation," GatesNotes, December 12, 2016, https：//www.gatesnotes.com/Energy/Breakthrough-Energy-Ventures。

1. Brian L. Trelstad, "Impact Investing: A Brief History," Harvard Business School Faculty & Research, December 2016, https：//www.hbs.edu/faculty/Pages/item.aspx? num=55902.
2. "Muhammad Yunus: Banker to the Poor (Part I)," excerpted from Dr. Denise Ames's book: *Human Rights: Towards a Global Values System*, The Center for Global Awareness, posted on May 3, 2016, https：//thecenterforglobalawareness.wordpress.com/2016/05/03/muhammad-yunus-banker-to-the-poor-part-i/.
3. Grameen Bank, accessed February 8, 2022, http：//www.grameenbank.org.
4. "Acumen's Patient Capital Model Is a New Approach to Solving Poverty," Acumen, accessed February 8, 2022, https：//acumen.org/about/patient-capital/.
5. "The Birth of Philanthrocapitalism," *The Economist*, February, 25, 2006, https：//www.economist.com/special-report/2006/02/25/the-birth-of-philanthrocapitalism.
6. Saadia Madsbjerg, "Bringing Scale to the Impact Investing Industry," The Rockefeller Foundation, August 15, 2018, https：//www.rockefellerfoundation.org/blog/bringing-scale-impact-investing-industry/? doing_wp_cron=159499

4019.2125260829925537109375.
7. "Acumen Entrepreneurs Build Solutions to the Toughest Challenges Facing the Poor," Acumen, accessed February 8, 2022, https://acumen.org/investment/d-light.
8. Tayo Akinyemi, "The Delight of d.light Design," The Next Billion, accessed February 8, 2022, https://nextbillion.net/the-delight-of-d-light-design/.
9. "d.light design," Crunchbase, accessed February 8, 2022, https://www.crunchbase.com/organization/d-light-design#section-overview.
10. "Lighting the Way: Roadmaps to Exits in Off-Grid Energy," Acumen, 2019, https://acumen.org/wp-content/uploads/Acumen-Exits-Off-Grid-Energy-Report.pdf.
11. "Acumen Announces Nearly $70 Million Close of For-Profit Off-Grid Energy Fund Through Its Subsidiary Acumen Capital Partners," GlobeNewswire, April 17, 2019, https://www.globenewswire.com/news-release/2019/04/17/1805389/0/en/Acumen-Announces-Nearly-70-Million-Close-of-For-Profit-Off-Grid-Energy-Fund-through-its-subsidiary-Acumen-Capital-Partners.html.
12. "US Venture Capital Achieved Respectable Double-Digit Return in 2017," Cambridge Associates, October 15, 2018, https://www.globenewswire.com/news-release/2018/10/15/1621269/0/en/US-Venture-Capital-Achieved-Respectable-Double-Digit-Return-in-2017.html.
13. "100 Million Lives Illuminated," Acumen, accessed February 8, 2022, https://acumen.org/dlight100m/.
14. "Charitable Giving Statistics," National Philanthropic Trust, accessed February 8, 2022, https://www.nptrust.org/philanthropic-resources/charitable-giving-statistics/.
15. Kathleen Elkins, "Here's How Many People in America Qualify as Super Rich," CNBC, September 13, 2018, https://www.cnbc.com/2018/09/12/wealth-x-heres-how-many-people-in-america-qualify-as-super-rich.html.
16. "SEC Adopts Rule Under Dodd-Frank Act Defining 'Family Offices,'" SEC, June 22, 2011, https://www.sec.gov/news/press/2011/2011-134.htm.
17. "Acumen: The Ability to See the World as It Is, the Audacity to See the World

as It Could Be," Acumen Partners, accessed February 8, 2022, https://acumen.org/wp-content/uploads/Acumen-Partner-One-Pager-Q4-2019.pdf.
18. Gates, "A New Model."
19. "Every Year, the World Adds 51 Billion Tons of Greenhouse Gases to the Atmosphere," Breakthrough Energy, accessed February 8, 2022, https://www.b-t.energy/ventures/.
20. Gates, "A New Model."
21. "Every Year, the World Adds," Breakthrough Energy.
22. Scott P. Burger, Fiona Murray, Sarah Kearney, and Liquian Ma, "The Investment Gap That Threatens the Planet," *Stanford Social Innovation Review* (Winter 2018), https://primecoalition.org/wp-content/uploads/2017/12/Winter_2018_the_investment_gap_that_threatens_the_planet.pdf?x48191.

# 第15章 可再生能源项目

题词的引文摘自 Evelyn Chang, "Warren Buffett Says He's Got a 'Big Appetite' for a Solar or Wind Project," CNBC, May 26, 2017, http://www.cnbc.com/2017/05/06/warren-buffett-says-hes-got-a-big-appetite-for-a-solar-or-wind-project.html.

1. "Geospatial Data Science," NREL, accessed February 8, 2022, https://www.nrel.gov/gis/solar.html.
2. Brian Kennedy and Cary Lynne Thigpen, "More U.S. Homeowners Say They Are Considering Home Solar Panels," Pew Research Center, December 17, 2019, https://www.pewresearch.org/fact-tank/2019/12/17/more-u-s-homeowners-say-they-are-considering-home-solar-panels/.
3. "Project Overview," Samson Solar, accessed February 8, 2022, https://samsonsolarenergycenter.com/#overview.
4. "Solar Market Insight Report 2020 Year in Review," SEIA, March 16, 2021, https://www.seia.org/research-resources/solar-market-insight-report-2020-

year-review.

5. "Lease Rates for Solar Farms: How Valuable Is My Land?" SolarLandLease, accessed February 8, 2022, https://www.solarlandlease.com/lease-rates-for-solar-farms-how-valuable-is-my-land#:~:text=The%20most%20commonly%2Dasked%20question,%242%2C000%20per%20acre%2C%20per%20year.

6. Benjamin Mow, "STAT FAQs Part 2: Lifetime of PV Panels," State, Local & Tribal Governments, NREL, April 23, 2018, https://www.nrel.gov/state-local-tribal/blog/posts/stat-faqs-part2-lifetime-of-pv-panels.html#:~:text=NREL%20research%20has%20shown%20that,rate%20of%200.5%25%20per%20year.

7. "Solar Power Purchase Agreements," SEIA, accessed February 8, 2022, https://www.seia.org/research-resources/solar-power-purchase-agreements#:~:text=A%20solar%20power%20purchase%20agreement%20(PPA)%20is%20a%20financial%20agreement,at%20little%20to%20no%20cost.

8. "Solar Investment Tax Credit (ITC)," SEIA, accessed February 8, 2022, https://www.seia.org/initiatives/solar-investment-tax-credit-itc.

9. DSIRE Insight Team, "States Expanding Renewable and Clean Energy Standards," DSIREinsight, September 25, 2020, https://www.dsireinsight.com/blog/2020/9/25/states-expanding-renewable-and-clean-energy-standards.

10. "Renewable Portfolio Standard," State of New Jersey, Department of Environmental Protection, Air Quality, Energy & Sustainability, Office of Policy and Economic Standards, last modified February 16, 2017, https://www.state.nj.us/dep/aqes/opea-renewable-portfolio.html.

11. James Chen, "Renewable Energy Certificate," Investopedia, last modified May 3, 2021, https://www.investopedia.com/terms/r/rec.asp.

12. Catherine Lane, "What Is an SREC? Solar Renewable Energy Credits Explained," Solar Reviews, last modified May 7, 2021, https://www.solarreviews.com/blog/what-is-an-srec-and-how-can-i-get-the-best-srec-prices.

13. "Historic Auction Prices," SRECTrade, accessed February 8, 2022, https://www.srectrade.com/auction.

14. Vikram Aggarwal, "What to Know About a Solar Panel Warranty," Energ-

ySage, January 20, 2021, https://news.energysage.com/shopping-solar-panels-pay-attention-to-solar-panels-warranty/.

15. "How Long Do Solar Panels Last?" igsenergy, accessed February 8, 2022, https://www.igs.com/energy-resource-center/energy-101/how-long-do-solar-panels-last.

16. Karl-Erik Stromsa, "Fitch: Solar Projects Much More Reliable Performers than Wind Farms," GTM: A Wood Mackenzie Business, February 10, 2020, https://www.greentech media.com/articles/read/fitch-solar-projects-much-more-reliable-performers-than-wind-farms.

17. Emma Foehringer Merchant, "Is the Utility-Scale Solar Industry in a Finance Bubble?" GTM: A Wood Mackenzie Business, January 23, 2019, https://www.greentechmedia.com/articles/read/is-the-utility-scale-solar-industry-in-a-finance-bubble.

18. "U.S. Average Annual Wind Speed at 80 Meters," Office of Energy Efficiency & Renewable Energy: WindExchange, accessed February 8, 2022, https://windexchange.energy.gov/maps-data/319.

19. *New York State Wind Energy Guidebook*, NYSERDA, November 28, 2021, https://www.nyserda.ny.gov/windguidebook.

20. "Electric Power Monthly," EIA, accessed February 8, 2022, https://www.eia.gov/electricity/monthly/epm_table_grapher.php?t=epmt_6_07_b.

21. Electricity generated = power rating × capacity factor × hours operated. In this example, electricity generated = 5 MW × 35% × 24 hours/day × 365 days/year = 15,330 MWh/year.

22. Stromsa, "Fitch: Solar Projects."

23. "Areas of Industrial Wind Facilities," AWEO.org, accessed February 8, 2022, http://www.aweo.org/windarea.html.

24. Elizabeth Weise, "Wind Energy Gives American Farmers a New Crop to Sell in Tough Times," *USA Today*, last modified February 20, 2020, https://www.usatoday.com/story/news/nation/2020/02/16/wind-energy-can-help-american-farmers-earn-money-avoid-bankruptcy/4695670002/.

25. "Will the Cost to Produce Corn Decrease After 2022?" Illinois farmdoc, November 23, 2021, http://www.farmdoc.illinois.edu/manage/actual_projected_costs.pdf.
26. Jennifer Oldham, "Wind Is the New Corn for Struggling Farmers," Bloomberg Businessweek, October 6, 2016, https://www.bloomberg.com/news/articles/2016-10-06/wind-is-the-new-corn-for-struggling-farmers.
27. "Chapter 13: Power Purchase Agreement," Windustry, accessed February 8, 2022, https://www.windustry.org/community_wind_toolbox_13_power_purchase_agreement#:~:text=Length%20of%20the%20Agreement,-PPAs%20are%20long&text=The%20stated%20term%20of%20most,25%20years%20is%20not%20unusual.
28. "Q4 2020: Renewable Energy Deal Tracker," GreenBiz, accessed February 8, 2022, https://www.greenbiz.com/sites/default/files/2021-01/gbg_renewable_leader board%202020-Q4.pdf.
29. James Kobus, Ali Ibrahim Nasrallah, and Jim Guidera, "The Role of Corporate Renewable Purchase Power Agreements in Supporting US Wind and Solar Deployment," Columbia/SIPA, Center on Global Energy Policy, March 2021, https://www.energypolicy.columbia.edu/sites/default/files/pictures/PPA%20report,%20designed%20v4,%203.17.21.pdf.
30. Richard Bowers (principal contributor), "U.S. Wind Energy Production Tax Credit Extended Through 2021," Today in Energy, EIA, January 28, 2021, https://www.eia.gov/todayinenergy/detail.php?id=46576.
31. McDermott Will & Emery, "IRS Provides Relief for Offshore Wind and Federal Land Projects," JD Supra, January 7, 2021, https://www.jdsupra.com/legalnews/irs-provides-relief-for-offshore-wind-9892655/#:~:text=The%20offshore%20wind%20ITC%20is,waters%20of%20the%20United%20States.
32. Nate Chute, "What Percentage of Texas Energy Is Renewable? Breaking Down the State's Power Sources from Gas to Wind," *Austin American-Statesman*, last modified February 19, 2021, https://www.statesman.com/story/news/2021/02/17/texas-energy-wind-power-outage-natural-gas-renewable-green-new-

deal/6780546002/.
33. Amanda Luhavalja, "Texas Renewable Energy Credit Markets Advance; Green-e Prices Back Off," S&P Global Market Intelligence, August 28, 2020, https://www.spglobal.com/marketintelligence/en/news-insights/latest-news-headlines/texas-renewable-energy-credit-markets-advance-green-e-prices-back-off-60107962#:~:text=Texas%20vintage%202020%20RECs%20posted,up%2C%20period%20is%20March%2031.
34. Tyler Hodge (principal contributor), "Wholesale U.S. Electricity Prices Were Generally Lower and Less Volatile in 2020 than 2019," Today in Energy, EIA, January 8, 2021, https://www.eia.gov/todayinenergy/detail.php?id=46396.
35. "About New York Green Bank," Green Bank Network, last modified June 2, 2020, https://greenbanknetwork.org/ny-green-bank/.
36. "Wind Turbine Reliability," Exponent, June 15, 2017, https://www.exponent.com/knowledge/alerts/2017/06/wind-turbine-reliability/?pageSize=NaN&pageNum=0&loadAllByPageSize=true.
37. "How Do Wind Turbines Survive Severe Storms?" Office of Energy Efficiency & Renewable Energy, accessed February 8, 2022, https://www.energy.gov/eere/articles/how-do-wind-turbines-survive-severe-storms.
38. Rochelle Toplensky, "Why Investors Have Learned to Love Wind and Solar Power," *Wall Street Journal*, June 6, 2020, https://www.wsj.com/articles/why-investors-have-learned-to-love-wind-and-solar-power-11594027941.
39. Luis Garcia, "Renewable Energy Investors Seek Returns in Project Development," Private Equity News, January 4, 2021, https://www.penews.com/articles/renewable-energy-investors-seek-returns-in-project-development-20210104.
40. "U.S. Storage Market Sets New Installation Record in Q3 2021," Wood Mackenzie, December 9, 2021, https://www.woodmac.com/industry/power-and-renewables/us-energy-storage-monitor/.
41. Eric Wesoff and William Driscoll, "How Does the US Retire 236 GW of Coal and 1,000 Gas Peaker Plants?" *PV Magazine*, September 18, 2020, https://pv-magazine-usa.com/2020/09/18/how-does-the-us-retire-236-gw-of-coal-and-1000-gas-peaker-plants/.

42. Michael J. Coren, "Solar Plus Batteries Aim to Retire Natural Gas Plants in 2019," *Quartz*, January 11, 2019, https://qz.com/1521660/solar-and-batteries-are-retiring-natural-gas-plants/.
43. "Energy Storage," California Energy Commission—Tracking Progress, last modified August 2018, https://www.energy.ca.gov/sites/default/files/2019-12/energy_storage_ada.pdf.
44. Robert Walton, "NextEra Inks 700 MW Wind + Solar + Battery Project, Largest in the US," Utility Dive, July 29, 2019, https://www.utilitydive.com/news/nextera-inks-700-mw-wind-solar-battery-project-largest-in-the-us/559693/.
45. Karl-Erik Stromsta, "Next Era Sees Little Threat to Wind and Solar from Fading Tax Credits," Greentech Media, July 24, 2019, https://www.greentechmedia.com/articles/read/nextera-sees-little-threat-to-wind-and-solar-from-fading-tax-credits.
46. Deanne Barrow, "Energy Storage: Warranties, Insurance and O&M Issues," Norton Rose Fulbright: Project Finance, June 19, 2019, https://www.projectfinance.law/publications/2019/june/energy-storage-warranties-insurance-and-om-issues/.
47. "Lazard's Levelized Cost of Storage Analysis—Version 6.0," Lazard, accessed February 8, 2022, https://www.lazard.com/media/451566/lazards-levelized-cost-of-storage-version-60-vf2.pdf.
48. Hodgson Russ LLP, "New York City Clears the Path for Permitting of Energy Storage Systems," JD Supra, December 17, 2020, https://www.jdsupra.com/legalnews/new-york-city-clears-the-path-for-52979/.
49. Paul Robson and Davide Bonomi, "Growing the Battery Storage Market 2020: Exploring Four Key Issues," from the Producers of the Energy Storage World Forum, Dufresne—Energy Storage World Forum, Dufresne Research Ltd., accessed February 8, 2022, https://energystorageforum.com/files/ESWF_Whitepaper_-_Growing_the_battery_storage_market.pdf.
50. "Lazard's Levelized Cost of Storage Analysis—Version 6.0," Lazard.
51. Darrell Proctor, "Distributed Energy: 'Best Is Yet to Come' for Energy Storage Technology," *Power*, March 1, 2021, https://www.powermag.com/

best-is-yet-to-come-for-energy-storage-technology/.
52. Veronika Henze (contact), "Energy Storage Investments Boom as Battery Costs Halve in the Next Decade," BloombergNEF, July 31, 2019, https://about.bnef.com/blog/energy-storage-investments-boom-battery-costs-halve-next-decade/.
53. "Special Report: Global Renewables Performance Review (Solar and Wind Withstand Pandemic)," Fitch Ratings, March 15, 2021, https://www.fitchratings.com/research/infrastructure-project-finance/global-renewables-performance-review-solar-wind-withstand-pandemic-15-03-2021.
54. Veronika Henze (contact), "Energy Transition Investment Hit $500 Billion in 2020— for First Time," BloombergNEF, January 19, 2021, https://about.bnef.com/blog/energy-transition-investment-hit-500-billion-in-2020-for-first-time/.

# 第16章 房地产

本章开头图片的说明来自：Sarah Kaplan and Aaron Steckelberg, "Climate Solutions: Empire State of Green," Washington Post, May 27, 2020, https://www.washingtonpost.com/graphics/2020/climate-solutions/empire-state-building-emissions/。

1. Jonathan Shaw, "A Green Empire: How Anthony Malkin. 84 Engineered the Largest 'Green' Retrofit Ever," *Harvard Magazine*, March-April 2012, https://www.harvardmagazine.com/2012/03/a-green-empire.
2. Kaplan and Steckelberg, "Climate Solutions."
3. Shaw, "A Green Empire."
4. Kaplan and Steckelberg, "Climate Solutions."
5. "Sources of Greenhouse Gas Emissions," EPA, accessed February 8, 2022, https://www.epa.gov/ghgemissions/sources-greenhouse-gas-emissions.
6. "Retrofit Market Analysis," Urban Green, June 18, 2019, https://www.urbangreencouncil.org/sites/default/files/urban_green_retrofit_market_

analysis. pdf.
7. "Empire State Building Retrofits Cut 10 - Year Emissions by 40 Percent," The Energy Mix, June 2, 2020, https://theenergymix.com/2020/06/02/empire-state-building-retrofits-cut - 10 - year-emissions-by - 40/.
8. Stefan Knupfer, "A Carbon Emission Reduction Toolkit for Global Cities," McKinsey Sustainability, June 5, 2019, https://www.mckinsey.com/business-functions/sustainability/our-insights/sustainability-blog/a-carbon-emission-reduction-toolkit-for-global-cities.
9. George Caraghiaur, "The Benefits of PACE Financing for Commercial Real Estate Companies," PACENation, May 2016, https://www.reit.com/sites/default/files/media/PDFs/ThebenefitsofPACEforCREFINAL.pdf.
10. Asaf Bernstein, Matthew Gustafson, and Ryan Lewis, "Disaster on the Horizon: The Price Effect of Sea Level Rise," *Journal of Financial Economics*, last updated July 26, 2018, https://papers.ssrn.com/sol3/papers.cfm?abstract_id = 3073842.
11. Jonathan Woetzel, Dickon Pinner, Hamid Samandari, et al., "Will Mortgages and Markets Stay Afloat in Florida?" McKinsey Sustainability, April 27, 2020, https://www.mckinsey.com/business-functions/sustainability/our-insights/will-mortgages-and-markets-stay-afloat-in-florida.
12. "802,555 Homes at Risk of 10 - Year Flood Inundation by 2050," Climate Central—Zillow Research, July 31, 2019, https://www.zillow.com/research/homes-at-risk-coastal-flooding - 25040/.
13. A. Park Williams, John T. Abatzoglou, Alexander Gershunov, et al., "Observed Impacts of Anthropogenic Climate Change on Wildfire in California," *Earth's Future 7*, no. 8 (August 2019): 892 - 910, https://agupubs.onlinelibrary.wiley.com/doi/full/10.1029/2019EF001210.
14. James M. Vose and David L. Peterson (federal coordinating lead authors), "Chapter 6: Forests," in *Fourth National Climate Assessment*, (Washington, DC: U.S. Global Change Research Program, 2018), https://nca2018.globalchange.gov/chapter/6/.
15. Kate Mackenzie, "Lenders with the Best Climate Data Will Be in a Position to Dis-

criminate," Bloomberg Green, June 26, 2020, https://www.bloomberg.com/news/articles/2020-06-26/lenders-with-the-best-climate-data-will-be-in-a-position-to-discriminate.

16. Christopher Flavelle, "Rising Seas Threaten an American Institution: The 30-Year Mortgage," *New York Times*, last modified March 2, 2021, https://www.nytimes.com/2020/06/19/climate/climate-seas-30-year-mortgage.html.
17. Christopher Flavelle, "As Wildfires Get Worse, Insurers Pull Back from Riskiest Areas," *New York Times*, August 20, 2019, https://www.nytimes.com/2019/08/20/climate/fire-insurance-renewal.html.
18. Jonathan Woetzel, Dickon Pinner, Hamid Samandari, et al., "Can Coastal Cities Turn the Tide on Rising Flood Risk?" McKinsey Sustainability, April 20, 2020, https://www.mckinsey.com/business-functions/sustainability/our-insights/can-coastal-cities-turn-the-tide-on-rising-flood-risk.
19. Anne Barnard, "The \$119 Billion Sea Wall That Could Defend New York……or Not," *New York Times*, last modified August 21, 2021, https://www.nytimes.com/2020/01/17/nyregion/sea-wall-nyc.html.
20. Neal E. Robbins, "Deep Trouble: Can Venice Hold Back the Tide?" *The Guardian*, December 10, 2019, https://www.theguardian.com/environment/2019/dec/10/venice-floods-sea-level-rise-mose-project.
21. "Life's a Beach," Insight, Freddie Mac, April 26, 2016, http://www.freddiemac.com/research/insight/20160426_lifes_a_beach.page.
22. Jake Goodman, "Real Estate Powers Ahead on Decarbonisation," PRI, April 28, 2020, https://www.unpri.org/pri-blog/real-estate-powers-ahead-on-decarbonisation/5718.article.

# 第17章 林业与农业

本章开头图片的说明来自：Gil Gullickson, "How Carbon May Become Another Crop for Farmers," *Successful Farming*, February 4, 2021, https://www.agriculture.com/farm-management/programs-and-policies/how-carbon-maybecome-another-crop-for-farmers。

1. "The State of the World's Forests 2020," Food and Agriculture Organization of the UnitedNations, accessed February 8, 2022, http：//www. fao. org/state-of-forests/en/#：~：text = The% 20total% 20forest% 20area% 20is, equally% 20distributed% 20around % 20the% 20globe.

2. Mikaela Weisse and Elizabeth Dow Goldman, "The World Lost a Belgium-Sized Area of Primary Rainforests Last Year," World Resources Institute, April 25, 2019, https：//www. wri. org/blog/2019/04/world-lost-belgium-sized-area-primary-rainforests-last-year.

3. "Data Explorer," ClimateWatch, accessed February 8, 2022, https：// www. climate watchdata. org/data-explorer/historical-emissions? historical-emissions-data-sources = 71&historical-emissions-gases = 246&historical-emissions-regions = All% 20Selected % 2CWORLD&historical-emissions-sectors = All% 20Selected&page = 1&sort_ col = country&sort_ dir = DESC.

4. Kenneth Gillingham and James H. Stock, "The Cost of Reducing Greenhouse Gas Emissions," August 2, 2018, https：//scholar. harvard. edu/files/stock/files/gillingham_ stock_ cost_ 080218_ posted. pdf.

5. "Pathways to a Low-Carbon Economy：Version 2 of the Global Greenhouse Gas Abatement Cost Curve," McKinsey & Company, accessed February 8, 2022, https：//www. mckinsey. com/ ~ /media/McKinsey/Business% 20Functions/Sustainability/Our % 20Insights/Pathways% 20to% 20a% 20low% 20carbon% 20economy/Pathways % 20to% 20a% 20low% 20carbon% 20economy. pdf.

6. Raphael Calel, "Climate Change and Carbon Markets：A Panoramic History," Centre for Climate Change Economics and Policy Working Paper No. 62；Grantham Research Institute on Climate Change and the Environment Working Paper No. 52, July 2011, http：//eprints. lse. ac. uk/37397/1/Climate_ change_ and_ carbon_ markets_ a_ panoramic_ history（author）. pdf.

7. L. Chestnut and D. M. Mills, "A Fresh Look at the Benefits and Costs of the US Acid Rain Program," *Journal of Environmental Management* 77（2005）：252 – 66, https：//cfpub. epa. gov/si/si_ public_ record_ report. cfm? dirEntryID = 139587.

8. William L. Anderegg, Anna T. Trugman, Grayson Badgley, et al. , "Climate-

Driven Risks to the Climate Mitigation Potential of Forests," *Science* 368, no. 6497 (June 19, 2020), https://science.sciencemag.org/content/368/6497/eaaz7005.

9. Ovidiu Csillik, Pramukta Kumar, Joseph Mascaro, et al., "Monitoring Tropical Forest Carbon Stocks and Emissions Using Planet Satellite Data," *Scientific Reports* 9 (2019): 17831, https://www.nature.com/articles/s41598-019-54386-6.

10. "Value of Carbon Market Update 2021," Carbon Credit Capital, accessed February 8, 2022, https://carboncreditcapital.com/value-of-carbon-market-update-2021-2/.

11. "Voluntary Carbon Markets Rocket in 2021, on Track to Break $1B for First Time," Ecosystem Marketplace, accessed February 8, 2022, https://www.ecosystemmarketplace.com/articles/press-release-voluntary-carbon-markets-rocket-in-2021-on-track-to-break-1b-for-first-time/.

12. "Cap-and-Trade Program," California Air Resources Board, accessed February 8, 2022, https://www.arb.ca.gov/cc/capandtrade/capandtrade.htm.

13. "ARB Offset Credit Issuance," California Air Resources Board, accessed February 26, 2022, https://ww2.arb.ca.gov/our-work/programs/compliance-offset-program/arb-offset-credit-issuance.

14. Jessica Bursztynsky, "Delta Air Lines CEO Announces the Carrier Will Go 'Fully Carbon Neutral' Next Month," CNBC, February 14, 2020, https://www.cnbc.com/2020/02/14/delta-air-lines-ceo-carrier-will-go-fully-carbon-neutral-next-month.html.

15. "Delta Spotlights Ambitious Carbon Neutrality Plan on Path to Zero-Impact Aviation This Earth Month," Delta News Hub, April 22, 2021, https://news.delta.com/delta-spotlights-ambitious-carbon-neutrality-plan-path-zero-impact-aviation-earth-month.

16. ICE Report Center, accessed February 8, 2022, https://www.theice.com/marketdata/reports/142.

17. Ryan Dezember, "Preserving Trees Becomes Big Business, Driven by Emissions Rules," *Wall Street Journal*, last modified August 24, 2020, https://www.wsj.com/articles/preserving-trees-becomes-big-business-driven-

by-emissions-rules – 11598202541.

18. Jean-Francois Bastin, Yelena Finegold, Danilo Mollicone, et al., "The Global Tree Restoration Potential," *Science* 365, no. 6448 (July 5, 2019): 76–79, https://science.sciencemag.org/content/365/6448/76.

19. McKinsey and Company, "Putting carbon markets to work on the path to net zero," October 28, 2021, https://www.mckinsey.com/business-functions/sustainability/our-insights/putting-carbon-markets-to-work-on-the-path-to-net-zero.

20. Weisse and Goldman, "The World Lost."

21. "Pathways to a Low-Carbon Economy, Version 2 of the Global Greenhouse Gas Abatement Cost Curve," McKinsey & Company, accessed February 8, 2022, https://www.mckinsey.com/~/media/McKinsey/Business%20Functions/Sustainability/Our%20Insights/Pathways%20to%20a%20low%20carbon%20economy/Pathways%20to%20a%20low%20carbon%20economy.pdf.

22. Jeff Goodell, "Why Planting Trees Won't Save Us," *Rolling Stone*, June 25, 2020, https://www.rollingstone.com/politics/politics-features/tree-planting-wont-stop-climate-crisis-1020500/.

23. Bastin, Finegold, Garcia, et al., "Global Tree Restoration Potential."

24. Robert Heilmayr, Cristian Echeverría, and Eric F. Lambin, "Impacts of Chilean Forest Subsidies on Forest Cover, Carbon and Biodiversity," *Nature Sustainability* 3 (June 22, 2020): 701–9, https://www.nature.com/articles/s41893-020-0547-0.

25. H. de Coninck, A. Revi, M. Babiker, et al., "Strengthening and Implementing the Global Response," in *Global Warming of 1.5℃. An IPCC Special Report on the Impacts of Global Warming of 1.5℃ Above Pre-industrial Levels and Related Global Greenhouse Gas Emission Pathways, in the Context of Strengthening the Global Response to the Threat of Climate Change, Sustainable Development, and Efforts to Eradicate Poverty*, ed. V. Masson-Delmotte, P. Zhai, H.-O. Pörtner, et al. (IPCC, 2018), https://www.ipcc.ch/site/assets/uploads/sites/2/2019/05/SR15_Chapter4_Low_Res.pdf.

26. Dom Phillips, "Bolsonaro Declares 'the Amazon Is Ours' and Calls Deforestation Data 'Lies,'" *The Guardian*, July 19, 2019, https://www.theguardian.com/

world/2019/jul/19/jair-bolsonaro-brazil-amazon-rainforest-deforestation.

27. "Negative Emissions Technologies and Reliable Sequestration," National Academies Press, accessed February 8, 2022, https://www.nap.edu/resource/25259/interactive/.

28. "What Is BECCS?" American University, School of International Service, accessed February 8, 2022, https://www.american.edu/sis/centers/carbon-removal/fact-sheet-bioenergy-with-carbon-capture-and-storage-beccs.cfm.

29. "BECCS and Negative Emissions," drax, accessed February 8, 2022, https://www.drax.com/about-us/our-projects/bioenergy-carbon-capture-use-and-storage-beccs/.

30. Claire O'Connor, "Soil: The Secret Weapon in the Fight Against Climate Change," NRDC, December 5, 2019, https://www.nrdc.org/experts/claire-oconnor/soil-secret-weapon-fight-against-climate-change.

31. Elizabeth Creech, "Saving Money, Time and Soil: The Economics of No-Till Farming," USDA, August 3, 2021, https://www.usda.gov/media/blog/2017/11/30/saving-money-time-and-soil-economics-no-till-farming.

32. Gullickson, "How Carbon May Become."

33. Karl Plume, "Cargill Launches U.S. Carbon Farming Program for 2022 Season," Reuters, September 16, 2021, https://www.reuters.com/business/sustainable-business/cargill-launches-us-carbon-farming-program-2022-season-2021-09-16/.

34. Christopher Blaufelder, Cindy Levy, Peter Mannion, and Dickon Pinner, "A Blueprint for Scaling Voluntary Carbon Markets to Meet the Climate Challenge," McKinsey Sustainability, January 29, 2021, https://www.mckinsey.com/business-functions/sustainability/our-insights/a-blueprint-for-scaling-voluntary-carbon-markets-to-meet-the-climate-challenge.

# 第5部分 投资金融资产

1. Catherine Clifford, "Blackrock CEO Larry Fink: The Next 1,000 Billion-

Dollar Start – upsWill Be in Climate Tech," CNBC, October 5, 2021, https: //www. cnbc. com/2021/10/25/blackrock – ceo – larry – fink – next – 1000 – unicorns – will – be – in – climate – tech. html.

# 第18章 风险投资

本章开头图片的说明来自: "As field with the Securities and Exchange Commission on April 30, 2019" SEC, https: //www. sec. gov/Archives/edgar/data/1655210/000162828019004984/beyondmeats – 1a6. htm。

1. "Economic Opportunity Quotes," Brainy Quote, accessed February 9, 2022, https: //www. brainyquote. com/topics/economic-opportunity-quotes.
2. Benjamin Gaddy, Varun Sivaram, and Francis O'Sullivan, "Venture Capital and Clean Tech: The Wrong Model for Clean Energy Innovation," MIT Energy Initiative, July 2016, http: //energy. mit. edu/wp-content/uploads/2016/07/MITEI-WP – 2016 – 06. pdf.
3. Sarah Perez, "Why Did Solyndra Fail So Spectacularly?" TechCrunch +, October 4, 2011, https: //techcrunch. com/2011/10/04/why-did-solyndra-fail-so-spectacularly/.
4. Yuliya Chernova, "Clouds Overtake Solar-Panel Firm," *Wall Street Journal*, September 1, 2011, https: //www. wsj. com/articles/SB10001424053111904583204576542573023275438.
5. "Has Israeli Firm Cracked Eclectic Car Angst?" BBC News, September 2, 2012, https: //www. bbc. com/news/world-middle-east – 19423835.
6. Devashree Saha and Mark Muro, "Cleantech Venture Capital: Continued Declines and Narrow Geography Limit Prospects," Brookings, May 16, 2017, https: //www. brookings. edu/research/cleantech-venture-capital-continued-declines-and-narrow-geography-limit-prospects/.
7. AllAboutAlpha, "Surfing the Sustainable Investing L-Curve: A Noble Way to Lose Money?" Investing. com, August 27, 2013, https: //www. investing. com/analysis/surfing-the-sustainable-investing-l-curve: -a-noble-way-to-lose-money – 181136.

8. Saha and Muro, "Cleantech Venture Capital."
9. "Clean Tech Company Performance Statistics 2018 Q4," Cambridge Associates, accessed February 9, 2022, https://www.cambridgeassociates.com/benchmarks/clean-tech-company-performance-statistics-2018-q4/.
10. "How Much Feed Does It Take to Produce a Pound of Beef?" Sustainable Dish, November.3, 2016, https://sustainabledish.com/much-feed-take-produce-pound-beef/.
11. "As filed with the Securities and Exchange Commission," SEC.
12. P. J. Gerber, H. Steinfeld, B. Henderson, et al., "Tackling Climate Change Through Livestock—A Global Assessment of Emissions and Mitigation Opportunities," Food and Agriculture Organization of the United Nations (FAO), 2013, http://www.fao.org/3/i3437e/i3437e.pdf.
13. "Beyond Meat Burger Carbon Footprint & Environmental Impact," Consumer Ecology, https://consumerecology.com/beyond-meat-burger-carbon-footprint-environmental-impact.
14. Sigal Samuel, "The Many Places You Can Buy Beyond Meat and Impossible Foods, in One Chart," Vox, last modified January 15, 2020, https://www.vox.com/future-perfect/2019/10/10/20870872/where-to-buy-impossible-foods-beyond-meat.
15. "Beyond Meat," crunchbase, accessed February 9, 2022, https://www.crunchbase.com/organization/beyond-meat/company_financials.
16. Ameelia Lucas, "Beyond Meat Surges 163 Percent in the Best IPO So Far in 2019," CNBC, May 2, 2019, https://www.cnbc.com/2019/05/02/beyond-meat-ipo.html.
17. Katherine White, David J. Hardisty, and Rishad Habib, "Consumer Behavior: The Elusive Green Consumer," *Harvard Business Review*, July-August 2019, https://hbr.org/2019/07/the-elusive-green-consumer#.
18. John D. Stoll, "Beyond Meat's Pitch for More Customers: It's Not Just Good for the Planet, It's Also Good for You," *Wall Street Journal*, September 25, 2020, https://www.wsj.com/articles/beyond-meats-pitch-for-more-customers-its-not-just-good-for-the-planet-its-also-good-for-you-11601042671.

19. Celine Herweijer and Azeem Azhar, "The State of Climate Tech," PwC, September 9, 2020, https://www.pwc.com/gx/en/services/sustainability/assets/pwc-the-state-of-climate-tech-2020.pdf.

20. "Global Climate Tech Venture Capital Report—Full Year 2021," HolonIQ, 4 January 2022, https://www.holoniq.com/notes/global-climatetech-vc-report-full-year-2021/.

21. Emma Cox, Tariq Moussa, and Denise Chan, "The State of Climate Tech 2020," PwC, November 30, 2017, https://www.pwc.com/gx/en/services/sustainability/publications/state-of-climate-tech-2020.html.

22. Jason D. Rowley, "Kleiner Perkins Spinout Fund G2VP Raises $298 Million for Oversubscribed Cleantech Fund," crunchbase news, April 24, 2018, https://news.crunchbase.com/news/kleiner-perkins-spinout-fund-g2vp-closes-298-million-over subscribed-cleantech-fund/.

23. Dina Bass, "Microsoft to Invest $1 Billion in Carbon-Reduction Technology," Bloom-berg Green, January 16, 2020, https://www.bloomberg.com/news/articles/2020-01-16/microsoft-to-invest-1-billion-in-carbon-reduction-technology.

24. Dana Mattioli, "Amazon to Launch $2 Billion Venture Capital Fund to Invest in Clean Energy," *Wall Street Journal*, last modified June 23, 2020, https://www.wsj.com/articles/amazon-to-launch-2-billion-venture-capital-fund-to-invest-in-clean-energy-11592910001.

25. Akshat Rathi, "Bill Gates-Led Fund Raises Another $1 Billion to Invest in Clean Tech," Bloomberg Green, January 19, 2021, https://www.bloomberg.com/news/articles/2021-01-19/bill-gates-led-fund-raises-another-1-billion-to-invest-in-clean-tech?sref=3rbSWFkc.

26. Cromwell Schubarth, "Kleiner Perkins Has a Hearty Helping of Beyond Meat's Whopper of an IPO," *Silicon Valley Business Journal*, May 2, 2019, https://www.bizjournals.com/sanjose/news/2019/05/02/beyond-meat-ipo-big-investors-kleiner-perkins.html.

27. "SJF Ventures II, L.P.," Impactyield, last modified May 13, 2020, https://impactyield.com/funds/sjf-ventures-ii-l-p.

28. Connie Loizos, "Chris Sacca's Lowercarbon Capital Has Raised $800 Million to "Keep Unf * cking the Planet," TechCrunch, August 12, 2021, https: //techcrunch. com/2021/08/12/chris-saccas-lowercarbon-capital-has-raised – 800 – million-to-keep-unfcking-the-planet/.

# 第19章 私募股权

本章开头图片的说明来自: Isobel Markham, "In Depth: Carlyle's Head of Impact on the Firm's Approach to Climate Change," Private Equity International, September 24, 2020, https: //www. privateequityinternational. com/in-depth-carlyles-head-of-impact-on-the-firms-approach-to-climate-change/。

1. Alastair Marsh, "Carney Calls Net-Zero Greenhouse Gas Ambition 'Greatest Commercial Opportunity'," Bloomberg Green, November 9, 2020, https: //www. bloomberg. com/news/articles/2020 – 11 – 09/carney-calls-net-zero-ambition-greatest-commercial-opportunity? sref = 3rbSWFkc.
2. Miriam Gottfried, "Blackstone Sets Goal to Reduce Carbon Emissions," *Wall Street Journal*, September 29, 2020, https: //www. wsj. com/articles/blackstone-sets-goal-to-reduce-carbon-emissions – 11601377200.
3. "Hilton Commits to Cutting Environmental Footprint in Half and Doubling Social Impact Investment," Business Wire, May 23, 2018, https: //www. businesswire. com/news/home/20180522006472/en/Hilton-Commits-to-Cutting-Environmental-Footprint-in-Half-and-Doubling-Social-Impact-Investment.
4. "Energy Transition Investment Hit $500 Billion in 2020—for First Time," BloombergNEF, January 19, 2021, https: //about. bnef. com/blog/energy-transition-investment-hit – 500 – billion-in – 2020 – for-first-time/.
5. Karl-Erik Stromsta, "BlackRock Targets Storage with New Multibillion-Dollar Renewables Fund," GTM: A Wood Mackenzie Business, January 27, 2020, https: //www. greentechmedia. com/articles/read/blackrock-targets-storage-with-new-multi-billion-dollar-renewables-fund.
6. Stromsta, "BlackRock Targets Storage."

7. Jason Kelly and Derek Decloet,"Brookfield Pursues $7.5 Billion Fund Devoted to Net-Zero Shift," Bloomberg Green, February 10, 2021, https://www.bloomberg.com/news/articles/2021-02-10/brookfield-pursues-7-5-billion-fund-devoted-to-net-zero-shift? sref=3rbSWFkc.
8. Brian DeChesare,"Infrastructure Private Equity: The Definitive Guide," Mergers & Inquisitions, accessed February 9, 2022, https://www.mergersandinquisitions.com/infrastructure-private-equity/.
9. Marie Baudette,"Blackstone CEO Says Businesses Must Address Climate Change," *Wall Street Journal*, January 22, 2020, https://www.wsj.com/articles/blackstone-ceo-says-businesses-must-address-climate-change-11579721175.
10. Markham,"In Depth: Carlyle's Head of Impact."
11. TRD Staff,"How Blackstone Became the World's Biggest Landlord," The Real Deal, February 18, 2020, https://therealdeal.com/2020/02/18/how-blackstone-became-the-worlds-biggest-commercial-landlord/.

# 第20章 公开股票

本章开头图片的说明来自: Jim Robo,"CEO Letter," Next Era Energy, accessed February 9, 2022, https://www.nexteraenergy.com/sustainability/overview/ceo-letter.html。

1. "Net Zero Scorecard," Energy&Climate Intelligence Unit, accessed February 9, 2022, https://eciu.net/netzerotracker.
2. "Fact Sheet: President Biden Sets 2030 Greenhouse Gas Pollution Reduction Target Aimed at Creating Good-Paying Union Jobs and Securing U.S. Leadership on Clean Energy Technologies," White House, April 22, 2021, https://www.whitehouse.gov/briefing-room/statements-releases/2021/04/22/fact-sheet-president-biden-sets-2030-greenhouse-gas-pollution-reduction-target-aimed-at-creating-good-paying-union-jobs-and-securing-u-s-leadership-on-clean-energy-technologies/.
3. Tom Murray,"Apple, Ford, McDonald's and Microsoft Among This Summer's

Climate Leaders," EDF, August 10, 2020, https://www.edf.org/blog/2020/08/10/apple-ford-mcdonalds-and-microsoft-among-summers-climate-leaders.

4. "Microsoft Announces It Will Be Carbon Negative by 2030," Microsoft News Center, January 16, 2020, https://news.microsoft.com/2020/01/16/microsoft-announces-it-will-be-carbon-negative-by-2030/#:~:text=on%20Thursday%20announced%20an%20ambitious, it%20was%20founded%20in%201975.

5. "Ford Expands Climate Change Goals, Sets Global Target to Become Carbon Neutral by 2050," Ford Media Center, June 26, 2020, https://media.ford.com/content/fordmedia/feu/en/news/2020/06/25/Ford-Expands-Climate-Change-Goals.html.

6. Sammy Roth, "Which Power Companies Are the Worst Polluters?" *Los Angeles Times*, June 26, 2019, https://www.latimes.com/projects/la-fi-power-companies-ranked-climate-change/.

7. Jeff St. John, "The 5 Biggest US Utilities Committing to Zero Carbon Emissions by 2050," GTM: A Wood Mackenzie Business, September 16, 2020, https://www.greentechmedia.com/articles/read/the-5-biggest-u.s-utilities-committing-to-zero-carbon-emissions-by-mid-century.

8. "Ford Expands Climate Change Goals, Sets Global Target to Become Carbon Neutral by 2050: Annual Sustainability Report," Ford Media Center, June 24, 2020, https://media.ford.com/content/fordmedia/fna/us/en/news/2020/06/24/ford-expands-climate-change-goals.html.

9. "We Are Taking Energy Forward: The Path to Net Zero and a Sustainable Energy Future," Baker Hughes, https://www.bakerhughes.com/sites/bakerhughes/files/2021-01/Baker%20Hughes%20-%20The%20path%20to%20net-zero%20and%20a%20sustainable%20energy%20future.pdf.

10. Kevin Crowley and Akshat Rathi, "Occidental to Strip Carbon from the Air and Use It to Pump Crude Oil," Bloomberg Businessweek, January 13, 2021, https://www.bloomberg.com/news/articles/2021-01-13/occidental-oxy-wants-to-go-green-to-produce-more-oil?sref=3rbSWFkc.

11. Jens Burchardt, Michel Frédeau, Miranda Hadfield, et al., "Supply Chains as a Game-Changer in the Fight Against Climate Change," BCG, January 26, 2021, https://www.bcg.com/publications/2021/fighting-climate-change-with-supply-chain-decarbonization.
12. Simon Jessop, "Sustainable Business: Company Bosses Question Benefits of Net Zero Transition-Survey," Reuters, March 25, 2021, 2https://www.reuters.com/business/sustainable-business/company-bosses-question-benefits-net-zero-transition-survey-2021-03-25/.
13. The EU Emissions Trading System (EU ETS), European Commission, accessed February 9, 2022, https://ec.europa.eu/clima/system/files/2016-12/factsheet_ets_en.pdf.
14. Dan Murtaugh, "Energy & Science: China's Carbon Market to Grow to $25 Billion by 2030, Citi Says," Bloomberg Green, March 8, 2021, https://www.bloomberg.com/news/articles/2021-03-08/china-s-carbon-market-to-grow-to-25-billion-by-2030-citi-says?sref=3rbSWFkc.
15. "State and Trends of Carbon Pricing 2021," World Bank Group, May 2021, https://openknowledge.worldbank.org/handle/10986/35620.
16. "What Is the Inevitable Policy Response?" PRI, accessed February 9, 2022, https://www.unpri.org/inevitable-policy-response/what-is-the-inevitable-policy-response/4787.article.
17. Darren Woods, "Why ExxonMobil Supports Carbon Pricing," EnergyFactor, March 29, 2021, https://energyfactor.exxonmobil.com/perspectives/supports-carbon-pricing/.
18. "General Motors, American Company," *Encyclopedia Britannica*, accessed February 9, 2022, https://www.britannica.com/topic/General-Motors-Corporation.
19. Neal Boudette, "G.M. expects production to return to normal this year as a chip shortage eases," *New York Times*, February 1, 2022, https://www.nytimes.com/2022/02/01/business/gm-earnings.html.
20. William P. Barnett, "Innovation: Why You Don't Understand Disruption," Stanford Business, March 7, 2017, https://www.gsb.stanford.edu/in-

sights/why-you-dont-understand-disruption.
21. The Investopedia Team, "SunEdison: A Wall Street Boom-and-Bust Story," Investopedia, last modified June 30, 2020, https://www.investopedia.com/investing/sunedison-classic-wall-street-boom-and-bust-story/.
22. Liz Hoffman, "Inside the Fall of SunEdison, Once a Darling of the Clean-Energy World," Wall Street Journal, last modified April 14, 2016, https://www.wsj.com/articles/inside-the-fall-of-sunedison-once-a-darling-of-the-clean-energy-world-1460656000.
23. Tim McDonnell, "How Wind and Solar Toppled Exxon from Its Place as America's Top Energy Company," Quartz, November 30, 2020, https://qz.com/1933992/how-nextera-energy-replaced-exxon-as-the-us-top-energy-company/.
24. "NextEra Energy Is Once Again Recognized as No.1 in Its Industry on Fortune's List of 'World's Most Admired Companies'," Cision, February 2, 2021, https://www.prnewswire.com/news-releases/nextera-energy-is-once-again-recognized-as-no-1-in-its-industry-on-fortunes-list-of-worlds-most-admired-companies-301219998.html.
25. N. So. nnichsen, "Market Value of Global Electric Utilities 2021," statista.com, June 11, 2021, https://www.statista.com/statistics/263424/the-largest-energy-utility-companies-worldwide-based-on-market-value/.
26. "Elon Musk Quotes," Brainy Quote, accessed February 9, 2022, https://www.brainyquote.com/quotes/elon_musk_567297.
27. Justina Lee, "Rob Arnott Warns of Big Market Delusion in Electric Vehicles," Bloomberg Green, March 10, 2021, https://www.bloomberg.com/news/articles/2021-03-10/rob-arnott-warns-of-big-market-delusion-in-electric-vehicles?cmpid=BBD031721_GREENDAILY&utm_medium=email&utm_source=newsletter&utm_term=210317&utm_campaign=greendaily&sref=3rbSWFkc.
28. Brian Walsh, "SPACs Are the Constructs VCs Need to Fund Clean Tech," Tech Crunch+, January 28, 2021, https://techcrunch.com/2021/01/28/spacs-are-the-construct-vcs-need-to-fund-cleantech/?guccounter=1&guce_

referrer = aHR0cHM6Ly93d3cu YW5nZWxsaXN0LmNvbS9ibG9nL2luc2lkZS10 aGUtdmVudHVyZS1jbGltYXRlLX RlY2gtYm9vbQ&guce_ referrer_ sig = AQA AAKE3mTGOO0TvwRJyZse1uegosEyrm 48O-8Nc5n − 1vCvy-uoTmpELJNbxiN- ko_ oOvxqNj4B56hat9afy6hsC8LCwywA306e BuCfCluFoHxtfjh794_ UbuRVwI 22j42Pt1ZOJNXocqfPWUeE-YyI0TV0daRtmIUiPV_ QfnYMBcm60m.

29. Yuliya Chernova, "SPAC Demand to Draw VCs to Clean Tech," *Wall Street Journal*, January 22, 2021, https://www.wsj.com/articles/spac-demand-to-draw-vcs-to-clean-tech − 11611311402.
30. "The Yield Created by the Yieldco," Akin Gump, August 26, 2014, https://www.akingump.com/en/experience/industries/energy/speaking-energy/the-yield-created-by-the-yieldco.html.
31. Linette Lopez, "Wall Street's Getting Crushed by a Form of Financial Engineering You've Probably Never Heard Of," Business Insider, December 2, 2015, https://www.businessinsider.com/what-is-a-yieldco-and-how-is-it-killing-wall-street − 2015 − 11.

# 第21章 股票基金

本章开头图片的说明来自：Alistair Marsh and Sam Potter, "BlackRock Scores Biggest-Ever ETF Launch with New ESG Fund," Bloomberg Green, last modified April 9, 2021, https://www.bloomberg.com/news/articles/2021 − 04 − 09/blackrock-scores-record-etf-launch-with-carbon-transition-fund? sref =3rbSWFkc。

1. "Founding Network Partners," Net Zero Asset Managers Initiative, accessed February. 9, 2022, https://www.netzeroassetmanagers.org/#.
2. "The Net Zero Asset Managers Initiative Grows to 87 Investors Managing ＄37 Trillion, with the World's Three Largest Asset Managers Now Committing to Net Zero Goal," Net Zero Asset Managers Initiative, April 20, 2021, https://www.netzeroassetmanagers.org/the-net-zero-asset-managers-initiative-grows − to − 87 − investors-managing − 37 − trillion-with-the-worlds-three-largest-asset-managers-now-committing-to-net-zero-goal.

3. Attracta Mooney, "Vanguard Pledges to Slash Emissions by 2030," *Financial Times*, March 29, 2021, https://www.ft.com/content/87becf56-a249-4133-a01b-1b4b3b604bd5.
4. Attracta Mooney, "Fund Managers with $9tn in Assets Set Net Zero Goal," *Financial Times*, December 11, 2020, https://www.ft.com/content/d77d5ecb-4439-4f6b-b509-fffa42c194db.
5. "Our 2021 Stewardship Expectations," BlackRock, accessed February 9, 2022, https://www.blackrock.com/corporate/literature/publication/our-2021-stewardship-expectations.pdf.
6. Alex Cheema-Fox, Bridget Realmuto LaPerla, David Turkington, et al., "Decarbonization Factors," *Journal of Impact and ESG Investing* (Fall 2021), https://globalmarkets.statestreet.com/research/portal/insights/article/7151616d-aa8c-459d-b61d-98661f936100.
7. Jon Hale, "Which Sustainable Funds Are Fossil-Fuel Free?" Morningstar, April 22, 2020, https://www.morningstar.com/insights/2020/04/22/which-sustainable-funds-are-fossil-fuel-free.
8. "Oxford Martin Principles for Climate-Conscious Investment," Oxford Martin School Briefing, February 2018, https://www.oxfordmartin.ox.ac.uk/downloads/briefings/Principles_For_Climate_Conscious_Investment_Feb2018.pdf.
9. Jon Hale, "Building a Low-Cost, Fossil-Fuel-Free ETF Portfolio," Morningstar, June 17, 2019, https://www.morningstar.com/articles/934609/building-a-low-cost-fossil-fuel-free-etf-portfolio.
10. "ETF Comparison Tool: SPY vs SPYX," ETF.com, accessed February 9, 2022, https://www.etf.com/etfanalytics/etf-comparison/SPY-vs-SPYX.
11. "S&P 500 Fossil Fuel Free Index—ETF Tracker," ETF Database, accessed February 9, 2022, https://etfdb.com/index/sp-500-fossil-fuel-free-index/.
12. BlackRock Global Executive Committee, "Net Zero: A Fiduciary Approach," Black-Rock, accessed February 9, 2022, https://www.blackrock.com/corporate/investor-relations/blackrock-client-letter.
13. Mats Andersson, Patrick Bolton, and Frédéric Samama, "Perspectives: Hedging Climate Risk," *Financial Analysts Journal* 72, no. 3, https://

www0. gsb. columbia. edu/faculty/pbolton/papers/faj. v72. n3. 4. pdf.
14. Robert G. Eccles and Svetlana Klimenko, "Finance and Investing: The Investor Revolution," *Harvard Business Review*, May-June 2019, https://hbr. org/2019/05/the-investor-revolution.
15. Marsh and Potter, "BlackRock Scores Biggest-Ever ETF Launch."
16. "BlackRock U. S. Carbon Transition Readiness ETF," iShares by BlackRock, accessed February 9, 2022, https://www. ishares. com/us/products/318215/blackrock-u-s-carbon-transition-readiness-etf.
17. "Solar Industry Research Data," SEIA, accessed February 9, 2022, https://www. seia. org/solar-industry-research-data.
18. Aakash Arora, Nathan Niese, Elizabeth Dreyer, et al., "Why Electric Cars Can't Come Fast Enough," BCG, April 20, 2021, https://www. bcg. com/publications/2021/why-evs-need-to-accelerate-their-market-penetration.
19. "Energy Transition: The Future for Green Hydrogen," Wood Mackenzie, October 25, 2019, https://www. woodmac. com/news/editorial/the-future-for-green-hydrogen/.
20. "iShares Global Clean Energy ETF," iShares by BlackRock, accessed February 26, 2022, https://www. ishares. com/us/products/239738/ishares-global-clean-energy-etf#/.
21. "iShares Global Clean Energy ETF," iShares by BlackRock.
22. "Greenbacker Renewable Energy Company," Greenbacker Capital, accessed February 9, 2022, https://greenbackercapital. com/greenbacker-renewable-energy-company/.
23. "KRBN: KraneShares Global Carbon ETF," KraneShares, accessed February 9, 2022, https://kraneshares. com/krbn/.
24. "S&P GSCI Carbon Emission Allowances (EUA)," S&P Dow Jones Indices, accessed February 9, 2022, https://www. spglobal. com/spdji/en/indices/commodities/sp-gsci-carbon-emission-allowances-eua/#overview.
25. "KraneShares Global Carbon ETF," KraneShares, accessed February 9, 2022, https://kraneshares. com/resources/factsheet/2021_04_30_krbn_factsheet. pdf.

## 第22章 固定收益

本章开头图片的说明来自：Will Feuer, "Apple CEO Tim Cook Says He's Taking on Climate Change and Needs Backup", CNBC, 2019年10月22日。https://www.cnbc.com/2019/10/22/apple-ceo-tim-cook-accepts-ceres-conference-sustainability-awards.html。

1. James Langton, "A Record Year for Global Debt Issuance," Advisor's Edge, January 2, 2020, https://www.advisor.ca/news/industry-news/a-record-year-for-global-debt-issuance/.
2. Sophie Yeo, "Where Climate Cash Is Flowing and Why It's Not Enough," News Feature, Nature, September 17, 2019, https://www.nature.com/articles/d41586-019-02712-3.
3. Katie Kolchin, Justyna Podziemska, and Ali Mostafa, "Capital Markets Fact Book, 2021," sifma, July 28, 2021, https://www.sifma.org/resources/research/fact-book/.
4. Thomas Wacker, Andrew Lee, and Michaela Seimen Howat, "Sustainable Investing: Education Primer: Green Bonds," UBS, August 1, 2018, https://www.ubs.com/content/dam/Wealth Management Americas/cio-impact/si-green-bonds-1-aug-2018-1523746.pdf.
5. Shuang Liu, "Will China Finally Block 'Clean Coal' from Green Bonds Market?" World Resources Institute, July 29, 2020, https://www.wri.org/insights/will-china-finally-block-clean-coal-green-bonds-market.
6. "10 Years of Green Bonds: Creating the Blueprint for Sustainability Across Capital Markets," World Bank, March 18, 2019, https://www.worldbank.org/en/news/immersive-story/2019/03/18/10-years-of-green-bonds-creating-the-blueprint-for-sustainability-across-capital-markets.
7. Malcolm Baker, Daniel Bergstresser, George Serafeim, and Jeffrey Wurgler, "Financing the Response to Climate Change: The Pricing and Ownership of U.S. Green Bonds," NBER, October 2018, https://www.nber.org/papers/w25194.

8. Matt Wirz, "Why Going Green Saves Bond Borrowers Money," *Wall Street Journal*, December 17, 2020, https://www.wsj.com/articles/why-going-green-saves-bond-borrowers-money-11608201002.

9. David F. Larcker and Edward M. Watts, "Where's the Greenium?" *Journal of Accounting and Economics* 69, no.2 (2020), https://econpapers.repec.org/article/eeejaecon/v_3a69_3ay_3a2020_3ai_3a2_3as0165410120300148.htm.

10. Caroline Flammer, "Green Bonds Benefit Companies, Investors, and the Planet," *Harvard Business Review*, November 22, 2018, https://hbr.org/2018/11/green-bonds-benefit-companies-investors-and-the-planet.

11. Christopher Martin, "Green Bonds Show Path to $1 Trillion Market for Climate," Bloomberg, June 26, 2014, https://www.bloomberg.com/news/articles/2014-06-26/green-bonds-show-path-to-1-trillion-market-for-climate?sref=3rbSWFkc.

12. Liam Jones, "$500bn Green Issuance 2021: Social and Sustainable Acceleration: Annual Green $1tn in Sight," Climate Bonds Initiative, January 31, 2022, https://www.climatebonds.net/2022/01/500bn-green-issuance-2021-social-and-sustainable-acceleration-annual-green-1tn-sight-market.

13. Stephen Warwick, "Apple Says 1.2 Gigawatts of Clean Energy Produced by 2020 Green. Bond Projects," iMore/Chrome Enterprise, March 17, 2021, https://www.imore.com/apple-says-12-gigawatts-clean-energy-produced-2020-green-bond-projects.

14. Billy Nauman, "Analysts Expect as Much as $500bn of Green Bonds in Bumper 2021," *Financial Times*, January 4, 2021, https://www.ft.com/content/021329aa-b0bd-4183-8559-0f3260b73d62.

15. Kristin Broughton, "Companies Test a New Type of ESG Bond with Fewer Restrictions," *Wall Street Journal*, October 5, 2020, https://www.wsj.com/articles/companies-test-a-new-type-of-esg-bond-with-fewer-restrictions-11601890200.

16. Meghna Mehta, "Green Bonds Are Growing Bigger and Broader," GreenBiz, May 4, 2020, https://www.greenbiz.com/article/green-bonds-are-growing-bigger-and-broader.

17. SEIA Comms Team, "A Look Back at Solar Milestones of the 2010s," SEIA,

January 3, 2020, https://www.seia.org/blog/2010s-solar-milestones.
18. Herman K. Trabish, "Why Solar Financing Is Moving from Leases to Loans," Utility Dive, August 17, 2015, https://www.utilitydive.com/news/why-solar-financing-is-moving-from-leases-to-loans/403678/.
19. Kat Friedrich, "Solar and Energy Efficiency Securitization Emerge," Renewable Energy World, November 18, 2013, https://www.renewableenergyworld.com/2013/11/18/solar-and-energy-efficiency-securitization-emerge/#gref.
20. Mike Mendelsohn, "Raising Capital in Very Large Chunks: The Rise of Solar Securitization," *PV Magazine*, November 16, 2018, https://pv-magazine-usa.com/2018/11/16/raising-capital-in-very-large-chunks-the-rise-of-solar-securitization/.
21. Julia Pyper, "Solar Loans Emerge as the Dominant Residential Financing Product," GTM: A Wood Mackenzie Business, November 14, 2018, https://www.greentechmedia.com/articles/read/solar-loans-are-now-the-dominant-financing-product#gs.4f06lu.
22. Julian Spector, "It's Official: Solar Securitizations Pass $1 Billion in 2017," GTM: A Wood Mackenzie Business, October 30, 2017, https://www.greentechmedia.com/articles/read/solar-securitizations-expected-to-pass-1-billion-in-2017.
23. "U.S. Residential Solar ABS 101," Project Bond Focus—July 2020: U.S. Residential Solar ABS 101, https://www.ca-cib.com/sites/default/files/2020-10/Project%20Bond%20Focus%20-%20Solar%20ABS%202020%20VF.pdf.
24. Julian Spector, "Mosaic Will Sell $300 Million Worth of Solar Loans to Goldman Sachs," GTM: A Wood Mackenzie Business, September 13, 2017, https://www.greentechmedia.com/articles/read/mosaic-will-sell-300-million-of-solar-loans-to-goldman-sachs.
25. Michael Kohick, "Muni Bond Defaults Remain Rare Through 2019," ETF Trends, September 19, 2020, https://www.etftrends.com/tactical-allocation-channel/muni-bond-defaults-remain-rare-through-2019/.
26. "Annual Report on Nationally Recognized Statistical Rating Organizations,"

SEC, January 2020, https://www.sec.gov/files/2019-annual-report-on-nrsros.pdf.

27. "Moody's Acquires Majority Stake in Four Twenty Seven Inc.," Moody's, July 24, 2019, https://ir.moodys.com/press-releases/news-details/2019/Moodys-Acquires-Majority-Stake-in-Four-Twenty-Seven-Inc-a-Leader-in-Climate-Data-and-Risk-Analysis/default.aspx.

28. Billy Nauman, "Municipal Bond Issuers Face Steeper Borrowing Costs from Climate Change," *Financial Times*, January 7, 2020, https://www.ft.com/content/6794c3d2-1d7d-11ea-9186-7348c2f183af.

29. Danielle Moran, "Muni Bonds Contain New Fine Print: Beware of Climate Change," Bloomberg Businessweek, November 5, 2019, https://www.bloomberg.com/news/articles/2019-11-05/how-serious-is-the-climate-change-risk-ask-a-banker?sref=3rbSWFkc.

30. Nauman, "Municipal Bond Issuers."

31. "Quantifying Wildfire Risk to Municipal Debt in California," risQ/MMA, accessed February 10, 2022, https://www.risq.io/wp-content/uploads/2019/03/risQ_MMA_QuantifyingWildfireRiskToMunicipalDebtInCalifornia-2.pdf.

32. Paul S. Goldsmith-Pinkham, Matthew Gustafson, Ryan Lewis, and Michael Schwert, "Sea Level Rise Exposure and Municipal Bond Yields," SSRN, October 6, 2021, https://papers.ssrn.com/sol3/papers.cfm?abstract_id=3478364.

33. Caroline Cournoyer, "Massachusetts Uses Popularity of Environmental Stewardship to Pad Its Bottom Line," Governing, June 26, 2013, https://www.governing.com/archive/gov-massachusetts-green-bonds-a-first.html.

34. Danielle Moran, "Biden Spending Plan Seen Jolting Muni Green Bond Sales to Record," Bloomberg Green, April 20, 2021, https://www.bloomberg.com/news/articles/2021-04-20/biden-spending-plan-seen-jolting-muni-green-bond-sales-to-record?sref=3rbSWFkc.

35. "Franklin Templeton Launches Franklin Municipal Green Bond Fund for US Investors," BusinessWire, August 4, 2020, https://www.businesswire.com/news/home/20200804005632/en/Franklin-Templeton-Launches-Franklin-Municipal-Green-Bond-Fund-for-US-Investors.

## 第 23 章 投资者的困境

1. "Humans Wired to Respond to Short-Term Problems," *Talk of the Nation*, NPR, July 3, 2006, https://www.npr.org/templates/story/story.php?storyId=5530483.
2. Greg Harman, "Your Brain on Climate Change: Why the Threat Produces Apathy, Not Action," *The Guardian*, November 10, 2014, https://www.theguardian.com/sustainable-business/2014/nov/10/brain-climate-change-science-psychology-environment-elections.
3. "Global Energy Review: CO2 Emissions in 2021," IEA, Paris 2021, https://www.iea.org/reports/global-energy-review-2021/co2-emissions.
4. Alan Buis, "The Atmosphere: Getting a Handle on Carbon Dioxide," NASA: Global Climate Change, October 29, 2019, https://climate.nasa.gov/news/2915/the-atmosphere-getting-a-handle-on-carbon-dioxide.
5. John Kemp, "Climate Change Targets Are Slipping Out of Reach," Reuters, April 16, 2019, https://www.reuters.com/article/energy-climatechange-kemp/column-climate-change-targets-are-slipping-out-of-reach-kemp-idUSL5N21Y4A0.
6. "Summary for Policymakers," *Synthesis Report*, IPCC, accessed February 10, 2022, http://ar5-syr.ipcc.ch/topic_summary.php.
7. "Atmospheric CO2 Data," Scripps CO2 Program, accessed February 10, 2022, https://scrippsco2.ucsd.edu/data/atmospheric_co2/primary_mlo_co2_record.html.
8. Michelle Della Vigna, Zoe Stavrinou, and Alberto Gandolfi, "Carbonomics: Innovation, Deflation and Affordable De-carbonization," Goldman Sachs, October 13, 2020, https://www.goldmansachs.com/insights/pages/gs-research/carbonomics-innovation-deflation-and-affordable-de-carbonization/report.pdf.
9. "Special Report: Global Warming of 1.5oC. Summary for Policymakers," IPCC, accessed February 10, 2022, https://www.ipcc.ch/sr15/chapter/spm/.

10. Allan Myles, Mustafa Babiker, Yang Chen, et al., "Summary for Policymakers," in *Global Warming of 1.5℃. An IPCC Special Report on the Impacts of Global Warming of 1.5℃ Above Pre-industrial Levels and Related Global Greenhouse Gas Emission Pathways, in the Context of Strengthening the Global Response to the Threat of Climate Change, Sustainable Development, and Efforts to Eradicate Poverty*, ed. V. Masson-Delmotte, P. Zhai, H.-O. Po. rtner, et al. (IPCC, 2018), https://www.ipcc.ch/site/assets/uploads/sites/2/2019/05/SR15_SPM_version_report_HR.pdf.

11. Joby Warrick and Chris Mooney, "Health & Science: Effects of Climate Change 'Irreversible,' U.N. Panel Warns in Report," *Washington Post*, November 2, 2014, https://www.washingtonpost.com/national/health-science/effects-of-climate-change-irreversible-un-panel-warns-in-report/2014/11/01/2d49aeec-6142-11e4-8b9e-2ccdac31a031_story.html?utm_term=.41a0c1bb1cff.

# 第24章 最佳实践

1. Nancy Weil, "The Quotable Bill Gates," ABC News, June 23, 2008, https://abcnews.go.com/Technology/PCWorld/story?id=5214635.
2. Haley Walker, "Recapping on BP's Long History of Greenwashing," Greenpeace, May 21, 2010, https://www.greenpeace.org/usa/recapping-on-bps-long-history-of-greenwashing/.
3. Kate Mackenzie, "A Legacy of Greenwashing Haunts BP's End-of-Oil Vision," Bloom-berg Green, September 18, 2020, https://www.bloomberg.com/news/articles/2020-09-18/a-legacy-of-greenwashing-haunts-bp-s-end-of-oil-vision?sref=3rbSWFkc.
4. Jillian Ambrose, "BP Enjoys Share Bounce After Unveiling Plans to Shift Away from Fossil Fuels," *The Guardian*, August 4, 2020, https://www.theguardian.com/business/2020/aug/04/bp-dividend-covid-record-loss-energy-oil-gas.
5. Emily Bobrow, "Environment: Fight Climate Change with Behavior Change," Behavioral Scientist, October 16, 2018, https://behavioralscientist.org/

fight-climate-change-with-behavior-change/.

6. Sigal Samuel, "The Many Places You Can Buy Beyond Meat and Impossible Foods, in One Chart," Vox, last modified January 15, 2020, https://www.vox.com/future-perfect/2019/10/10/20870872/where-to-buy-impossible-foods-beyond-meat.

7. Mark Carney, "Resolving the Climate Paradox," BIS, September 22, 2016, https://www.bis.org/review/r160926h.pdf.

# 第25章 为什么投资很重要

本章开头图片的说明来自:"A Pale Blue Dot," The Planetary Society, accessed February 10, 2022, https://www.planetary.org/worlds/pale-blue-dot。

1. "Climate Change 2021: The Physical Science Basis," IPCC, accessed February 10, 2022, https://www.ipcc.ch/report/ar6/wg1/downloads/report/IPCC_AR6_WGI_SPM_final.pdf.

2. Scott A. Kulp and Benjamin H. Strauss, "New Elevation Data Triple Estimates of Global Vulnerability to Sea-Level Rise and Coastal Flooding," *Nature Communications* 10 (2019): article 4844, https://www.nature.com/articles/s41467-019-12808-z.

3. "Climate Change 2021," IPCC.

4. Jennifer Elks, "Havas: 'Smarter' Consumers Will Significantly Alter Economic Models and the Role of Brands," Sustainable Brands, May 14, 2014, https://sustainablebrands.com/read/defining-the-next-economy/havas-smarter-consumers-will-significantly-alter-economic-models-and-the-role-of-brands.

5. Maxine Joselow, "Quitting Burgers and Planes Won't Stop Warming, Experts Say," E&E News Climate Wire, December 6, 2019, https://www.eenews.net/articles/quitting-burgers-and-planes-wont-stop-warming-experts-say/.

6. Seth H. Werfel, "Household Behaviour Crowds Out Support for Climate Change Policy When Sufficient Progress Is Perceived," *Nature Climate Change* 7 (2017): 512–15, https://www.nature.com/articles/nclimate3316.

7. "Global Ideas: Climate Crisis: Is It Time to Ditch Economic Growth?" DW, accessed February 10, 2022, https://www.dw.com/en/climatechange-emissions-fossilfuels-gdp-economy-renewables/a-55089013.
8. Hannah Ritchie, "Who Has Contributed Most to Global CO2 Emissions?" Our World in Data, October 1, 2019, https://ourworldindata.org/contributed-most-global-co2.
9. "Global Energy Review 2021: CO2 Emissions," IEA, accessed February 10, 2022, https://www.iea.org/reports/global-energy-review-2021/co2-emissions.
10. Damian Carrington, "Want to Fight Climate Change? Have Fewer Children," *The Guardian*, July 12, 2017, https://www.theguardian.com/environment/2017/jul/12/want-to-fight-climate-change-have-fewer-children.
11. Carrington, "Want to Fight Climate Change?"
12. Lydia Denworth, "Children Change Their Parents' Minds About Climate Change," *Scientific American*, May 6, 2019, https://www.scientificamerican.com/article/children-change-their-parents-minds-about-climate-change/.
13. Abrahm Lustgarten, "How Russia Wins the Climate Crisis," *New York Times*, December 20, 2020, https://www.nytimes.com/interactive/2020/12/16/magazine/russia-climate-migration-crisis.html.
14. "Climate Finance Markets and the Real Economy," sifma, December 2020, https://www.sifma.org/wp-content/uploads/2020/12/Climate-Finance-Markets-and-the-Real-Economy.pdf.
15. "Climate Finance Markets," sifma.
16. "Climate Finance Markets," sifma.
17. "Bond Market Size," ICMA, accessed February 10, 2022, https://www.icmagroup.org/Regulatory-Policy-and-Market-Practice/Secondary-Markets/bond-market-size/.
18. Matthew Toole, "Global Capital Markets Answer 2020's Distress Call," Refinitiv, January 21, 2021, https://www.refinitiv.com/perspectives/market-insights/global-capital-markets-answer-2020s-distress-call/.
19. Ewa Skornas and Elisabeth Bautista Suarez, "2021 Global Private Equity Out-

look," S&P Market Intelligence, March 2, 2021, https://www.spglobal.com/marketintelligence/en/news-insights/research/2021-global-private-equity-outlook.

20. "Indicator: Greenhouse Gas Emissions," Umwelt Bundesamt, July 22, 2021, https://www.umweltbundesamt.de/en/data/environmental-indicators/indicator-greenhouse-gas-emissions#at-a-glance.

21. "Germany—Gross Domestic Product per Capita in Constant Prices of 2010," Knoema, accessed February 10, 2022, https://knoema.com/atlas/Germany/topics/Economy/National-Accounts-Gross-Domestic-Product/Real-GDP-per-capita.

22. Julian Wettengel, "Renewables Produce More Power than Fossil Fuels in Germany for First Time," Clean Energy Wire, January 4, 2021, https://www.cleanenergywire.org/news/renewables-produce-more-power-fossil-fuels-germany-first-time.

23. So. ren Amelang, "How Much Does Germany's Energy Transition Cost?" Clean Energy Wire, June 1, 2018, https://www.cleanenergywire.org/factsheets/how-much-does-germanys-energy-transition-cost.

24. Amelang, "How Much?"

25. Sophie Yeo and Simon Evans, "The 35 Countries Cutting the Link Between Economic Growth and Emissions," CarbonBrief, April 5, 2016, https://www.carbonbrief.org/the-35-countries-cutting-the-link-between-economic-growth-and-emissions.

26. Zeke Hausfather, "Absolute Decoupling of Economic Growth and Emissions in 32 Countries," Breakthrough Institute, April 6, 2021, https://thebreakthrough.org/issues/energy/absolute-decoupling-of-economic-growth-and-emissions-in-32-countries.

27. Zeke Hausfather, "Analysis: Why US Carbon Emissions Have Fallen 14 Percent Since 2005," CarbonBrief, August 15, 2017, https://www.carbonbrief.org/analysis-why-us-carbon-emissions-have-fallen-14-since-2005.

28. "Mutual Funds, Past Performance," Investor.gov, U.S. Securities and Exchange Commission, accessed February 10, 2022, https://www.investor.gov/introduc-

tion-investing/investing-basics/glossary/mutual-funds-past-performance.
29. National Academies of Sciences, Engineering, and Medicine, *Accelerating Decarbonization of the U.S. Energy System* (Washington, DC: National Academies Press, 2021), https://www.nap.edu/catalog/25932/accelerating-decarbonization-of-the-us-energy-system.
30. "Pathway to Critical and Formidable Goal of Net-Zero Emissions by 2050 Is Narrow but Brings Huge Benefits, According to IEA Special Report," IEA, May 18, 2021, https://www.iea.org/news/pathway-to-critical-and-formidable-goal-of-net-zero-emissions-by-2050-is-narrow-but-brings-huge-benefits.
31. "Pathway to Critical and Formidable Goal," IEA.

# 第26章 未来

1. Joseph A. Schumpeter, *Capitalism, Socialism and Democracy* (New York: Routledge, 1976); originally published 1942 by Harper & Bros., New York.
2. Eastman Kodak Co., Form 10-K (Annual Report), Annual Reports, accessed February 10, 2022, https://www.annualreports.com/HostedData/AnnualReportArchive/e/NASDAQ_KODK_1998.pdf.
3. "Market Capitalization of Largest Companies in S&P 500 Index as of November 19, 2021," Statista, accessed February 10, 2022, https://www.statista.com/statistics/1181188/sandp500-largest-companies-market-cap/.
4. "A Green Bubble? We Dissect the Investment Boom," *The Economist*, May 22, 2021, https://www.economist.com/finance-and-economics/2021/05/17/green-assets-are-on-a-wild-ride.
5. Matthew Wilburn King, "Climate Change: How Brain Biases Prevent Climate Action," BBC, March 7, 2019, https://www.bbc.com/future/article/20190304-human-evolution-means-we-can-tackle-climate-change.
6. Kate Marvel, Twitter, https://twitter.com/drkatemarvel/status/1424359432578797574.